RICHARD SCHUBERTH
BEVOR DIE VÖLKER WUSSTEN, DASS SIE WELCHE SIND

Bibliografische Information der Deutschen Bibliothek:

Die Deutsche Bibliothek verzeichnet diese Publikation in der Deutschen Nationalbibliografie; detaillierte bibliografische Daten sind im Internet über http://dnb.ddb.de abrufbar.

© 2015 Promedia Druck- und Verlagsgesellschaft m.b.H., Wien
Alle Rechte vorbehalten
Umschlaggestaltung: Valentina Popržan und Richard Schuberth
Gestaltung und Lektorat: Paul Winter
Druck: CPI – Clausen & Bosse, Leck
Printed in Germany
ISBN: 978-3-85371-397-6

Fordern Sie die Kataloge unseres Verlages an:

Promedia Verlag
Wickenburggasse 5/12
A-1080 Wien

E-Mail: promedia@mediashop.at
Internet: www.mediashop.at
www.verlag-promedia.de

Richard Schuberth

Bevor die Völker wussten, dass sie welche sind

Ethnizität, Nation, Kultur.
Eine (antiessenzialistische) Einführung

[PROMEDIA]

Der Autor

Richard Schuberth, geboren 1968 in Ybbs an der Donau/Niederösterreich, studierte Ethnologie, Philosophie, Psychologie und Geschichte in Wien. Autor von Romanen, satirischen Dramen, Essays, Polemiken, Drehbüchern, Songs und Aphorismen. Zuletzt erschienen von ihm: »Chronik einer fröhlichen Verschwörung« (2015), »Frontex – Keiner kommt hier lebend rein« (2014) und »Wie Branka sich nach oben putzte« (2012).

Inhalt

20 Jahre danach – Ein Vorwort 7
Einleitung 13

Teil I:
Das völkische Paradigma 21

1. Das völkische Paradigma 22
2. Von authentischen und nicht-authentischen Neotraditionen 25
3. Bevor die Völker wussten, dass sie welche sind 34
4. Kultur und Volksgeist 42
5. Die Nation: Als der Volksgeist laufen lernte 50
6. Nur Stämme werden überleben? –
   Einige Bemerkungen zur Tribalisierung der Welt 56

Teil II:
Ethnizität vor und nach Fredrik Barth 77

1. Vom Ethnos zur Ethnizität 78
2. Max Weber 83
3. Die sozialpsychologischen
   Ursprünge der ethnischen Identität 85
4. Ethnizität zwischen Melting Pot und Persistenz 88
5. Die Manchester School 93
6. Primordialismus und Essenzialismus 98
7. Objektivismus contra Subjektivismus 106
8. Fredrik Barth 111
9. Die Formalisten 116
10. Die Zirkumstantialisten 125
11. Wer vom Kapitalismus schweigt, soll nicht über Ethnizität reden –
    Ethnizität aus neomarxistischer Perspektive 136

12.	Bourdieus Habitus und die Macht des Symbolischen	145
13.	Stanley J. Tambiah und die Politik der Ethnizität	152
14.	Ethnizität – eine Bilanz	156

Teil III:
Das Designing von Ethnizität und Kultur 163

Bibliographie 213

20 Jahre danach – Ein Vorwort

Es sei vorausgeschickt, dass es sich beim vorliegenden Buch um meine Diplomarbeit im Fach Ethnologie handelt. Und dass sie vor zwanzig Jahren geschrieben wurde. Nur behutsam habe ich sie korrigiert, denn außer der Rechtschreibung scheint sich seit Mitte der 1990er-Jahre nicht viel verändert zu haben. Die Arbeit ist somit nicht – oder nicht nur – eine museale Bestandsaufnahme meiner ersten essayistischen Gehversuche, sondern ein Dokument noch immer aktueller Fragen und Antworten. Endgültig setzte sich zu dieser Zeit in den Kultur- und Sozialwissenschaften gegen die Restbestände des 19. Jahrhunderts ein (de-)konstruktivistisches und antiessenzialistisches Verständnis von Ethnizität sowie der Kategorien Volk und Nation durch. Vorstellungen davon als Essenz wuchern hingegen im Alltagsbewusstsein weiter, liefern weiter politische Legitimation für Machtkämpfe – in den Wissenschaften gelten sie indessen als verpönt. Das war während meines Studiums anders. Damals etablierten sich die epistemologischen Werkzeuge eines kritischen Diskurses gerade erst, seither ergänzt sich dieser durch eine Unmenge von Fallstudien, die unser beharrlich falsches Verständnis von Kultur aufdröseln. Besonders aus den Postcolonial Studies kommen immer wieder wichtige Impulse gleichermaßen wie neue haarsträubende Essenzialisierungen.

Die letzten Jahrzehnte erlebten eine unerwartete und doch lange schon glosende Renaissance konfessioneller Vergesellschaftung, vor allem in Form des Islamismus. Dieser stellt sowohl eine universalistische Antwort auf die mit westlicher Moderne assoziierte Vorherrschaft kapitalistischer Märkte dar – als auch die Überwindung des ethnischen Partikularismus, der als Nationalismus zumindest in der islamischen Welt mit ihren oft willkürlichen Staatenbildungen gescheitert zu sein scheint. Der Islamismus lässt sich in einer bedeutenden Hinsicht mit dem Analysewerkzeug der antiessenzialistischen Kulturkritik fassen, die ihn nicht als Rückfall in die Barbarei, sondern als Fortschritt dorthin erkennt, nicht obwohl, sondern gerade weil er sich auf vormoderne Kontinuitäten beruft.

Der antiessenzialistische Paradigmenwechsel war notwendig, und doch verläuft er im Sande jener Sandkisten, welche die Akademien und Universitäten mitunter vorstellen. Wissen dringt kaum nach außen. Ein Elitarismus wider Willen fällt auf, der teils von der Angst vor Elitarismus herrühren mag: Die universitären Intellektuellen, insbesondere Ethnologen, Sozial- und Kulturanthropologen, hüten ihre geistigen Schätze, als wollten sie niemanden damit bevormunden. Dieser Mangel an Aufklärungswillen könnte aber selbst als Arroganz ausgelegt werden. Als die Arroganz, kritische Werkzeuge dem interessierten, aber fachlich weniger gebildeten Mitmenschen vorzuenthalten.

Ein möglicher Marktplatz der Ideen, wo Akademiker und *normale* Menschen aufeinandertreffen könnten, ist wissenschaftlicher Journalismus zum einen, die Literatur zum anderen. Ich habe letztere gewählt, indem ich dorthin zurückkehre, wo ich herkam.

*

Es ist also mehr als Eitelkeit, dieses Jugendwerk zu veröffentlichen, und mehr als Bequemlichkeit, es nicht mit dem neuesten Forschungsstand abzustimmen. Zugegeben, heute könnte ich es wohl nicht mehr schreiben. Solch titanischen Ehrgeiz eines geistigen Debüts, bei dem sich Bewährungswille und Selbstzweifel die Waagschale hielten, brächte ich vermutlich nicht mehr auf. Weit über das Minimalziel einer Diplomarbeit hinausgeschossen ist dieser Versuch, verschiedene Diskursfäden zu verknüpfen, ein eigenwilliges Gewebe ist entstanden, dessen ständig wiederkehrende Motive den Leser, die Leserin entweder als lästige Redundanz oder als Thema mit erfrischenden Variationen erscheinen mögen. Durch bunte Muster der Polemik sowie eine legere Respektlosigkeit gegenüber dem eigenen Fach zeigte ich jedenfalls alles Talent, mir eine akademische Karriere zu verbauen. Dafür wies diese mir einen neuen Pfad. Den bin ich seither gegangen, und er führte weg von den akademischen Kasernen hinein ins pralle Leben, in eine permanente Feldforschung, in unmittelbarere Tuchfühlung mit den Objektbereichen von Kritik, Forschung und Reflexion, als es in der Universität oder durch subventionierte Feldforschungen möglich wäre. Setzte die Diplomarbeit das theoretische und reflexive Fundament meines Antikulturalismus, so war das konkrete Feld, in das ich mich hernach begab, Geschichte und Gegenwart Südosteuropas, des Kaukasus und des Vorderen Orients. Die geistigen Artefakte, die ich dort gesammelt habe, harren noch ihrer literarischen *und* wissenschaftlichen Auswertung. Mit diesem Buch reiche ich quasi die Grundlagen nach – für Essays, die ich in der Zwischenzeit zu diesen Themen verfasst habe, und Werke, die noch folgen werden.

Die abenteuerlichste Reise vom rein wissenschaftlichen Diskurs aber führte in die Literatur und die Satire, ins essayistische Schreiben, das die analytische Strenge der wissenschaftlichen Reflexion vom Ballast terminologischer Phraseologie befreit.

Ungewöhnliche Worte zu gebrauchen, lehrte mich Karl Kraus, sei eine literarische Unart. Man dürfe dem Publikum bloß gedankliche Schwierigkeiten in den Weg legen. So verzeihe man mir den Fachjargon, der (besonders im Mittelteil) das Buch durchzieht und dessen ich mich heute in weitaus geringerem Maß bedienen würde, gerade so weit eben, wie es dem Sujet angemessen wäre. So stellt diese ehemalige Abschlussarbeit einen Spagat dar zwischen den Anforderungen der Institution und dem Bemühen um originären Ausdruck. Jeder und jede, dem und der Sprache mehr bedeutet als bloße Geschmackssache, entwickelt im Laufe der eigenen geistigen Entwicklung ein Sensorium dafür, was an der wissenschaftlichen Terminologie tauglich und notwendig und was bloß Einübung in einen akademischen Konformismus, hochtönende Angeberei ist. Wofür die einen dankbar sind, es überhaupt so weit gebracht zu haben, die Zurichtung zum jeweils praktikablen Jargon der jeweiligen diskursiven Moden, ist anderen, denen Sprache mehr als nur ein Werkzeug der Reflexion ist, eitler Theaterdonner und lachhafte Sprachverkrüppelung, Unterwerfung unter und Initiation in die Repräsentations- und Machtstrukturen der akademischen Ingroups. Geistige Redlichkeit gebietet ihnen, die begrifflichen Rollatoren beiseite zu stellen und gehen zu lernen.

*

Konstruktivismus und Antiessenzialismus, in Fragen der Kultur, der Ethnizität und der damit korrespondierenden Identitäten, waren zur Zeit der Abfassung des vorliegenden Textes noch subversive Richtungen, mittlerweile haben sie sich zum Kanon erhoben. Kein Text hierzu, der nicht mantrahaft auf den Konstruktionscharakter dieser Kategorien verweist. So löblich es ist, dass sich eine diskurskritische, komplexere Sicht der Dinge durchgesetzt hat, so sehr birgt die Kanonisierung auch Gefahren in sich. Zum Ersten die einer unbewussten *Reconquista des Essenzialismus*, zum Zweiten die einer *Essenzialisierung des Anti-Essenzialismus*. Jede Kanonisierung einer kritischen Wahrheit führt dazu, dass sie zur Phraseologie erstarrt, zum Selbstverständlichen, und dort, wo das einst Erkämpfte, an geistigen Widerständen Gewachsene nicht mehr vom frischen Kapillarblut widerständiger Reflexion durchpulst wird, gewinnt leicht das vermeintlich Überwundene wieder an Terrain. Wir alle sind sozialisiert mit Vorstellungen von einheitlichen Kulturen, Nationen und Identitäten. Schnell einigt man sich auf deren Konstruktionscharakter und Wandelbarkeit, doch unter der späteren intellektuellen Glasur wuchern Stereotype fort, und sei es nur, um sich der Einfachheit halber in der Kommunikation auf etwas einigen zu können, ohne es umständlich explizieren zu müssen. Oder sei es in Form eines Urlaubs-Essenzialismus, kraft dessen wir uns vom ermüdenden Dekonstruieren durch fröhlichen Konsum des typisch Griechischen, Türkischen, Italienischen erholen.

Katja Gorbahn schreibt in ihrem großartigen Buch *Die Geschichte des antiken Griechenland als Identifikationsangebot*: »Postmoderne Theoretiker - bzw. Theoretikerinnen - wissen sich mit Konstruktivisten in der entschiedenen Zurückweisung essenzialistischer Positionen einig, befürchten aber, dass konstruktivistische Zugänge wieder in den Essenzialismus münden könnten, der doch bekämpft werde.« Diese Befürchtung wird bereits in meiner Diplomarbeit angedeutet, ein Unbehagen zumindest mit der Hypertrophie all der multiplen, situativen und fließenden Identitäten und den coolen Kreolisierungen, kulturellen Bricolagen, Pastiches und Cross-Identifications. Ich erinnere mich, zu Beginn dieses Jahrtausends, als ich mich wieder einmal mit dem Gedanken spielte, diese Arbeit nun doch als Buch auf den Markt zu bringen, eine Art Zwischenbilanz verfasst zu haben. Leider ist der Text unauffindbar. In einer 2002 verfassten Polemik aber fand ich einige Grundgedanken dieses verschollenen Essays wieder, die das, was ich Essenzialisierung des Antiessenzialismus nenne, verdeutlicht:

»Ein löbliches Unterfangen ist es, der Vorstellung von homogenen Völkern mit dem Verweis auf die Vielschichtigkeit möglicher Identitäten zu kontern, doch Vorsicht: Alsbald artet das Loblied auf die Hybridität in lästige Hybris aus. Denn die Penetranz, mit der einem neuerdings jedes Kulturwissenschaftlerchen und Sozialpädagögchen die Erkenntnis unterbreitet, wie heterogen, hybrid und vielschichtig kulturelle Identitäten doch nicht seien – ein Umstand, der für vornationalstaatliche Bevölkerungen so selbstverständlich schien, dass er nicht näher erläutert werden brauchte – kündet doch bloß davon, dass dieselben Aufklärer vor kurzem noch mit der Vorstellung im Kopf spazieren gingen, die Weltbevölkerung wäre in einheitliche kulturelle Gruppen (z. B. Völker) gliederbar –, ansonsten pfiffen sie diese neue Einsicht nicht so besserwisserisch von jedem Dach. Ansonsten entführten sie nicht jeden Jugendlichen türkischer Abkunft, dessen sie habhaft würden, von der Straße in ihre Unis, Volksbildungswerke und Kulturinitiativen, wo sie ihm coram publico die Kleider vom Leibe reißen und wie dem Bio-Rind Strichlinien auf den Körper malen, um zu dozieren, wie viel Prozent dieses Objektes kultureller Kategorisierungswut nun exakt türkisch, alewitisch, Brigittenauer Lokalidentität, transkulturelle Clubbingidentität, Rapidfan und einfach nur Kemal ist. Selbst das Bewusstsein von der Vielschichtigkeit der Identitäten schützt vor starren Festschreibungen nicht.«

Bleibt die Frage offen, ob ich nun ein Postmoderner bin. Was immer dieser Begriff bedeuten mag, heutzutage besitzt er nur noch historische Relevanz und wird synonym mit jeder Form diskursiver Dekonstruktion gedacht. Katja Gorbach zufolge müsste ich ein Ultrapostmoderner sein, denn auch mir kann gar nicht genug dekonstruiert werden. Und dennoch erinnere ich mich, während des Abfassens dieser Arbeit, während meines gesamten Studiums, das, was gemeinhin als Postmoderne bezeichnet wurde, samt ihren Auswüchsen verabscheut zu haben. In dieser vielleicht überzogenen Reaktion zeigte sich ein innerer Kampf, dessen Getöse in »Bevor die Völker wussten, dass sie welche sind« immer wieder zu hören sein wird. Nicht zuletzt ist das Buch auch Dokument des Versuchs, das subversive Potenzial dieser Postmoderne voll auszuschöpfen, ohne ihren Relativismus, ohne ihre Entpolitisierung mitzumachen. Stärker von der Kritischen Theorie als den Vertretern des französischen Poststrukturalismus beeinflusst, glaube ich, ein Beispiel gegeben zu haben, wie sich Antiessenzialismus konsequent durchziehen lässt, ohne das marxistische Erbe zu verraten. Inwiefern dies gelungen ist, mögen Leser und Leserinnen selbst beurteilen. Es bleibt ein unabgeschlossenes Projekt, das besonders seit der Finanzkrise und der damit einhergehenden Repolitisierung und Wiederaufnahme der Kapitalismuskritik neue Relevanz gewonnen hat.

Der Autor dieses Buches und ich unterscheiden sich insofern, dass ich nach allerhand diskursiven Verrenkungen und bei allem Interesse für »ethnische« Kultur zu einem naiven Wahrheitsbegriff zurückgefunden habe und mir ohne zeitgeistiges Über-Ich zu sagen traue, was ich mir zuvor schon sagen traute: dass Völker zwar aus allerhand realen Zutaten geknetet wurden, in ihrer idealtypischen Geschlossenheit aber reine Erfindungen sind; dies jedoch in einem Ausmaß, das selbst die mutigsten Konstruktivisten nie für möglich hielten. Die Vorstellung von geschlossenen Völkern und Kulturen ist nicht bloß ein Diskurs oder gar eine Ideologie, sie ist schlicht falsch, sie ist sehr dumm, und sie ist unsagbar gefährlich. Leser und Leserinnen mögen selbst entscheiden, wem sie mehr Aufmerksamkeit und Glauben schenken: dem unablässig abwägenden Diskurskritiker von vor zwanzig Jahren oder dem ideologiekritischen Rüpel, zu dem er wieder wurde.

All den neuen Aufklärern und Aufklärerinnen, die sich nun endlich aus der neoliberalen Schockstarre lösen konnten, stelle ich dieses Buch zur Verfügung.

Richard Schuberth
Wien, im August 2015

Danksagung

Christina Steinle, für moralische und intellektuelle Unterstützung sowie am PC; Andreas Kreiner fürs Lektorieren und ideologischen Rückhalt; Joe für seine Durchhalteparolen; Gabi & Haki für PC-Kenntnisse; meinem Vater, Wolf Schuberth, der früh mein Interesse für die Ethnologie weckte, für viele interessante und kontroversielle Diskussionen, und den zwei Aufputschkassetten voll wilder und schöner bulgarischer Instrumentalmusik, zu deren ungeraden Rhythmen ich monatelang aufs PC-Keyboard einhämmerte.

Einleitung

Nichts entkrampft Leser und Verfasser einer wissenschaftlichen Arbeit mehr, als diese mit einem Rätsel zu beginnen. Also: Was haben folgende Phänomene gemeinsam?

Lämmerschlachten in Ottakringer Hinterhöfen, vielleicht auch Lämmerschlachten in Istanbuler Hinterhöfen, auf jeden Fall Menschenschlachten in bosnischen Hinterhöfen; die Gypsy Kings; baskische Bomben und bretonischer Stolz, Maibaumsetzen und das Münchner Oktoberfest in New York, Hutus und Tutsis; fünfzig Jahre Tausendjähriges Österreich, grüne Farbe im Michigan River; die Gesammelten Schriften von Theodor Herzl, Gershom Sholem, Sigmund Freud und Hannah Arendt, die Götterdämmerung, Pathanen und Belutschen, Black Consciousness, Didgeridooseminare im Waldviertel, Waldviertler in Australien, der Heurige, China-Restaurants; das Beklemmungsgefühl, das sich einstellt, wenn man beim Heurigen von Chinesen bekellnert wird, hingegen die Genugtuung, im China-Restaurant von Chinesen bekellnert zu werden; aus angeblich konfessionellen Gründen Tamilen erschießen, aus angeblich konfessionellen Gründen von Tamilen erschossen werden, und aus garantiert nichtkonfessionellen Gründen beim Tamilen essen gehen; die deutsche Staatsbürgerschaft für nach hunderten Jahren Emigration in die deutsche Heimat zurückkehrende Siebenbürger Sachsen; der Blues, der Rai, der Landler; der Kulturschock. Die Sprache, in der Kinder zu lallen beginnen; Hochlandschotten, die das vermeintlich keltische Kulturerbe zur Abgrenzung von angelsächsischen Schotten bemühen, angelsächsische Schotten, die das vermeintlich keltische Kulturerbe der schottischen Nation zur Abgrenzung von angelsächsischen Engländern bemühen; kosovo-albanische Apothekerinnen, die Wiener Stiegenhäuser wischen; Europäer, die Arabern die linke Hand reichen, nierenkranke Navajos, die nicht zu trinken aufhören wollen; US-Bürger italienischer Abkunft, die Joseph und Nancy heißen und ihre Kinder Giuseppe und Gianna nennen wollen, US-Bürger, die Clark und Marilyn Sullivan heißen und beschließen, dass ihre Sprösslinge Diarmuid und Tríona Ó (bzw. Ní) Suilleabháin heißen sollen; die CD: *Heino singt Heine, Brecht und deutsche Volkslieder aus dem Sudetenland*; die irische Basisidentität von James Joyce, die jüdische Basisidentität von Albert Einstein und die afro-karibische Basisidentität von Roberto Blanco; multikulturelle Liebesbeziehungen mit indischen Software-Herstellern; der Zapatistenaufstand in Chiapas; die »Gesellschaft für bedrohte Völker«; deutsche Models auf Mailänder Laufstegen in Wickelröcken im Maya-Design; der Marsch auf Washington und Nelson Mandela im Musikantenstadl.

Was also vereint diese auf den ersten und den zweiten Blick und auch weitere Blicke so differenten Phänomene? Der kleinste gemeinsame Nenner würde bereits in den Assoziationslisten der ambitioniertesten Mittelschüler, die diese im Rahmen von Fächern wie etwa Politischer Bildung zu jedem dieser Phänomene anfertigen müssten, in der Nennung des Begriffes *Ethnizität* bestehen. Diese gängige und offenbar immer gängigere Vokabel ist eine wissenschaftliche Kategorie, deren hypertrophe Verwendung inner- und außerhalb der *academic community* eine epistemologische Selbstverständlichkeit vorgaukelt, die sich nur selten durch eine exakte Bestimmung dessen, was nun damit gemeint sein soll, decken lässt.

Ich näherte mich dieser ominösen Ethnizität, die alles und nichts zu erklären schien, sowie ihrer emischen[1] Filiale, der ethnischen Identität, sehr skeptisch, schon allein deshalb, weil mit diesen Begriffen bisweilen hantiert wurde, als hätte irgendein Kongress oder Symposion, die ich offenbar verschlafen hatte, einen allgemein gültigen Konsens über die ultimative Bedeutung dieser durchgesetzt, und jede weitere Diskussion würde sich daher erübrigen; kurzum: als sei Ethnizität nicht das zu Erklärende, sondern der Rekurs auf diese modische Vokabel bereits das Erklärte selbst.

Äußerste Vorsicht sei geboten, wie jene abendländischen Kulturkritiker warnten, die in der Renaissance des Ethnischen innerhalb moderner Rechtsstaaten zu Recht eine Spielmarke der neokonservativen Wende vermuteten, jene, die die *Ethnisierung des Sozialen* anprangerten, deren Aufklärungseifer sich auf das Wiedererwachen des völkischen Denkens, auf die neurechte Substituierung des verpönten Rassebegriffes durch das Wir-Gruppen-Ideal der gemeinsamen Kultur und die Pathetisierung der daraus abgeleiteten Differenzen fokussierte. Was um alles in der Welt jedoch sollte die Ethnizität eines Pathanen an der pakistanisch-afghanischen Grenze mit der Ethnisierung eines europäischen Minderheitendiskurses, was mit der Besinnung des Deutschen auf sein Volkstum nach 1989, was mit der kulturalistischen Xenophobie des Le-Pen-Wählers zu tun haben? Was rechtfertigt überhaupt die Setzung dieser Begriffe für so unterschiedliche Phänomene, wenn sie über die triviale Gemeinsamkeit geteilter kultureller Merkmale hinausweisen soll?

In meiner Ethnizitätskritik durch linke Soziologen wie Frank-Olaf Radtke und Stephen Castles bestärkt, spezialisiert auf konsequente National- und Kulturmythenzerstörung, wie sie etwa Eric Hobsbawm und Terence Ranger mit dem von ihnen herausgegebenen Reader *The Invention of Tradition* am sachkundigsten und erfrischendsten vorexerziert hatten, so gegürtet, beging ich den fruchtbaren Fehler, mich auf den ethnologischen Ethnizitätsdiskurs einzulassen, mehr als dies meiner anfänglich gefestigten Position, die sich konsequenterweise mit einem Schuss Ignoranz am Leben hielt, zuträglich war. Im Zuge der ausführlichen Lektüre der wichtigsten ethnologischen Werke zu dem Thema begann bald ein Vorurteil nach dem anderen zu erodieren und sich mein Verhältnis zur Kulturanthropologie zu entspannen. Die mittlerweile klassischen ethnizitätsrelevanten und kulturtheoretischen Aufsätze (bzw. Bücher) von Elizabeth Colson, Abner

---

[1] Die Begriffe *emisch* und *etisch* bezeichnen in Soziologie und Kulturanalyse den Unterschied zwischen der Wahrnehmung der »untersuchten« Betroffenen bzw. Akteure und der »außenstehenden« Analytiker. Emisch bezieht sich auf die Binnenperspektive, etisch auf die Außenperspektive, die Termini können auch mit objektivistischen und subjektivistischen Positionen korrespondieren. Eingeführt wurde das Begriffspaar durch den Linguisten Kenneth Pike.

Cohen, Ulf Hannerz, Ronald Cohen, Leo Despres und Thomas H. Erikson verhalfen mir – ohne meinen bis ans Messer antiessenzialistischen Ansatz aufgeben zu müssen – zu einer differenzierteren Sicht von Ethnizität und erwiesen sich als wertvolle Stimuli zur Reflexion über Kultur. Besonders aber die beeindruckende Lektüre von weit über die Grenzen des Faches hinausweisenden Geistern wie Eric Wolf, Ernest Gellner und Pierre Bourdieu bestärkten mich in der Wiederaufnahme älterer, etwas vernachlässigter Interessen.

Nun zur eigentlichen Intention des Ganzen. Ich beginne mit dem, was diese Arbeit nicht sein soll, und schicke voraus, dass es nicht Ziel und Aufgabe ist, eine erschöpfende Darstellung und Analyse des Phänomens Ethnizität zu offerieren, oder etwa die wichtigen Fragen des Verhältnisses von Ethnizität zu Klasse, Rasse und Geschlecht zu klären. (Der Bedeutung von Ethnizität beim Konstrukt der Nation widme ich größere Aufmerksamkeit.) Das hieße, in die breiten Fußstapfen anderer zu treten, die diese Themen bereits ausführlicher und sachkundiger behandelt haben. Zum Verhältnis Ethnizität–Klasse–Gender empfehle ich den hervorragenden Reader *Intersexions*, herausgegeben von den australischen Gesellschaftswissenschaftlerinnen Gill Bottomley, Marie de Lepervanche und Jeannie Martin. Das Verhältnis Ethnizität–Rasse in ethnologischen, soziologischen und populären Diskursen unterzieht der britische Anthropologe Marcus Banks in seinem 1996 erschienenen Buch *Ethnicity: Anthropological Constructions* einer genaueren Analyse und liefert zugleich eine metatheoretische Darstellung des Ethnizitätsdiskurses. Die umfassendsten und ambitioniertesten Einführungen in diesen Themenbereich stammen jedoch vom norwegischen Ethnologen Thomas H. Eriksen und dem deutschen Ethnologen Marco Heinz. Besonders letzterer war mir eine wertvolle Orientierungshilfe und verriet mir in seinen theoriegeschichtlichen Abrissen wertvolle Schleichpfade durch den beinahe undurchdringlichen Sumpf der Ethnizitätsdiskurse sowie eine ganze Menge weiterführender Literatur.

Die zentrale Frage, die dieser Arbeit vorausging, zielt darauf ab, inwiefern ein wissenschaftlicher Diskurs wie der um Ethnizität (und seine historischen Vorgänger), also um ethnische Kultur in Hinblick auf ihre Konstituierung von subjektiv empfundenen und objektiv beobachtbaren Gruppengrenzen, gesellschaftliche Realität mitkonstruiert, dem vermeintlich Beobachtbaren zu größerer Beobachtbarkeit verhilft, sei es nun in Form wissenschaftlicher, politischer und pädagogischer Konzepte oder einfach als Sediment in Alltagsdiskursen. Nicht die Kultur selber, nicht ihr Wandel bzw. ihre »Hybridisierung«, ihre politische Manipulation sei hier von vordringlichem Interesse, sondern Intention und Bewusstsein derer, die ethnische Grenzen diskursiv (und in weiterer Folge faktisch) festsetzen. Dies impliziert eine Kritik des kulturalistischen Denkens, dessen im Folgenden dargestellte Spielarten einen gemeinsamen Nenner in einer relativistischen Anti-Aufklärung finden, wie sie vor allem im Deutschland des späten 18. Jahrhunderts erstmals als ideologische Spielmarke auftauchte und bis heute den ambivalenten Prozess der Moderne begleitet.

Zum Beispiel ist die verhängnisvolle und maßlos dumme Verwechslung der politischen Programmatik ethnischer und nationaler Führereliten mit der vermeintlich kollektiven Ethnizität der Angehörigen jeweiliger ethnischer Kategorien einem Denken (bzw. dem Ausbleiben dieses) geschuldet, das nicht nur den Durkheim'schen Mythos der organischen Gemeinschaft, sondern auch den nationalsozialistischen des gemeinsamen Volkswillens reifiziert und Individuum wie Gesellschaft hinter der angenommenen Allmacht der askriptiven Kultur verschwinden lässt. Die wider Willen völkische Attitüde, hinter jeder Alltagshandlung, jeder Aussage des sozialen Akteurs eine Emanation der Kollektivkultur zu vermeinen, sowie die paternalistische Vereinnahmung indigener und nationaler Gruppen und deren Degradierung zu Opfern, zu beopferungswürdiger, entsubjektivierter Masse, machen diese Kulturschützer, so beachtlich das Engagement für autochthone Sozietäten auch sein mag, schwer anfällig, sich vor den Karren nationalchauvinistischer oder religiös-fundamentalistischer Rhetorik spannen zu lassen.

In aller gebotenen Größe könnte man dieses Buch als leidenschaftliche Kritik essenzialistischer und substanzialistischer Kulturvorstellungen bezeichnen, als Kritik der apriorischen Überbewertung und Festschreibung ethnischer und kultureller Identität, wie sie Theorien vorantreiben, die im fachspezifischen Jargon *primordialistisch* genannt werden.

Diese primordialistischen Theorien existierten selten in Reinform, sondern erfüllten im Ethnizitätsdiskurs, wie Marcus Banks feststellt[2], die Funktion einer Negativfolie, von der Ethnizitätstheoretiker eine fortschrittlichere, smartere und überhaupt positivere Identität bezögen, indem sie sich von jenen abgrenzten: Primordialismus als akademische Strohpuppe. Das ist vortrefflich beobachtet, gut polemisiert und verdient sich seinen Beifall. »Reinrassige« primordialistische Theorien sind rar, dennoch bestimmen sie den Alltagsdiskurs, durchdringen selbst die harmlosesten unbewussten Essenzialisierungen, lassen sich unschwer als internalisierte Erbstücke jenes völkischen Paradigmas identifizieren, dessen Struktur und Genese im ersten Teil meiner Arbeit erörtert wird.

Der ethnologische Hinweis auf die beharrlichen, emotiven und jegliche Instrumentalität transzendierenden Aspekte ethnischer Kultur sei gestattet, doch wissen wir, dass Malinowskys Forderung nach dem Forscher als weltanschaulicher Tabula Rasa, als ideologischem Totalabstinenzler eine Illusion ist, und dass es nicht die Feststellung vermeintlich objektiver Tatsachen, sondern das selektive Bewusstsein, das diese Tatsachen propagiert, sich hinter diesen Feststellungen verbirgt, zu kritisieren gilt.

Den folgenden drei Abschnitten, in die sich das Buch gliedert, könnten stellvertretend drei Grundthesen, welche wie Säulen das schwere Gebälk des Textes tragen, vorangestellt werden:

---

2   Vgl. Banks 1996: 185/6

1. Das Postulat des völkischen Paradigmas, d. h. eines ethnischen Ordnungsmodells, das die idealtypische Kongruenz von Sprache, politischer Organisation, Territorialität und Sitten voraussetzt, kam im Europa der Aufklärung und Gegen-Aufklärung auf und führte zur diskursiven Konstruktion des Volkes, im ethnologischen Kontext, der Ethnie.

2. Der moderne, von (Migrations-)Soziologie und Kulturanthropologie stimulierte und getragene Ethnizitätsdiskurs der letzten fünfzig Jahre bedeutet nicht zwingend eine Wiederaufbereitung eines totgesagten völkischen Paradigmas, sondern – im Gegenteil – seine Überwindung (indem jener z.B. den empirischen Nachweis der Situationalität, historischen Wandelbarkeit und potenziellen Überlappung ethnischer Zuordnungskriterien erbringt)!

3. Die Revitalisierung ethnischer Ordnungsmuster und das Wiedererstarken ethnischer Konfliktlinien ist Mitresultat des Diskurses über sie. Kultur (im ethnologisch-soziologischen Sinne) passiert nicht einfach. Sie wird gemacht; nicht nur von ihren Trägern, sondern auch von Kulturwissenschaftern, Politikern, Pädagogen und der Kulturindustrie.

Der erste Teil dieses Buchs beinhaltet einen historischen Abriss der europäischen Volks- und Nationskonzepte. Da sich ein beträchtlicher Teil der neueren Nationstheorie um den Topos der *invented traditions* dreht, schicke ich im zweiten Kapitel dieses ersten Blocks einige grundsätzliche Reflexionen zum Thema Authentizität von Tradition voraus. Kapitel 3 beleuchtet anhand des europäischen Kontextes die Mannigfaltigkeit politischer und kultureller Zugehörigkeitsmuster, ehe die ideologische Programmatik des Nationalismus die Homogenisierung zu Völkern und deren (staatspolitisch motivierte) interne Schließung einforderte. Kapitel 4 dringt in den ideologischen Kern jener historischen Wende vor, in dem ein bürgerliches Weltbild sich erfolgreich gegen ein feudales behaupten konnte und die Naturbedingtheit der sozialen Stratifizierung mit der Natürlichkeit der Volkssouveränität zu kontern begann. Gemäß der Universaltaxonomisierung, mit der die bürgerliche Gesellschaft, die (zuerst deistisch, dann bisweilen atheistisch geläutert) den lieben Gott nicht länger in ihr Handwerk pfuschen lassen wollte, die Welt parzellierte, wird die Pluralität der Bedeutungen, die dem Begriff Volk und den verwandten Begriffen Rasse, Nation etc. eignet, zu einem homogenen Bedeutungsäquivalent zusammengeschmolzen. Dessen Vermählung mit staatspolitischer und staatsökonomischer Programmatik in Form des modernen Nationalismus sei kurz und dem Gegenstand angemessen polemisch im fünften Kapitel umrissen, ebenso eine idealtypische Kontrastierung eines ethnokulturellen Nationsmodells mit einem der Amerikanischen und Französischen Revolution entwachsenen politischen Nationsmodell, das sein Machtmonopol nicht zwingend mittels kultureller Homogenisierung (und auch nicht logisch per Diskriminierung ethnischer Minderheiten) zu verwirklichen brauchte.

Das sechste Kapitel, das den ersten Abschnitt beschließt, ist wohl das geheime Zentrum der gesamten Arbeit, das erste Basislager, an dem fast alle Argumentationslinien, die vorangegangenen wie die folgenden, sich ein erstes Stelldichein geben. Schauplatz sind die grünen Hügel Kolonialafrikas, und es wird die ordnungstechnische und anthropologische Konstruktion des Stammes unter die Lupe genommen.

Der zweite Block meines Opus zeichnet die Theoriengeschichte soziologischer und ethnologischer Ethnizitätsdiskurse nach, liefert quasi als Bonustrack ein Kapitel über das Œuvre Pierre Bourdieus und versucht der Frage nachzugehen, inwieweit dessen Ansätze für den Ethnizitätsdiskurs anwendbar wären, wie etwa das Habituskonzept als potenzielle Lösung des Widerspruches zwischen der kognitiven und der instrumentellen Dimension von Ethnizität. Wie zu zeigen sein wird, ist es wider alle Vorurteile der ethnologische Ethnizitätsdiskurs, der aufgrund seiner empirischen und theoretischen Tuchfühlung mit ethnischer Kultur in der Lage ist, die substanzialistischen Setzungen von Volk, Stamm und Nation zu »dekonstruieren«. Nach der – so hoffe ich – einigermaßen seriösen Absolvierung dieser Aufgabe, leiste ich mir im letzten Block die Freiheit und das Vergnügen, mit dem Stilmittel des Aphorismus und des Essays einen Rundumschlag gegen ein Denken zu führen, das – ganz gleich ob sich nun rechts oder links wähnend – die Reifikation ethnischer und kultureller Identität als probates Gegengift zur Entzauberung und Entwurzelung erachtet, welche mit der Moderne als Anomie oder aber als emanzipatorisches Potenzial einhergeht. Dort wo das Mikroskop sachlicher Analyse nicht ausreichte, griff ich zum Skalpell der Polemik, um diverse Formen, *senses of belonging* zu designen, bloßzulegen; sowie den neokonservativen Wunsch, per Pathetisierung kultureller Differenzen und synthetischer Verwurzelung in imaginären Traditionalismen eine exklusive Schutzzone sich zu schaffen vor der »transzendentalen Verwaisung« (G. Lukács), welche die kapitalistische Moderne mit sich brachte. Weniger die »Autochthonen«, sondern jene Designer, die seit Jahrhunderten diskursiv bzw. ideologisch einer gesellschaftlichen Wirklichkeit, die ansonsten möglicherweise anders verlaufen wäre, ihren Stempel aufdrücken, sind die Adressaten meiner Kritik. Jene, die mittels ihres Weltbildes die Fragmentierung von Gesellschaften in vertikale Gruppen forcieren, die ihren *sense of belonging* nicht allein kulturell definieren, sondern einer kulturell designten Identität das Primat einräumen, was konsequenterweise den Ausschluss anderer nach kulturellen Kriterien impliziert. Es ist eines, diese Prozesse mit einem seismographischen Gespür für die Netzwerke der Macht, die diese durchdringen, zur Kenntnis zu nehmen, und ein anderes, sie in ihrem phänomenalen »So-Sein« nicht nur zu belassen, sondern emphatisch zu begrüßen, freudentaumelnd und geistesentrückt sich dem bunten Reigen der Differenz hinzugeben und in der Euphorie zu ignorieren, welche gesellschaftlichen Kräfteverhältnisse diese Differenzen konzentrieren oder verdünnen, wie synthetisch oder authentisch sie überhaupt sein mögen. So nimmt es nicht wunder, dass auch die Völkerkunde, der ich in Hassliebe ergeben bin, im letzten

Teil der vorliegenden Arbeit nicht zu kurz kommt; weniger die Wissenschaft an sich, als das exotistische Flair, das sie umgibt, und die Motivationen, die junge Menschen immer wieder in ihr Kielwasser treiben.

Neben der in der Kürze, die eine Einleitung nun mal gebietet, dargestellten Hauptanliegen dieses Werkes wird der aufmerksame Leser, die aufmerksame Leserin einen ganzen Tross an Reflexionen und Theoriebruchstücken finden, die sich dem Hauptzug der Argumente in mehr oder minder losem Verband angeschlossen haben und jede bzw. jedes für sich wohl Ausgangspunkt für eine weitere Arbeit sein könnte: z. B. Ansätze einer Theorie, die zu erklären vermöge, wieso das Klassenbewusstsein als organisatorischer Kitt vor einem nationalen und konfessionellen Bewusstsein zumeist den Kürzeren zu ziehen pflegt, eine Verteidigung Bourdieus vor seiner »anti-aufklärerischen« Vereinnahmung oder aber die generelle Kritik des Identitätsbegriffes – und vieles mehr. Obwohl der Textfluss in viele Seitenarme sich verästelt, hoffe ich doch, Hauptstrom und Fließrichtung bleiben evident.

Teil I:
Das völkische Paradigma

1. Das völkische Paradigma

»*A Waunsinn, de Völker!*«
Josef Hader in »Indien«

Der folgende Abschnitt ist der historischen Genese eines ethnischen Ordnungsmodells gewidmet, wie es von Literaten, Philologen und später Anthropologen seit dem Ende des 18. Jahrhunderts propagiert wurde. Aus dem Bestreben einer *Taxonomia universalis*, die Erdbevölkerung in Völker bzw. Stämme zu parzellieren, entwuchs mit dem erwachten Interesse an den jeweils eigenen Sprachen, Traditionen und ethnischen Kontinuitäten ein ideologisches Gegenprogramm zum Universalismus der Aufklärung, das bis in heutige Tage ständige Antipode und somit integraler Bestandteil dieser Moderne sein würde. Der Volkskundler Konrad Köstlin (1994: 5) prägt in einem Artikel, in dem er erfrischend hart mit der eigenen Disziplin ins Gericht geht, den Begriff *ethnographisches Paradigma* und umschreibt in groben Zügen, was ich als *völkisches Paradigma* bezeichnen werde:

> »Mit dem Begriff ›ethnographisches Paradigma‹ sollen die Instrumentalisierungen und die Nutzungen der Kategorie des Ethnischen in modernen Gesellschaften diskutiert werden. Die Etablierung der Kategorie ›Ethnie‹ steht am Beginn der Moderne und ist bis in die Gegenwart als Konträrstrategie gegen die Modernisierung genutzt worden. Sie begleitet den Prozeß der Modernisierung der europäischen Gesellschaften als basso ostinato, mal laut, mal weniger hörbar. Dabei sieht es so aus, als gewinne in Zeiten, die als ›Krise‹ oder auch als ›Wende‹ bezeichnet werden, die Ethnie als die scheinbar einfachste und ursprünglichste Kategorie an Orientierungskraft. Die Argumentation mit Ethnischem arbeitet mit der Plausibilitätsstruktur des Dauerhaften und Einfachen.«

Ich habe mich für das Attribut *völkisch* entschieden, weil es einen konkreten Bezug zum deutschsprachigen Raum herstellt, in dem bestimmte historische und gesellschaftliche Bedingungen, die in den folgenden Kapiteln noch eingehender erläutert werden sollen, die Herausbildung dieses Paradigmas stimulierten; und weiters will ich das negativ besetzte Attribut *völkisch* als Mahnmal für die unmittelbare intellektuelle Kontinuität setzen, die vom Humanisten und Kulturrelativisten Herder über die Deutsche Romantik sich zur völkischen Philosophie des Nationalsozialismus reicht.

Dass die Neue Rechte ihren prärassistischen und kulturalistischen Anfängen währt, also am lautesten in die bislang linksalternativen Choräle zum Lob der kulturellen Differenz einstimmt – ein Thema, das in dieser Arbeit gegen meine ursprüngliche Absicht nur gestreift werden konnte –, mag das fortschrittliche Selbstverständnis vieler Ethnologen erschüttern, aber das soll es auch. Denn dass die Rechte auch unter teilweiser Aufgabe einer biologistischen und diskriminatorischen Rhetorik dieses Feld für sich usurpiert, liegt seit dem 18. Jahrhundert in der Logik der Sache begründet. Die Rechte spielt nicht mit gezinkten Karten, wie ihr eine eingeschnappte Linke vorwirft, sondern diese selbst hat mit ihren postmarxistischen Kulturalisierungen auf die falschen Karten gesetzt. Die Lektion, die eine intellektuell gereifte Rechte diesen Kulturschützern, Multikulturalisten, Ethnologen und Linksmoralisten erteilt, kann nur heilsam sein, nämlich dass deren wissenschaftliche und weltanschauliche Position, wollen sie von der Neuen Rechten unterscheidbar bleiben, nur auf der Seite eines kompromisslosen Antiessenzialismus und der klaren Absage an jegliche Reifikation des Ethnischen bestehen kann.

Hiermit sei an einen weiteren Grund angeknüpft, warum ich Köstlins Attributwahl vermeiden möchte: Sie suggeriert eine unzulässige Verallgemeinerung. Zwar ist Ethnographie die ursprüngliche Bezeichnung für das Geschäft der Ethnologen, doch hat sie sich längst in der Bedeutung einer empirischen Zubringerwissenschaft für die übergeordnete Disziplin Ethnologie eingependelt (vgl. Fischer 1988: 129). Darüber hinaus wird hier das allseits verbreitete Vorurteil mit frischer Nahrung versorgt, die Ethnologie, ungeachtet ihrer unzähligen widerstreitenden theoretischen Positionen, würde in sich abgeschlossene Völkerschaften untersuchen, gar eine Ethnisierung moderner komplexer Gesellschaften, kurzum: völkisches Denken befördern. Dagegen lassen sich aber – trotz der völkischen Erblasten – mittlerweile zu viele positive Gegenbeweise ins Feld führen.

Völkisches Paradigma bezeichnet die Vorstellung homogener, kohärenter und selbstbezogener Gesellschaften, deren ethnische und kulturelle Grenzen kongruent sind, wobei subjektive Wahrnehmung und objektive Existenz dieser Grenzen in eins fallen. Im Idealfall ergebe sich völlige Deckungsgleichheit von Sprache, Territorialität, politischer Organisation und anderen kulturellen Merkmalen. Oft verbargen sich hinter der Objektivität beanspruchenden Deskription die in Fleisch und Blut übergegangenen Imperative der nationalistischen Homogenisierungspraxis.

Das völkische Paradigma weist über den Kern einer antimodernistischen Ideologie hinaus. Bis in unser Jahrhundert hinein erfreut es sich besonders in der Ethnologie respektive Sozial- und Kulturanthropolgie bester Gesundheit und befriedigt ein akademisches Ordnungsbedürfnis. Besonders gut verträgt es sich mit dem Funktionalismus.[3] Waren die beforschten Kollektive ohnehin nie so kohärent, wie man ihnen zuschrieb, so wurden sie, eine heile Welt der Ethnien und Stämme, durch größtenteils destruktive Modernisierungsschübe durcheinandergeworfen. Es bedurfte eines neuen epistemologischen, weniger ideologielastigen

---

3 Ohne per se ein konservatives Weltverständnis zu fundamentieren, diente es den Funktionalisten einfach als operationabler Objektrahmen für ihre Prämisse der auf sich bezogenen funktionalen Sozialsysteme, wie sie selbst von dem eifrigen Marx-Rezipienten Radcliffe-Brown mit beschrieben wurden: »Every costum and belief of a primitive society plays some determinant part in the social life of the community, just as every organ of a living body plays some part in the general life of the organism.« In: Radcliffe-Brown (1922): The Andaman Islanders. Cambridge, pp. 229. Zit. nach Borofsky 1994: 244

Instrumentariums, neuer Paradigmen, die neuen Qualitäten sozialer und somit kultureller Beziehungen zu erfassen. Eine Möglichkeit dazu stellt, wie der zweite Abschnitt ausführlich zeigen soll, der Ethnizitätsdiskurs dar.

2. Von authentischen und nichtauthentischen Neotraditionen

> »*Notice that for the people concerned, syncretism is not a contradiction of their culturalism – of the indigenous claims of authenticity – but its systematic condition.*«
> Marshall Sahlins

Ethnizität ist wie auch die Kategorien Volk, Nation und Rasse und wie das Gros an Bräuchen, Traditionen, normativen Symbolcodes, die zur Aufrechterhaltung oder dem Geltendmachen dieser mobilisiert werden, eine soziale Konstruktion.

Die Arbeiten des norwegischen Ethnologen Fredrik Barth (geboren 1929) unterstreichen diese Position. Ethnische Gruppen würden sich über einen *Akt* der Grenzziehung konstruieren, sie sind »the stuff the boundary contains« (Barth). Sein einflussreicher Aufsatz im Sammelband *Ethnic Groups and Boundaries* bildet einen einflussreichen Wendepunkt in der Ethnizitätsforschung (vgl. Teil II: Ethnizität vor und nach Barth)

Über das Konstrukt Ethnizität dürfte weitgehend Einigkeit bestehen, und hat auch schon vor der Konstruktion des diskursiven Konstruktivismus Einigkeit bestanden. Und je öfter die Phrase von der sozialen Konstruktion sich wiederholt, desto mehr entsteht der Eindruck, man müsse sich krampfhaft davor in Acht nehmen, nicht in ein Denken zu regredieren, das in genannten Phänomenen *res naturales* sieht.

Soll ein Begriff Bedeutung tragen, muss man unter gegebenen Bedingungen einen Gegensatz formulieren können, der nicht notwendig immer und überall Gegensatz ist. In unserem Fall wäre das Natur, die, wie uns die Konstruktivisten belehren, auch kulturelle Konstruktion ist. Ergo gibt es nichts, was nicht konstruiert ist, ergo gibt es auch keine Konstruktionen. Will heißen: Der radikale Konstruktivismus postmoderner Prägung dekonstruiert sich selber, denkt er sich konsequent zu Ende. Doch diese epistemologischen Sophistereien seien für unseren Themenbereich nur am Rande von Bedeutung.

Benedict Anderson (1988: 14ff.) bezeichnet Nationen als *imagined communities*; Gemeinschaften also, die – das ist der springende Punkt – weniger imaginär denn vorgestellt sind, da sie den Interaktionsradius der *Face-to-Face*-Gruppe (Primärgruppe) übersteigen. Der Nationalismus mag vor seiner realpolitischen Umsetzung kulturelle Kontinuitäten mit fiktiven und imaginären Elementen verweben, sobald er aber über Beschulungsmöglichkeiten und mediale Hegemonien verfügt, wird er in den Köpfen derer, die er auf ethnischer Basis anruft, real und pflanzt in objektivem Gemeinschaftshandeln sich fort. Und wenn Étienne Balibar (vgl. 1990: 118) die per Nationalstaat geschaffene Gemeinschaft mit etwas unglücklicher Attributwahl als *fiktive Ethnizität* bezeichnet, so insistiert er darauf, diese Fiktion nicht als bloße Illusion ohne historische Auswirkungen zu fassen, sondern »analog zur *persona ficta* der juristischen Tradition, im Sinne einer von den Institutionen ausgehenden Wirkung, einer Konstruktion«. (1990: 115) De facto ist jede Gemeinschaft, die sich in Institutionen reproduziert, imaginär, denn »[...] sie beruht auf der Projektion der individuellen Existenz in das Geflecht einer kollektiven Geschichte, auf der Anerkennung eines gemeinsamen Namens und auf den Traditionen, die als Spuren einer unvordenklichen Vergangenheit erlebt werden.« (Ibid.)

Die Traditionen, von denen Balibar spricht, sind erfunden. Jede Tradition ist erfunden, gibt Marshall Sahlins (vgl. 1994: 379) zu Recht jenen zu bedenken, die etwa das hawaiianische Revival der Hula-Tanztraditionen als inauthentische Neotradition abtun und somit die Idee authentischer Kultur reifizieren. Und – sieht man von dem metaphysischen Schnitzer ab, dass Kulturen über reflexive Fähigkeiten verfügen könnten – zweifelt auch Barbara Herzog-Punzenberger in ihrer Diplomarbeit (1995: 107) die Sinnhaftigkeit an, »zwischen echt ethnischen Bewußtseinsformen zu unterscheiden«, und fügt einen wichtigen Gedanken an: »Das würde die vormodernen Kulturen ihrer reflexiven Fähigkeiten berauben und deren Ethnizität naturalisieren.« (Ibid.)

Die Antagonismen von Authentischem und Inauthentischem, von Echtem und Gekünsteltem respektive Natürlichem und Artifiziellem sind bedeutende Spielmarken der Anti-Moderne. Sie setzten auf retrospektive Idealisierung des vermeintlich Vormodernen gegen die Dynamik gesellschaftlichen Wandels und der Universalisierung, die sich die Moderne zugute hält. Man könnte sagen: Durch die Polarität *modern-traditional* teilen sich Modernisten und Anti-Modernisten das ideologische Geschäft der Moderne untereinander auf. Jene konstruieren das naturhaft-beharrliche Traditionale, um es mit der Dynamik ihrer Modernität zu kontrastieren, diese naturalisieren es, um es als unfehlbare, weil natürlich gewachsene Ressource für die Kompensation der Anomien, die diese Moderne zeitigt, zu designen. Beide Schlagseiten dieser Moderne erweisen sich für die expandierende Durchkapitalisierung der Welt als funktional. Letztere vor allem deshalb, weil sie fortlaufend kulturelle Spaltungen schafft und substanzialisiert, entlang derer Märkte und ethnisch (und rassisch) segregierte Arbeitskraft sich formieren (vgl. Teil II, Kapitel 11).

Wer die moderne und – in einem nicht wertenden Sinn – progressive Idee der ethnischen Nation in der Absicht, deren politisch reaktionären Charakter bloßzustellen, ihres archaischen Inhaltes überführen will, meint das Richtige und sagt, weil er den Gegenkonstruktionen der eigenen Modernitätsideologie aufliegt, das Falsche. Der ethnische Nationalismus speziell, die Authentizitätsphilosophie allgemein, sind rückwärtsorientiert, aber nicht vormodern. Sie bedienen sich vormoderner gesellschaftlicher Kontinuitäten, pathetisieren die kulturelle Differenz und verleihen Kultur organischen Charakter. Bereits der stabile Geist der kulturellen Gemeinschaft, wie er Herder vorschwebte, der explizit für ihre Reinheit und Exklusivität plädierte, naturalisiert Kultur implizit. Es war nur eine

Frage der Zeit und des Siegeszuges der Naturwissenschaften, dass der biologische Rassebegriff auf diesem fruchtbaren Feld zu wuchern begann. Nach dessen Verbannung aus der pluralistischen Demokratie der Diskurse begann sich ein den Herder'schen Anfängen währender Kulturrassismus (Balibar) in den zurückgebliebenen Leerstellen einzunisten.

Und wie so oft in der Wissenschaftsgeschichte wurde im amerikanischen Kontext das Schwarzpulver neu erfunden, so etwa durch Edward Sapir (vgl. Kohl 1987: 140), der in den 1930er-Jahren die modernen Industriegesellschaften als »unechte Kulturen« (weil »kulturell gescheitert«) bezeichnet, im Gegensatz zu den »genuinen Kulturen« der schriftlosen Gesellschaften. Diese »ideologische Schwäche« der Anthropologen beschrieb Edmund Leach in den 1950er-Jahren:

> »Die englischen *social anthropologists* haben ihre Grundvorstellungen zumeist eher bei Durkheim als bei Pareto oder Max Weber entliehen. Hieraus ergibt sich ihre Vorliebe für Gesellschaften, die Symptome ›funktionaler Integration‹, ›sozialer Solidarität‹, ›kultureller Einheitlichkeit‹, ›strukturalen Gleichgewichts‹ aufweisen. Derartige Gesellschaften mögen zwar von Historikern oder Politologen als absterbend angesehen werden, aber die *social anthropologists* halten sie gewöhnlich für gesund und in idealer Weise vom Schicksal begünstigt. Gesellschaften dagegen, die Symptome von Differenzierung und innerem Konflikt zeigen, der zu schnellem Wandel führt, begegnet man mit dem Verdacht der ›Anomie‹ und der pathologischen Fäulnis.« (Leach 1983: 241)

Es bedurfte eines aufklärerischen, ideologiekritischen Diskurses, die Authentizitätsansprüche, die die völkische Anti-Moderne für sich reklamierte, zu decouvrieren. Will diese Ideologiekritik der Logik der Authentizitätsphilosophie nicht verfallen, in dem sie etwa die Trennung von authentischen und nicht-authentischen Traditionen reproduziert, muss sie das Ideologem der Authentizität per se in Frage stellen. Die vulgärkritizistische Haltung, derzufolge die Legitimität von Traditionen aus dem Grund angezweifelt wird, weil diese sich moderne Aspekte einverleiben oder Reaktionen auf moderne gesellschaftliche Bedingungen darstellen, ist schlichtweg als naiv zu bezeichnen, da sie auf einer Verkennung der Dynamik und der adaptiven Potenzen von Kultur und der sie beinhaltenden Traditionen beruht und darüber hinaus die Imagination kultureller Reinheit, wie sie die Anti-Moderne als retrospektives völkisches Utopia konzipierte, nolens volens affirmiert. Sobald die Tradition, als Repräsentant der Vormoderne, von der Moderne befruchtet wird bzw. geschändet (wie es die Anti-Modernisten interpretieren würden), verliere sie ihren Anspruch auf Jungfräulichkeit. Der Jungfräulichkeitsmetapher kommt die Doppelfunktion zu, die Moderne sich als aufklärerischer Entjungferer brüsten zu lassen bzw. sie ob ihrer schändlichen Destruktivität zu denunzieren. Hier wird durch Verabsolutierung einer aufklärerischen Modernitätskonzeption ein Idealtypus mit der Realität verwechselt, ein Idealtypus, der als Antithese zu bloß im agrarischen

Kontext funktionalen Traditionen und Bewusstseinsformen fungiert. Sobald etwa ein öffentlich zugängliches physikalisches, metereologisches oder astronomisches Wissen über die Kausalität des Jahreszeitenwechsels besteht, verkümmerten archaische Bräuche des Winteraustreibens zu afunktionalen, folkloristischen und bestenfalls touristisch verwertbaren Survivals. Ich drifte hier in Problematiken ab, die einer umfassenderen Beschreibung und Analyse bedürften, als dass man sie in dieser Beiläufigkeit stehen lassen könnte. Jedenfalls wird dieser Appell an das *animal rationale*, gemeinhin als eurozentrischer Chauvinismus diskreditiert, gerade in den Ländern seiner Herkunft genauso wenig erhört wie sonstwo, was den Vorwurf des Eurozentrismus selbst fragwürdig erscheinen lässt.

Halten wir nur fest, dass die Vorstellung, Traditionsbildungen seien unecht, weil eine traditionslose Moderne das Echtheitsmonopol erworben hätte, auf blanken Unsinn hinausläuft, da sie unterstellt, es gäbe bzw. hätte je so etwas wie echte, ergo auch unechte Traditionen gegeben. Tradition, Kultur im Allgemeinen, ist in jedem Fall unecht, in dem Sinn, dass sie nicht natürlich ist, und sie ist in jedem Fall echt, in dem Sinn, dass sie real ist.

Die evolutionistischen und teleologischen Stufenmodelle Comte'scher, Tylor'scher und Hegel'scher Provenienz formulierten ideologische Programme, die Geschichte des menschlichen Bewusstseins als kontinuierlichen Fortschritt von präreflexiven, traditionalen zu stets rationaleren Bewusstseinsformen vorstellten. Ihnen lag weniger die Zerstörung traditioneller Weltbilder im Sinn als die Befreiung des Menschen von ideologischer Unterdrückung, Obskurantismus und Borniertheit. Dieses moralische Projekt der Vernunfterziehung als bürgerliche Ideologie ausweisend, bestimmte Karl Marx die materiellen Bedingungen, die es zu verändern gelte, als den eigentlichen Motor der Entwicklung von Bewusstseinsformen. Eine vulgärmaterialistische Exegese dieses Ansatzes würde möglicherweise in jedem Knopf einer Tracht, der wie andere Kulturelemente auch Reflex seiner materiellen Bedingung ist, einen Widerspruch vermuten, sobald die Gesellschaft des Knopf- und Trachtenträgers sich industrialisiert. Doch dass Menschen in einem ethischen Sinn vernünftiger werden, soll heißen: nicht nur an den Tagen zum Friseur zu gehen, die der Mondkalender ihnen vorschreibt, oder wenn man ihnen Geräte in den Haushalt stellt, die nach naturwissenschaftlichen Gesetzmäßigkeiten konstruiert wurden, diese naive Vorstellung geht auf eine hoffnungsvolle Illusion der Aufklärung zurück, welche die Rationalität menschlicher Freiheit mit der Rationalität der kartesianischen Wende in eins setzte.

Doch es ist eines, den Authentizitätsanspruch und das methusalemische Alter, das rezente Traditionen für sich beanspruchen, durch nüchterne Analyse ihrer historischen Genese zu korrigieren (und möglichst die spezifischen Bedingungen ihrer Kreation herauszuarbeiten), und es ist ein anderes, dieses Vorhaben mit dem unnötigen Zusatz zu versehen, besagte Traditionen seien überdies nicht mehr wirklich echt, authentisch, weil sie zu viel Modernes, A-Traditionales in sich aufgesogen hätten und keine unmittelbare funktional-strukturale Verwurzelung in soziokulturellen Gefügen aufwiesen.

Ich hole aus: Die mit der unaufhaltsamen Expansion des von Europa (später von den USA und noch später von Ostasien) ausgehenden Markt- und Industriekapitalismus und die damit einhergehende Konfrontation westlicher und autochthoner Kulturmuster evozierte auf der ganzen Welt die diversesten Spielarten von Synkretismen und Akkulturierungen. Hierbei stießen Menschen in ihrer adaptiven Kreativität nur auf die exklusiven Grenzen, die ihnen Macht und Ungleichheit, der institutionalisierte Ausschluss von Revenuen und Ressourcen setzten. Diese Synkretismen und Akkulturierungen wurden in den letzten zwei Jahrhunderten dramatisch intensiviert, doch als Motor waren sie Kultur schon immer inhärent. Somit können wir bestenfalls von Phasen unterschiedlicher Intensität und Geschwindigkeit des Traditionsdesignings sprechen, nicht aber von authentischen und nicht-authentischen Traditionen.

Ich hole noch weiter aus: Der poststrukturalistische und postmoderne Konstruktivismus hat die Optik gesellschaftlicher Analyse zugleich erweitert und verengt. Erweitert, weil er alle Wahrheitsansprüche, auch die ideologiekritischen, auf ihren historischen Konstruktionscharakter hin überprüft; verengt, weil er durch die Übertreibung der eigenen Prämissen sich jeglicher politischen Handlungs- und Erkenntnisfähigkeit beraubt. Denn sobald es keine Diskurse mit privilegierteren epistemischen Ansprüchen mehr gibt, keine Fixpunkte, keine einigermaßen gültige Metasprache, von denen aus und mittels derer sich Richtigkeit und Rationalität bestimmen lassen, bleibt ein unendliches Universum sich gegenseitig in Schach haltender und beschreibender Diskurse übrig. Der Dekonstruktivismus, zu Zeiten der großen Meta-Erzählungen noch Ideologiekritik genannt, dekonstruiert sich durch Aufgabe des Rationalitätsanspruches selber. Dekonstruktion erstarrt somit zu intellektualistischer L'art pour l'art. Bloß noch ein Nietzsche'scher Wille zur Macht könnte den Wunsch nach gesellschaftlicher Durchsetzung eines Diskurses rechtfertigen. Doch wenn alles konstruiert ist, ist nichts konstruiert, und wenn überall Macht ist, ist zugleich nirgends Macht, und wenn die Logik, die diese Redlichkeit gebietet, selbst nur eine kontingente historische Konstruktion darstellt, so plädiere ich dafür, von diesem infantilen Ringelspiel so bald als möglich abzuspringen und in einem vielleicht naiven, aber effektiven Schritt wieder zu einer sinnlich erfahrbaren Praxis zurückzukehren.

Doch kehren wir zu unserem bescheidenen Teilbereich dieser Fragestellungen zurück. Auf was ich hinauswollte, war der Umstand, dass Begriffe, dehnt man sie ins Unendliche aus, stülpt man ihre Bedeutung ihren hypothetischen Gegenteilen über, die einzig noch in der Lage gewesen wären, sie zu spezifizieren, an Exaktheit und damit an Bedeutung verlieren und in ihrer Unbestimmtheit blütenweiße Projektionsleinwände für alles und jenes abgeben. So verhält es sich mit der Verallgemeinerung von Macht, mit der Konstruktion von Wirklichkeit, und wie wir noch sehen werden, auch mit Ethnizität. Doch bleiben wir einstweilen bei den *invented traditions*.

So wie – will sich der Diskurs nicht selbst dekonstruieren – zwischen zentraleren und ephemereren Varianten der Macht, zwischen unterschiedlichen

Qualitäten der Konstruktion unterschieden werden muss, sollte man sich durch die Verallgemeinerung des Konstruktionscharakters von Traditionen nicht über die Tatsache hinwegschwindeln, dass seit der Neuzeit, seit dem kontinuierlichen Erodieren von Traditionen und deren Aufgehen in komplexeren, differenzierteren Systemen, der Konstruktion von Traditionen, nicht nur deren nationalen Designs, völlig neue Intensität und Konnotationen zukommt. Es stimmt schon: Der bloße neunmalkluge Hinweis, dass eine Tradition rezent sei, wobei sie doch erst ein entsprechendes Alter vorweisen müsse, um sich die Bezeichnung zu verdienen, sagt allein gar nichts aus. Ich will keine Typologien entwerfen, doch es sollte etwa der Unterschied in Rechnung gestellt werden, ob Traditionen in gewundener Kontinuität sich weiterentwickeln oder nach Verlust dieser als Sinnstiftungsdesign wiederaufbereitet werden. Es ist ein Unterschied, ob – um das durch Beispiele aus dem Kompetenzbereich der europäischen Ethnologie zu veranschaulichen – aus älteren melodischen und lyrischen *patterns* agrarischer Gesellschaften im Laufe der Industrialisierung neue Liedtraditionen erwachsen, wie etwa die *industrial ballads* im britischen Kontext, oder ob Banden von Kärntner Hauptschullehrer- und lehrerinnen mit bürgerlich designtem Liedgut und bedrohlicher Mehrstimmigkeit ihre ethnischen Grenzen zum Slawischen munizipieren.

Es ist auch ein Unterschied, ob Trachten als sichtbare Embleme mikrokultureller Differenzen bei relativer Nichteinmischung durch Traditionspfleger, Identitätsstifter, Kulturwissenschaft und Medien allmählich moderneren überregionaleren Stilen weichen bzw. diese in sich aufnehmen und weiterentwickeln, oder aber von volksromantischen Intellektuellen, wie etwa dem prominenten Volkskundler Kuno Brandauer, einem kongenialen Zeitgenossen Coco Chanels und völkischen Ahnvater Karl Lagerfelds, dessen modischem Esprit wir Teile der Salzburger Landestracht verdanken, erfunden werden (Vgl. Schneider 1994: 3). Es handelt sich um die idealtypische Unterscheidung zwischen lebendiger Traditionsentwicklung und bürgerlicher Traditionspflege. Ich schätze den Begriff Traditionspflege, denn er offenbart als typisch modernes Phänomen die Pflegebedürftigkeit seines Signifikaten.

Der Vorwurf der Unechtheit von Traditionen, erschallt er nicht aus der puristischen Ecke, operiert mit problematischen Begrifflichkeiten, und dennoch – das sei zu seiner Verteidigung angeführt – zeugt er vom ernst zu nehmenden Instinkt fürs Artifizielle, Geschwindelte, fürs *Gefakte*. Die Moderne – ich wiederhole das Stoßgebet –, jener Cocktail aus Expansion eines Industrie- und Marktkapitalismus, Entzauberung und Enttraditionalisierung, funktionaler gesellschaftlicher Differenzierung und Individualisierung, schuf ganze Industrien des Traditionsdesignings. Bürgerliche Literaten und Philologen begannen seit dem späten 18. Jahrhundert, lokale Traditionen aufzuzeichnen, zu kodifizieren, zu musealisieren, und homogenisierten sie dabei. Hinzu kamen die modernen Reproduktionstechniken und Medien, die kulturelle Zusammenhänge mithilfe nationalstaatlicher Subventionen in kulturelle Freiluftmuseen verwandelten und der Traditionsbildung vollkommen neue Dimensionen verliehen.

Man braucht kein kosmopolitischer Verächter kultureller Partikularidentitäten zu sein, es reicht aus, eine angemessene Sensibilität für Dynamik, Historizität und Instrumentalität kultureller Äußerungen zu besitzen, um der serienmäßigen Produktion von Traditionalität, mit der sich die, welche genug zu essen haben, identitäre Bauernstuben innerhalb einer sich atemberaubend schnell verändernden Welt einrichten, welche aber den Habenichtsen retrospektive Verheißungen einer besseren Welt bedeuten, gewahr zu werden. Gerade Ethnologen mit ihrem oft prätentiösen Gehabe als selbsternannte Anwälte kulturellen Selbstverständnisses und dem blinden Respekt vor allem, was irgendwie nach traditioneller Kultur riecht, stünde es nicht schlecht an, ihre Betriebsblindheit von Kritikern und Polemikern, die zur Reifikation ethnischer Traditionen in ausreichender Distanz stehen, kurieren zu lassen. Ethnische Gruppen modernen Zuschnitts bedürfen der Literaten, Heimatforscher und Kulturanthropologen nicht mehr, sie wenden sich gleich an renommierte PR-Agenturen, die sich auf das Geschäft des Designens besser verstehen.

Eine gewisse Ironie liegt in der Selbsttäuschung jener antimodernen Intellektuellen begründet, die gegen das der Moderne zugeschriebene Unnatürliche, Artifizielle und Geschichtslose das vermeintlich Natürliche, Echte und Geschichtsträchtige traditioneller Volkskultur als sinnstiftende Gegenideologie ins Feld führten, und dabei lebendige Traditionen mit ihrer aufdringlichen Liebesumarmung erstickten, um sich sogleich ans Geschäft des Leichenschminkens zu machen. Sie standardisierten diese und erfanden neue hinzu. Als Bollwerk gegen die nahezu totale Substituierung menschlicher Interaktion durch die Dazwischenschaltung des Tauschwertes, als wertkonservative Alternative zu der Kälte des marktgesteuerten zweckrationalen Kalküls akademisch am Leben erhalten, erweist sich diese Traditionalität als eine der erfolgreichsten Marktträger der kapitalistischen Moderne. Als heilige Unschuld von bürgerlichen Schwärmern und Intellektuellen gegen den modernen Sündenfall zurechtgestylt, türmte diese Traditionalität, weil sie auch einmal etwas erleben und sich nicht länger von ihren diskursiven Entdeckern bevormunden lassen wollte, aus dem Museum, und machte sich, um sich ihr eigenes Brötchen zu verdienen, als Kokotte eines kapitalistischen Identitätsmarktes selbständig. Ob das unter die *civilizing power of capitalism* (Marx) fällt, darüber lässt sich streiten. Überlegenswert bleibt allenfalls, ob das, was allgemein als Ausverkauf der Tradition bezeichnet wird, nämlich die Unterordnung traditioneller Symbolcodes unter den Dienstleistungssektor, nicht eine gewisse Befriedung, die Entschärfung ethnokulturell artikulierter Konflikte bewirken kann.

Der Vermarktung der Traditionalität entkommen auch nicht zyklisch auftretende Gegenentwürfe fiktiver Authentizität. Auch sie werden über kurz oder lang über den Markt kommuniziert, auch wenn primäre Anregungen von außerhalb kommen mögen. Die gefakte Authentizität des Brueghel'schen Dudelsackes, mit der alternativ-intellektuelle Traditionsdesigner der angeblich inauthentischen, kleinbürgerlich-bäuerlichen Basstuba (und dem E-Bass) den Kampf ansagen, wird vom Traditionalitätsmarkt als willkommene Anregung aufgenommen. Keine Ware lässt sich besser vermarkten als die Illusion einer jenseits des Verwertungszusammenhanges, der unpersönlichen Marktbeziehungen liegenden zeitlosen Welt. Und keine moderne Traditionsbildung vermag sich, so unmittelbar sie auch aus dem struktural-funktionalen Gefüge konkreter Sozietäten erwächst, auf Dauer diesen Prinzipien zu entziehen.

Das schillernde Bild, das uns Maler wie George Catlin und Karl Bodmer von den Plains-Indianern des 19. Jahrhunderts übermitteln, zeigt uns Dresscodes, kulturelle Merkmalshäufungen in Kleidung, Schmuck, Bemalung und Haartracht, die sich manchmal, aber selten sogar mit politischen Stammesgrenzen in Einklang bringen lassen. Dennoch treten uns über anderthalb Jahrhunderte hinweg selbst innerhalb distinguierbarer Kulturen eitle Dandys entgegen, die sich nicht nur in modischer Originalität zu übertreffen scheinen wollen, sondern zudem eine interessierte Offenheit für die Adaption europäischer oder amerikanischer Accessoires bekunden, seien es Wellington-Zylinder oder aber schicke Damenfächer. Solch eine ausgeprägte Individualität des persönlichen Stils ist sicherlich nicht repräsentativ für jede vorindustrielle Gesellschaft, dennoch geben diese Momentaufnahmen der Plains-Kulturen Zeugnis ab von individueller Innovationsfreudigkeit und der Möglichkeit, traditionelle Embleme zu variieren; ganz im Gegensatz zu der lange vorherrschenden ethnographischen Tendenz, aufgrund historischer Momentaufnahmen, selektiv und vage, homogenisierte Kulturessenzen zu extrahieren, und somit nicht nur der Vorstellung von Regelhaftigkeit oder mechanischer Solidarität die passenden Artefakte zu liefern, sondern zugleich die eigene Vorstellung nationalkultureller Homogenität auf sogenannte traditionale Gesellschaften zu übertragen.

Autochthone, ethnische und indigene Minder- und Mehrheiten bedienen sich zur Rekonstruktion ihrer Kulturen jener historischen Schnappschüsse, die Ethnologen aus ihrem eigenen kulturellen Verständnis interpretiert hatten. Ich will hier das Gros kultureller Ausdrucksformen nicht auf Trachten reduzieren, sondern diese als emblemartige Repräsentanten weitergefasster Kultur hervorheben. Sehen wir uns die synkretistische Kleidung an, die Native Americans bei ihren *Pow-Wows* zur Schau stellen, tritt trotz der Vermischung der Stile eine gewisse Uniformität ins Auge, und es stehen meines Wissens noch wissenschaftliche Arbeiten aus, die den Einfluss des weißen Indianerbildes der Wild-West-Filme auf das kulturelle Eigenverständnis zeitgenössischer Native Americans untersuchen. In diesem Fall ließe sich die synkretistische Revitalisierung nicht ohne Referenz (und bestünde diese auch nur in der Antithese) zum kulturindustriell vermittelten Indianerbild des Westerns denken, ebenso wie moderne alpenländische Tradition nicht ohne Referenz zum Heimatfilm gedacht werden kann.

Es ist schon ein paar Jährchen her, als im Wiener Afro-Asiatischen Institut ein Ensemble tatarischer Musiker die originale Folklore der seit Ende der 1980er-Jahre teilunabhängigen Republik Tatarstan zum Besten gaben. Die Kostüme waren schulfaschingstauglich, filzige Zitate des kaukasischen Tscherkessenrocks mit euroasiatischen Tier- und Pflanzenornamenten beklebt, die so aussahen, als seien sie noch unmittelbar vor dem Auftritt aus goldener Stanniolfolie notdürftig ausgeschnitten worden. Die Musiker wiesen zweifelsohne klassische Ausbildung und den Eifer auf, einen nationalen Stil zu rekonstruieren. An der Musik selbst war infolge der jahrhundertelangen Russifizierungspraxis außer den Texten wenig Tatarisches übriggeblieben. Der Abend gestaltete sich, abgesehen von der unfreiwilligen Komik, die wohl jedem von vorne herein zum Scheitern verurteilten Versuch, authentisch zu wirken, anhaftet, als *very entertaining*, professionelle Illusionskunst mit traumhaft schöner Musik. Die Entertainer handelten unübersehbar in nationalem Auftrag. »Kulturnation«, so lästert der Philosoph Rudolf Burger (1993: 56) wohltuend, sei kein Begriff, »sondern ein Subventionsantrag«. Das Magazin, das an diesem tatarischen Heimatabend am Info-Tisch auflag, entbehrte ausnahmsweise jeglichen kulturellen Designs. Die Redakteure hatten den kulturellen Firlefanz gleich ganz beiseitegelassen und kamen zur Sache, wie bereits auf dem Titelblatt ersichtlich war, das eine Erdölpumpe im Sonnenuntergang abbildete. Sie gaben ihr Blatt nüchtern und direkt als »Zeitschrift für Investoren« zu erkennen.

3. Bevor die Völker wussten, dass sie welche sind

Die Begriffe *Volk* und *Ethnos*, von dem sich der aktuelle Begriff der Ethnizität ableitet, sind in ihrer modernen, von der Entwicklung des Nationalstaates nicht abtrennbaren Bedeutung bekanntlich weitaus jünger, als ihre archaische Zeitlosigkeit beschwörenden Mystifikationen suggerieren. Sowohl das deutsche *Volk* als auch das griechische *ethnos* gehen bis zur beginnenden Neuzeit nicht über die Bedeutungsschranke einer kleinen, bunt zusammengewürfelten Gruppe hinaus. Homers *ethnos* bezeichnet sowohl Bienenschwärme als auch kleinere Kriegerscharen. Auch das mittelhochdeutsche *volc* (englisch: *folk*) ist zunächst im Sinne der Kriegsgefolgschaft zu verstehen und erfährt eine erweiterte Bedeutung in der allgemeinen Bezeichnung der lokalen Sozialeinheit.

Die Verwendung variiert auch stark unter verwandten Begriffen wie *genus, natio, race*. Jedoch liegt bei diesen – je nach Kontext – eine stärkere Betonung auf lokaler und gemeinschaftlicher Identität, als dies bei *volc* oder *ethnos* der Fall ist. Allgemein lässt sich jedenfalls feststellen, dass die Bedeutungen dieser Termini alternieren und für den genannten Zeitraum kein wie immer geartetes Interesse besteht für einen einheitlichen und analytisch exakten Gebrauch. Begriffe sind wie andere Kulturelemente und Traditionen auch in einem unaufhörlichen Fluss, der manchmal zu reißenden Stromschnellen zusammenschießt, dann wieder ruhigere Fließgeschwindigkeit findet. Ab dem späten 18. Jahrhundert wird die bürgerliche Gesellschaft aus verschiedenen Beweggründen Interesse daran nehmen, diesen Fluss zu stauen, zu vermessen, zu normieren, und die daraus gewonnenen kulturellen Maßstäbe als universelle zu hypostasieren. Alles in allem, Begriffe wie die genannten erweisen sich in einer Welt, die kein Interesse an kultureller und sprachlicher Homogenisierung zeigt, äußerst vage, ihre Bedeutungen werden im jeweiligen Interaktionskontext *ausgehandelt*.

Ethnos – bei Homer noch in der Bedeutung der undifferenzierten Horde – avanciert während der Blütezeit der griechischen Zivilisation zum allgemeinen und leicht pejorativen Terminus für Fremdheit und Anderssein. Aischylos gebraucht *ethnos* sowohl für die Furien als auch für die Perser, Sophokles – wie auch Homer – für wilde Tiere, und Aristoteles als Synonym für Barbaren schlechthin. Und wenn Pindar in seinen *Pythischen Oden* die Gattenmörderinnen von Lemnos als *ethnos* bezeichnet, erlangt der Begriff sogar die Bedeutung von sozialen Außenseitern. Im Neuen Testament ersetzt *ethnos* das hebräische *gojim* (ursprünglich in der Bedeutung von *nicht-jüdisch*, im Neuen Testament: *nicht-christlich*) und wird im römischen Christentum vom lateinischen *gens* abgelöst.

Wie aber vollzog sich die Metamorphose dieses sich in der Bedeutung von konfessionellem Anderssein eingependelten Begriffs zur ethnischen Eigendefinition innerhalb des griechischen Nationalstaates? Nach Roger Just durch eine Übersetzung des mit *ethnos* bedeutungsgleichen türkischen *millet*, womit im Osmanischen Reich politische Verwaltungseinheiten und nichtislamische konfessionelle Minderheiten versehen wurden, darunter auch die griechisch-orthodoxe Kirche.[4] Im Laufe des zunehmenden Widerstandes gegen das politisch geschwächte Osmanische Reich, spätestens aber im griechischen Befreiungskrieg (1821–1829), »jenem Experimentierlaboratorium für modernen Nationalismus im frühen 19. Jahrhundert« (M. Chapman 1993: 19), avancierte *ethnos* durch trotzige Identifikation mit einer ins Griechische rückübersetzten Kategorie, mit der die osmanische Oberhoheit Fremdheit bedacht hatte, zu der nationalromantischen Entsprechung des Herder'schen Volksbegriffes, aus dem die Intelligenzija des griechischen Nationalismus schöpfte. Indes zollten die mittlerweile in Kategorien des Volkes und der Nation denkenden Intellektuellen Deutschlands (und des restlichen Europas) den in ihren separatistischen Bestrebungen erfolgreichen Griechen identifikatorischen Tribut, indem sie *ethnos* als schwülstige Metapher für die Idee des Volkes und seines unbändigen Freiheitswillen schlechthin setzten.

Somit waren diesem Begriff die Wege in die Anthropologie des 19. Jahrhunderts geebnet. Im kulturellen Verständnis der Romantik waren jene Griechen, die sich gerade unter Beifall aller anderen europäischen »Kulturnationen« von den osmanischen Türken losgesagt hatten, direkte Erben der klassischen Griechen, deren Kultur noch eine Generation zuvor den ideellen Maßstab jeglicher Kultur dargestellt hatte, ehe man sich seiner eigenen Ethnizitäten besann.

Georg Elwert (1989: 16/7) verfolgt die Spur, die Roger Just bis zum Osmanischen Reich geführt hat, weiter, und kommt zu dem aufschlussreichen Ergebnis, dass das Millet-System auf älteren Verwaltungsstrukturen aufbaut, die bis ins Persische Großreich zurückreichen: »Bei den alten Persern, dann weiterentwickelt von Alexanders Diadochen und den darauf folgenden byzantinischen und osmanischen Herrschaften, war das Prinzip der indirekten Verwaltung durch die Konstitution von ›ethnoi‹ als effizientes Verwaltungssystem erkannt worden. Denn eine auf ein Haupt bezogene (kephale) Organisation war notwendig, um Ansprechpartner für die zentrale Verwaltung bereitzustellen.« Unbedingte Voraussetzung für solch ein System war die hierarchische Organisation und die Exklusivität der Zugehörigkeit zu einem *ethnos*. Kulturelle Ähnlichkeiten förderten die Konstitution dieser *ethnoi*, und die verwaltungstechnische Schließung förderte wiederum die Herausbildung kultureller Ähnlichkeiten und Gruppen. Die Intellektuellen, die sich fast zweitausend Jahre später daran machen würden, territoriale Bevölkerungen in Staatsethnien umzuwandeln, waren sich nicht bewusst, dass sie sich einer Begrifflichkeit bedienten, mit der einst territoriale Bevölkerungen in Verwaltungseinheiten transformiert wurden, aus denen sich wiederum nicht selten Ethnien im ethnologischen Sinn konstituierten.

Bis ins späte 18. Jahrhundert also werden diese Begriffe nicht analytisch voneinander getrennt, sondern – je nach Lust und Laune – synonym verwendet oder auch nicht, bis im Laufe einer allgemeinen Verwissenschaftlichung der Weltbilder, dem Übergangsstadium von klassischem Zeitalter zu dem der

---

4 Noch heute kommt dem türkischen *millet* eher politische Bedeutung zu denn ethnische. Einwohner der Türkei unterschiedlichster ethnischer und konfessioneller Ausrichtung beziehen sich, so ein Mindestmaß an Verfassungspatriotismus besteht, auf ein gemeinsames *millet*.

modernen Wissenschaft (Foucault) damit begonnen wird, sie im Bemühen um taxonomische Klarheit festzuschreiben. Das Auseinanderdriften der Bedeutungen von Volk, Rasse und Nation spiegelt auch die für das 19. und 20. Jahrhundert charakteristische Antagonisierung von Sozial- und Naturwissenschaften wider.

Das hartnäckige Weiterbestehen der Begriffsverwirrung in der Opinio communis, aber auch die lange Vorherrschaft eines soziobiologischen Paradigmas mögen daran schuld sein, dass auch heute noch linke oder liberale angelsächsische Soziologen *race* sagen, wenn sie *culture* oder *ethnic group* meinen, währenddessen europäische Neu-Rechte die Kategorien *Volk* und *Kultur* nahtlos den Leerstellen einfügen, die einst der mittlerweile desavouierte biologistische Rassebegriff besetzt hielt. Dort wo Kultur als Organon essenzialisiert wird, ist die Differenz zur Rasse eine graduelle und keine qualitative.

Als früher Ahnvater der Anthropologie versucht sich der englische Dominikanermönch Wilhelm von Alton um die Mitte des 13. Jahrhunderts in der Klassifizierung des Menschengeschlechts (vgl. Hobsbawm 1991: 70/1): Er unterteilt die Menschen in Sprachgruppen, in *generationes* (also der Herkunft nach), in Bewohner bestimmter Territorien und in *gentes*, die sich hinsichtlich ihrer Sitten und Bräuche unterschieden. Die Klassifizierungskriterien sind nicht deckungsgleich und muten angesichts spätneuzeitlicher Bestimmungen von Völkern und Kulturen erstaunlich modern an. Doch war die postulierte Kongruenz von Territorialität, Sprache, Kultur und biologischer Kontinuität auch ein ideologisches Programm des im 18. Jahrhundert entstehenden Nationalismus und Wilhelm von Alton ein scharfsinniger und unvoreingenommener Beobachter der Diversität soziokultureller Organisations- und Identifikationsformen, wie sie sich ihm zu seiner Zeit offenbart haben mögen. Ein besonderes Anliegen war ihm – so A. Borst[5] – die Abgrenzung rechtlicher von natürlichen Gemeinschaften, und nur jene verdienten die Bezeichnung *populus*. »Ein Volk ist (für ihn) [...] was ein Volk sein will und sich ein gemeinsames Gesetz auferlegt.«[6] Diese Definition ist in zweierlei Hinsicht bemerkenswert: Sie nimmt nicht nur Ernest Renans voluntaristisches Nationskonzept (»La nation, c'est une plebiscite de tous les jours«) vorweg, sondern antizipiert auch alle jene modernen Ethnizitätsvorstellungen, die als Definiens von Ethnizität eine objektivistische Sichtweise durch die Selbstzuschreibung der Akteure ergänzen (z. B. Fredrik Barth).

Der mittelalterlichen Gesellschaftsordnung war »Volk« als Organisationsprinzip fremd. Feudaler Adel und Klerus waren universalistisch ausgerichtet; gesellschaftliche Schichtung erfolgte im Prinzip horizontal. Das Dogma, dass vor Gott alle Menschen gleich seien, duldete keine vertikalen und geographischen Differenzen als Grundlage einer Weltordnung. Solidarität und Identität der nicht-feudalen Klassen und Gruppen formierten sich in lokalen Einheiten. Das *Corpus christianum* bestimmt sich als religiöse Großgemeinschaft in der Abgrenzung zur islamischen *Ummah* und strukturiert über interne soziale und

---

5 A. Borst (1957): Der Turmbau von Babel: Geschichte der Meinungen über Ursprung und Vielfalt der Sprachen und Völker. Bd. II. 752ff.
6 Ibid. Zit. nach Hobsbawm 1991: 72

(eher unbedeutende) ethnische Trennlinien hinweg die Identitäten der Menschen. Christentum und Islam nehmen sich in Abgrenzung zueinander als geeint wahr und bilden in diesem Sinne »negative Referenzsysteme« (Lentz 1995: 52). Gemeinsam ist diesen *vorgestellten* religiösen Großgemeinschaften – wie Benedict Anderson (1988: 21ff.) betont – die Existenz eines heiligen Zeichensystems, einer absoluten Wahrheitssprache (Bibel, Koran) und ihre – im Gegensatz zu nationaler und tribaler Vergemeinschaftung – unbegrenzte Reichweite.

Die mittelalterliche Kosmologie ist eine der Analoga[7] (*Analogia entis*). Die Welt stellt sich als ein globales System von Entsprechungen dar, in Natur, Gesellschaft und göttlicher Ordnung (vgl. Foucault 1974). Geschichte im Sinne einer endlosen Kette von Ursache und Wirkung und die damit einhergehende Trennung von Gegenwart und Vergangenheit ist dem christlichen Denken des Mittelalters fremd. Zeit wird eher als *messianische Zeit* (Walter Benjamin) begriffen, als Gleichzeitigkeit von Vergangenheit und Zukunft in einer unmittelbaren Gegenwart (vgl. Anderson 1988: 30f.).

In diesem statischen Kosmos der Entsprechungen findet sich jedes Individuum auf seinem vorgesehenen Platz ein. Soziale Gruppen formieren sich zentripetal und in hierarchischer Abstufung um die konkurrierenden geistlichen und weltlichen Zentren. Die Grenzen zwischen diesen eher als Souveränitäten denn als Staaten zu bezeichnenden politischen Einheiten sind unklar und gehen kaum merklich ineinander über.[8] Was Gellner (1995: 20ff.) als Charakteristika der Sozialstrukturen schriftkundiger und stratifizierter agrarischer Gemeinwesen im Allgemeinen beschreibt, mag auch im Speziellen für die hierarchische Gliederung der mittelalterlichen europäischen Gesellschaft zutreffen:

> »Die Einführung horizontaler kultureller Spaltungen ist nicht nur deshalb attraktiv, weil sie die Interessen der Privilegierten und Machthaber stärkt, sie ist auch – und zwar leicht – durchführbar. Aufgrund der relativen Stabilität agrarisch-schriftkundiger Gesellschaften lassen sich in der Bevölkerung klare Trennungslinien zwischen Ständen und Kasten oder Gilden einführen und aufrechterhalten, ohne daß dies zu unerträglichen Spannungen führt. Im Gegenteil: Gerade dadurch, daß die Ungleichheiten externalisiert, absolut gesetzt und betont werden, macht man sie erträglich und stärkt sie, indem man ihnen die Aura der Unausweichlichkeit, Dauerhaftigkeit und Natürlichkeit verleiht. Was der Natur der Dinge einbeschrieben wird und so den Anschein der Ewigkeit erhält, ist in der Konsequenz weder persönlich und individuell anstößig noch psychisch unerträglich.« (Gellner 1995: 23)

Herrschende Klassen, Militär, Verwaltung, Schriftgelehrte und »manchmal Händler« (Gellner 1995: 20) sind sich in horizontaler Schichtung untergeordnet. Darunter aber vertikalisiert sich das gesellschaftliche Spektrum: Das Gros der

---

7   Vgl. auch Köstlin 1994: 13
8   Anthony Giddens: »Traditionelle Staaten kennen nur Grenzgebiete, keine Grenzen.« Aus: Giddens (1985): The National State and Violence: 4. Zit. nach Heckmann 1989: 41

landwirtschaftlichen Produzenten ist in laterale, voneinander relativ isolierte Gemeinschaften aufgesplittert, deren Mobilität – als essenzieller Unterschied zu industrialisierten Gesellschaften – massiv eingeschränkt ist:

> »Die lokale Kultur ist fast unsichtbar. Die geschlossene Gemeinschaft neigt dazu, in Begriffen zu kommunizieren, deren Bedeutung nur im Kontext identifiziert werden kann, [...]. Der Dorfdialekt (oder die Kurzsprache oder der ›restringierte Code‹) hat keine den lokalen Kontext überschreitenden normativen oder politischen Ansprüche, ganz im Gegenteil: Er vermag lediglich das Ursprungsdorf kenntlich zu machen oder auf dem lokalen Markt die Sprechenden zu identifizieren.« (Gellner 1995: 24)

Als wie isoliert sich diese Gemeinschaften nun tatsächlich erwiesen, darüber ließe sich debattieren, und es hängt wohl von Ort und Zeit und nicht zuletzt davon ab, ob diese Gemeinschaften an den Schnittstellen zweier oder mehrerer einigermaßen distinguierbarer Kulturen oder aber an Trassen des Güter- und Informationsflusses siedelten. Weiters sollte man die zunehmende Mobilität durch Teilnahme an städtischen (translokalen) Märkten nicht unterschätzen. So neige ich der Auffassung zu, dass das Verstehen und Gebrauchen mehrerer Codes (und sei es nur der jeweilige Nachbardialekt), neben dem *restringierten Code* der lokalen Bezugseinheit, eher die Regel als die Ausnahme darstellte.

In diesem Spektrum tummelten und überschnitten sich viele mögliche kulturelle, soziale und ethnische Identifikationsachsen, die uns aus der ethnographischen Praxis der Kulturanthropologie geläufig sind. Bis zur Alphabetisierung, Nationalisierung und der Zerstörung traditionell gewachsener und – manchmal mehr, manchmal weniger – persistenter lokaler Kollektive und Subsistenzen können wir wohlweislich davon ausgehen, dass kulturelle Grenzen offen, zumindest durchlässig waren, da keine politische Programmatik ihre Schließung forderte; dass sich Menschen nach Genealogien, Verwandtschaftsorganisation, territorialer Nähe, sozioprofessionellen und religiösen Gruppen und/oder lokaler Herrschaft zuordneten, und sich diese Selbstzuweisungen (es muss ja nicht immer gleich Loyalität sein) eher überlappten denn ausschlossen. Stellvertretend für das Hauptanliegen dieses Kapitels will ich eine Schlüsselstelle aus Ernest Gellners »Nationen und Nationalismus« zitieren:

> »Man muß hinzufügen, daß Kulturen sich in einer solchen Welt auf sehr komplexe Weise verbreiten: Häufig ist keineswegs klar, wie ein bestimmtes Individuum seinem ›kulturellen Hintergrund‹ zuzuordnen ist. Ein Bauer im Himalaya zum Beispiel kann in verschiedenen Kontexten zu verschiedenen Zeiten des Jahres mit Priestern und Mönchen und Schamanen mehrerer Glaubensrichtungen zu tun haben; seine Kaste, sein Clan und seine Sprache können ihn mit verschiedenen Einheiten verbinden. Wer eine bestimmte Stammessprache spricht, gilt vielleicht trotzdem nicht als Mitglied, wenn er zum Beispiel zur falschen Berufskaste ge-

hört. Der Lebensstil, der Beruf, die Sprache, der Ritus mag dem widersprechen. Das ökonomische und politische Überleben einer Familie kann von der richtigen Handhabung und Aufrechterhaltung eben dieser Zweideutigkeiten abhängen, von der Fähigkeit, Optionen und Verbindungen offenzuhalten. Ihre Mitglieder haben vielleicht weder das Interesse noch die Neigung zu einer eindeutigen, kategorischen Selbstcharakterisierung, wie sie heutzutage mit einer Nation assoziiert wird, die intern Homogenität und extern Autonomie anstrebt. In einem traditionellen Milieu macht das Ideal einer einzigen, alles beherrschenden kulturellen Identität wenig Sinn. Bauern der nepalesischen Vorberge haben oft Beziehungen zu einer Vielzahl religiöser Rituale und denken je nach den Umständen in Begriffen der Kaste, des Clans oder des Dorfes (aber nicht der Nation). Es macht kaum etwas aus, ob Homogenität gepredigt wird oder nicht. Sie findet kaum Resonanz.« (Gellner 1995: 25)

Weder Beherrschte noch Herrscher zeigen Interesse an kultureller Homogenität; gerade letzteren wäre eine mögliche »laterale Kommunikation zwischen (den ihnen) unterworfenen lokalen Gemeinschaften« (Gellner 1995: 22) ein Dorn im Auge. Sie sind lediglich darauf bedacht, Steuern einzuheben und den Frieden aufrechtzuerhalten.

Kulturelle Schichtungen repräsentieren zumeist soziale. Darin hat sich bis heute wenig geändert. Abner Cohen (1974: viii) ist darin zuzustimmen, dass kein Krieg je aus kulturellen Gründen vom Zaun gebrochen wurde. Kultur, so könnte man in Abwandlung des Godelier'schen Bonmots sagen, erklärt nichts, sie ist das zu Erklärende.

Hiermit sei freilich nicht gesagt, dass das vorindustrielle Europa keine kulturell vermittelten Ingroups mit mehr oder minder stabilen Innen- und Außengrenzen gekannt habe und sich ethnische Identitäten immer nur als diffus und situativ gebärdet hätten. Lediglich soll darauf hingewiesen werden, dass die Konzeption kulturell homogener politischer und sozialer Einheiten nach der Schablone des Stammes bzw. des Volkes eines der ideologischen Paradigmen einer späteren geistesgeschichtlichen Epoche darstellt, so sehr sie sich auch in Einzelfällen mit historischer und ethnographischer Wirklichkeit decken mag.

Kulturelle Marker bieten sich als Marker verschiedener, in hierarchischem Verhältnis zueinander stehender Gruppen an: »Das ganze System begünstigt somit horizontale kulturelle Abgrenzungen, und wenn diese fehlen, wird es sie erfinden und verstärken. Genetische und kulturelle Unterschiede werden Schichten zugeschrieben, die sich in Wahrheit nach ihrer Funktion ausdifferenziert haben, um ihre Differenzierung zu befestigen und ihr Autorität und Dauer zu verleihen.« (Gellner 1995: 21)

Die kulturelle Andersartigkeit der normannischen Oberschicht im englischen Hochmittelalter etwa dürfte für alle Beteiligten nur insofern von Bedeutung gewesen sein, als sie mit deren sozialem und politischem Status korrelierte. Opposition gegen sie begründete sich weder ethnisch noch national und wurde auch nur vom unterworfenen angelsächsischen Adel getragen, der mit den Normannen um Landtitel konkurrierte. Für den einfachen angelsächsischen Bauern (von seiner ethnischen Herkunft möglicherweise stark von einem britannischen Substrat geprägt) mochte es unerheblich gewesen sein, ob sein Peiniger nun Angelsächsisch oder die Langues d'oïl sprach. Dass angelsächsische Adelige wider ihre Standesehre hie und da ihre *primordialen* Bindungen zur bäuerlichen Bevölkerung, an die sie durch die Verschiebung in der hierarchischen Gesellschaftspyramide seit 1066 etwas näher herangerückt waren, beschwört haben mögen, erste protonationale Zuckungen also, würde einmal mehr demonstrieren, dass Kultur zwar soziale Wirklichkeit zu generieren und strukturieren vermag, jedoch nie irreduzibel ist, sondern einen variablen multidimensionalen Bedeutungspool zur Verfügung stellt, aus welchem sich Legitimitäten schöpfen lassen.

Die Kategorie Normanne mag also weniger als kulturelle bestimmt gewesen sein denn als Synonym für Feudalherren, wie es Eric Hobsbawm (1991: 62) auch anhand der estnischen Bauern aufzeigt, die ihre deutschen Feudalherren *saks* (Sachsen) nannten. Diesen Umstand jedoch als Indiz für die Kontinuität eines ethnischen Selbstbewusstseins gegen fremde Eindringlinge zu werten, wäre der klassische Fall eines nationalistischen Märchens. Die Bezeichnung *estnisch* kam erst ab 1860 in Gebrauch. Estnische Bauern sahen sich – so Hobsbawm – trotz eines baltischen Spezialdialekts nicht als distinkte ethnische Gruppe. Ihre Selbstbezeichnung war *maarativas* (Landleute), und *saks* wurde eher in der Bedeutung von *Gebieter* oder *Lehensherr*, und erst in zweiter Linie für *Deutscher*, verwandt. Unzählige Beispiele noch ließen sich anführen, doch wir wollen es bei einem letzten, von Gellner (1995: 21) übermittelten, belassen: »Im Tunesien des frühen neunzehnten Jahrhunderts betrachtete sich die herrschende Schicht zum Beispiel als türkisch, obwohl sie diese Sprache kaum beherrschte, in Wirklichkeit von sehr gemischter Herkunft war und aus unteren Klassen ergänzt wurde.«

Wie ein Keil spaltete das Erstarken des europäischen Bürgertums das mittelalterliche Weltbild. Sehr allgemein formuliert, kann der Nationalismus, welcher die kulturelle Homogenität auf sein ideologisches Banner heftet, als progressive Opposition gegen die universalistisch ausgerichtete Feudalaristokratie verstanden werden, indem er eine virtuelle Egalität aller gesellschaftlichen Klassen auf ethnischer Basis einfordert. Erst die modernen Kommunikationstechniken und die Existenz eines politisierten Bürgertums ermöglichen diesen Paradigmenwechsel. Seine Vorreiter hat der Nationalismus im Hundertjährigen Krieg, als die politischen Bedingungen den englisch-normannischen und den französischen Adel zwangen, protonationale Bewusstseinsformen zu entwickeln, und in der konfessionellen Dissidenz der diversen Reformationen, die in Ablehnung des universalen Wahrheitsanspruchs der römischen Kirche eine Hinwendung auf lokale Rückzugsgebiete und die Forcierung der Landesidiome, die sich per Buchdruck zunehmend homogenisierten, mit sich brachte.

Heute wie im frühen Nationalismus werden soziale, politische und ökonomische Vormachtkämpfe kulturell vermittelt. Daher mag es auch nicht verwundern, dass sich die Protagonisten nationaler Befreiungen oft selbst als ethnisch heterogen herausstellten und auch gar nicht der Anspruch auf dergestaltige Homogenität gestellt wurde, was die nationalen Historiographien tunlichst zu vertuschen pflegten. So standen zum Beispiel dem frühen irischen Nationalismus vom politischen Nationsideal der Französischen Revolution inspirierte protestantische Intellektuelle (Wolfe Tone, Robert Emmett) voran. In Andreas Hofers Banden fochten neben Tirolern auch Ladiner und Italiener; im griechischen Befreiungskrieg, von dem Hobsbawm (1991: 80) meint, dass wahrscheinlich kein einziger daran beteiligter griechischer Bauer Patriot oder gar Nationalist gewesen sei, spielten Albaner (Sulioten) eine zentrale Rolle, und »der Nationalismus arabischer Länder ist heute so sehr mit dem Islam verquickt, daß Anhänger und Gegner gleichermaßen Schwierigkeiten haben, darin die verschiedenen arabischen christlichen Minderheiten, die Kopten, Maroniten und griechischen Katholiken unterzubringen, die in Ägypten und im türkischen Syrien seine hauptsächlichen Vorkämpfer waren.«[9]

---

[9] Hobsbawm 1990: 83

4. Kultur und Volksgeist

> »Ich habe in meinem Leben Franzosen, Italiener, Russen gesehen. Ich weiß
> dank Montesquieu sogar, dass man Perser sein kann; was jedoch den
> Menschen anbelangt, so erkläre ich, dass ich ihm nie im Leben begegnet bin,
> wenn er existiert, dann ohne dass ich es weiß.«
> Joseph Marie de Maistre

Der Begriff *Volk* erfährt im 18. Jahrhundert einen signifikanten Bedeutungswechsel. Neben *Rasse* und *Nation* beginnt er als protowissenschaftliche Kategorie die Taxonomierwut seiner Zeit zu befriedigen. Diese positivistische Bestimmung des Begriffes divergiert mit der nach wie vor gebräuchlichen, pejorativen Synonymverwendung für *Pöbel*. Von den aufklärerischen Protagonisten der antifeudalen Revolution wird die herablassende Anrufung *Volk* in einen emanzipatorischen Kampfbegriff gewendet. »Wenn die Revolutionäre sich auf das Volk beriefen, so, wie gesagt, um die Fähigkeiten, die das jahrhundertealte Bündnis zwischen Thron und Altar Gott vorbehalten hatte, auf den Menschen zu übertragen.«[10]

Das langsame Erstarken einer besitzenden, aber vorerst rechtlosen Mittelschicht, die sich in ihrem ideologischen Selbstverständnis antifeudal und zunächst auch antihierarchisch gab, sowie der damit verbundene Fortschritt der Produktivkräfte leiteten einen Homogenisierungsprozess ein, der von der Herausbildung absolutistischer Territorialstaaten begünstigt wurde. Nicht mehr Fürst oder Klerus, sondern das Volk begründe demnach legitime Herrschaftsansprüche. Die englischen und französischen Protagonisten eines politischen Volkskonzepts konnten sich des unschätzbaren Vorteils glücklich wähnen, bereits innerhalb gewachsener protonationaler Strukturen zu agieren: merkantilistische Territorialstaaten mit stabilen Außengrenzen und einer relativ starken Einbindung der Bourgeoisie in politische und ökonomische Entscheidungsgremien.[11] Das bourbonische Frankreich verfügte über ein Staatsvolk, kulturell und sprachlich, also *ethnisch* völlig different. Eric Hobsbawm (1991: 75) gibt an, dass die französische Sprache »1789 von 50 Prozent der Franzosen überhaupt nicht und nur von 12 bis 13 Prozent ›richtig‹ gesprochen wurde – und außerhalb einer Zentralregion wurde es nicht einmal im Gebiet der *langue d'oui* ständig gesprochen, mit Ausnahme der Städte [...]. In Nord- und Südfrankreich sprach so gut wie niemand Französisch.«

Im Gegensatz dazu war das, was später Deutschland werden sollte, in etliche Fürstentümer, Grafschaften und Kleinstaaten zerstückelt, und nur durch eine relative Gemeinsamkeit kontinuierlich ineinandergreifender Dialekte linguistisch vereint.[12]

---

10   Finkielkraut 1989: 23
11   Und von einigen aristokratischen Exzentrikern abgesehen, rekrutierte sich die damalige Geisteswelt generell aus dem Bürgertum.
12   Noch Ende des 15 Jahrhunderts konnte das Attribut *deutsch* durchaus auch *slawisch* oder *angel-*

Infolgedessen muss Herder 1778 in der ersten Ausgabe seiner *Volkslieder* resigniert feststellen, dass Volk etwas sei, »was wir Deutsche noch nichts weniger als haben, vielleicht nimmer haben werden.«[13] Seinem Volksgeistkonzept war allerdings so viel Erfolg beschieden, dass 1848 Freiligrath in der Frankfurter Pauluskirche bereits feierlich verkünden konnte: »Noch gestern, Brüder, ward ihr nur ein Haufen; ein Volk, o Brüder, seid ihr heut.«[14]

Ein zentraler Gedanke der französischen Aufklärung ist der, dass die Unterschiede zwischen den Völkern von unterschiedlichen Stadien in der Entfaltung der Zivilisation herrühren. Diese unterschiedlichen Stadien bestimmen sich durch den Grad an Naturbeherrschung, zu dem ein Volk fähig ist (vgl. auch Lentz 1995: 65). *Zivilisation* ist der aufstrebenden Bourgeoisie Frankreichs ein emanzipatorisches Programm, das erst eine allen Bevölkerungsschichten zugängliche universelle Vernunft zur Realität werden lasse, nicht der affektierte Habitus der höfischen Aristokratie, welche die Spitze der Zivilisationspyramide für sich monopolisiert, und damit doch nur den Verfeinerungsgrad ihrer Etikette meint, die von den Bürgern zu beiden Seiten des Rheins zunehmend verspottet und verachtet wird. Doch zu beiden Seiten bedient man sich unterschiedlicher Gegenideologien: in Frankreich einer dezidiert bürgerlichen *civilisation*[15], in Deutschland der *Kultur*. Norbert Elias hat die verschiedenen nationalen Praktiken der Ideologiebildung in seinem berühmten Buch *Über den Prozeß der Zivilisation* analysiert. Die folgenden Überlegungen sind von seiner Argumentation inspiriert.

Freilich ermangelt es auch im Frankreich der bürgerlichen Aufklärung nicht eines Bewusstseins, das der Gekünsteltheit der aristokratischen Sitten mit der Unverdorbenheit des Authentisch-Naturhaften kontert; doch selbst Rousseaus *bon sauvage*, der vor allem in Deutschland auf missverständliche Weise Anklang fand, stellt eine hypothetische Konstruktion dar. Nie hat der Autor des *Contrat Social* ernstlich daran gedacht, vom progressiven Projekt der Zivilisation abzurücken. In Deutschland hingegen wurde die Suche nach dem Edlen Wilden bitterernst

---

sächsisch mitbeinhalten. Vgl. Elwert 1989: 35
13 Zit. nach Finkenstedt 1993: 20
14 Zit. nach Finkenstedt 1993: 81
15 Ohne Zweifel ist der Anspruch auf die Universalität der *civilisation*, welchen die intellektuelle Schicht der *Grande Nation* für sich usurpiert, Ausdruck eines nationalen Überwertigkeitskomplexes, der aus einer beinahe 200-jährigen kolonialen Erfahrung (Québec, Louisiana, Haiti etc.) schöpft. Gemeinsam mit und in steter Konkurrenz zu Britannien und Flandern war es dem merkantilistischen Frankreich allmählich gelungen, dem erlahmten spanischen Königreich den Rang als Chefkolonisator der Welt abzulaufen. Ein Machtvorteil, von dem die bürgerlichen Intelektuellen des politisch heterogenen Deutschland nur träumen konnten. Kein Wunder also, dass das deutsche Modell der Volkssouveränität den bescheideneren, aber umso folgenschwereren Bezug auf die jeweils eigene ethnische Kultur auf ihre Agenda setzte und damit ein praktikables Modell für die kleineren, der geschichtlichen Dynamik hinterherhinkenden »Befreiungsnationalismen« des 19. Jahrhunderts bereitstellte. Dort wo Großmachtallüren noch in den Kinderschuhen steckten (und nicht lange auf sich warten lassen sollten), blies man zur politischen Sammlung das Lied der gemeinsamen (Volks-)Kultur. In welche Richtung die Freiheit des Individuums wies, die das revolutionäre Bürgertum Frankreichs verwirklichen wollte, zeigte sich in dessen nahtloser Fortsetzung der sklavenhalterischen imperialen Ambitionen des Ancien Régime. Damit ließ das revolutionäre Frankreich nicht nur keinen Zweifel offen, wo die Universalität ihrer Freiheit endete, sondern in welche Börse die ideologische Münze der universellen Freiheit rollte. Hatte nicht schon der Staatsphilosoph Montesquieu mit dem nüchternen Hausverstand eines neuzeitlichen Kolonialwaren- und Sklavenhändlers verkündet: »Sklaven müssen sein, sonst wäre der Zucker zu teuer.«

genommen. Die gemeinsamen ethnischen Wurzeln in Tacitus' Germanen und deren reziproken Gentiltraditionen, vom Autor aus ähnlichen Beweggründen *konstruiert* wie von seinen protonationalen deutschen Adepten ausgegraben, sollte die deutsche Aristokratie daran gemahnen, dass sie trotz all des gezierten Französelns auch nichts Besseres sei als die einfachen Bauern, ergo als die Bürger, die jene zur Räson bringen wollten.

Das politisierte Bürgertum Frankreichs wird eine soziale Revolution bestreiten, das eher apolitische, aber emotionalisierte Bürgertum der deutschen Länder wird seine revolutionären Ambitionen in national-kultureller Semantik ausdrücken. Die Franzosen werden ihre Aristokraten aufs Schafott schicken, die Deutschen – von einigen kosmopolitischen und jakobinischen Ausnahmen abgesehen – sich damit begnügen, ihre Adeligen in die Dorfschule zu schicken, zum Nachsitzen, wo man ihnen per Rohrstock das fremdländische Französeln austreibt und einbläut, genauso Germane zu sein wie der Schusterbalg am Nebensitz.

Zivilisation, als ein von der Courtoisie am Hofe Louis des Vierzehnten inspiriertes Regelset, das den Aufstieg des Bürgertums in adelige Kreise symbolisch unterbindet, wird mit der Standeskultur des deutschen (Klein-)Bürgertums kontrastiert:

> »Mit dem langsamen Aufstieg des deutschen Bürgertums aus einer zweitrangigen Schicht zum Träger des deutschen Nationalbewußtseins und schließlich – sehr spät und bedingt – zur herrschenden Schicht, aus einer Schicht, die sich zunächst vorwiegend in der Abhebung gegen die höfisch-aristokratische Oberschicht, dann vorwiegend in der Abgrenzung gegen konkurrierende Nationen sehen oder legitimieren mußte, ändert auch die Antithese ›Kultur und Zivilisation‹ mit dem ganzen Bedeutungsgehalt, der dazu gehört, ihren Sinn und ihre Funktion: Aus einer vorwiegend sozialen wird eine vorwiegend nationale Antithese.« (Elias 1976: 37/8)

Nun aber einige Worte zu den politischen und sozioökonomischen Rahmenbedingungen, die das Entstehen des ethnischen Ordnungsmodells, das im Laufe des 19. Jahrhunderts mehr Universalität beanspruchen würde als die Utopie eines aufklärerischen Universalismus, begleiteten. In Deutschland des ausgehenden 18. Jahrhunderts lebten vier Fünftel der Bevölkerung von und in der Landwirtschaft, die politisch bestimmenden Kräfte waren Adel und Kirche, Guts- und Hofbesitzer, Patrizier und Offiziersstand. »Deutschland verharrte – im Gegensatz zu Frankreich – auf der Regierungsform des Ständestaats mit Leibeigenschaft und – im Gegensatz zu England – auf haus- und familienwirtschaftlichen Produktionsformen. In gewissem Sinn war es erstarrt.«[16] Das Trauma des Dreißigjährigen Krieges prägte nachhaltig die politischen und ökonomischen Strukturen. Die wachsende Bourgeoisie war politisch regelrecht entmündigt und trat den Weg in die innere Isolation an.

---

16 Finkenstedt 1993: 20/1

England hatte seinen ökonomischen, Frankreich seinen geistig-intellektuellen Führungsanspruch bereits geltend gemacht. Der tonangebende Habitus der tonangebenden Klasse war von Lissabon bis St. Petersburg derjenige, den seit Louis Quatorze der französische Hof vorexerzierte. Die französische Bourgeoisie sprach zufällig die Sprache ihrer nationalen Aristokratie, bedurfte also keiner ethnisch-kulturellen Munizipierung der sozialen Exklusionsachsen, entlang derer die Aristokratien Deutschlands und des restlichen Europas ihre lokalen Bürger- und Bauernschichten sich vom Leibe hielten. Nie wäre es den gebildeten Schichten Frankreichs in den Sinn gekommen, ihre hereditäre Verbundenheit mit den gallischen Bauern der vorrömischen Periode zu strapazieren. Und das Schicksal der zeitgenössischen Bauern interessierte nur insofern, als man deren skandalöse Armut anprangerte – und nicht die *Kultur ihrer Armut* pries.

Die außerordentlichen gesellschaftlichen und kulturellen Leistungen, welche die französische Bourgeoisie sich gutschreiben konnte, verliehen ihr das Selbstbewusstsein, nicht nur reif für den Hof zu sein, sondern den Hof reif für sich sein zu lassen. Sie war sich ihrer intellektuellen und ökonomischen Überlegenheit wohl bewusst und nicht nur der moralischen, die das deutsche Bürgertum geltend macht. »Die Mauern«, von der – so Elias (1976: 25) – die französische Aristokratie umgeben ist, »haben mehr Tore, der Zugang zu ihr und dadurch die Assimilation anderer Gruppen spielt hier eine weit größere Rolle, als in Deutschland.«

Währenddessen persifliert der französische Adel, halb zynisch, halb naiv, in seinen ritualisierten Schäferidyllen das arkadische Dasein der unteren Schichten. Ein derartiges Kokettieren mit den Gepflogenheiten des Pöbels kann dem deutschen Adel nur unverständlich gewesen sein, zumal er sich selbst ungeheuer anstrengen musste, sein eigenes Schafhirtenimage innerhalb der europäischen Feudalklasse im Maßhalten mit dem degoutanten Diktat der französischen Courtoisie abzubauen. Diese Statusunsicherheit nahm auch Gestalt an in der unüberwindbaren Schranke, die er zwischen sich und seiner nationalen Mittelschicht stellte. Diese erwiderte mit ihrer ständischen *Kultur*.

> »Man findet in den Schriften der jungen Generation des Hainbundes Äußerungen eines wilden Hasses gegen Fürsten, Höfe, Aristokraten, gegen Französlinge, höfische Unmoral und Verstandeskälte, und man findet überall in der mittelständischen Jugend vage Träume von einem neuen, geeinten Deutschland, einem natürlichen Leben, ›natürlich‹ gegenüber der ›Unnatur‹ des höfisch gesellschaftlichen Lebens, und immer wieder die gewaltige Lust an dem eigenen Gefühlsüberschwang.« (Elias 1976: 20)

Das französische Bürgertum verfügte also vermöge seiner Vorrangstellung in Wissenschaft, Kunst und Ökonomie über das Selbstvertrauen, der absolutistischen Macht ihren Anspruch auf *civilisation* abzuringen, und sie durch eine bessere, von den Prinzipien universeller Vernunft geleitete, zu ersetzen. Anders die deutsche Bourgeoisie: dezentralisiert und kleinbürgerlich in der Struktur, setzte sie der höfischen und dezidiert französischen Zivilisation ihre deutsche Standes-Kultur entgegen. Sensualismus, Pietismus und die Nationalmystik eines Jakob Böhme schienen im deutschen Denken des 18. Jahrhunderts tiefere Spuren zu hinterlassen zu haben als Voltaire und Diderot. Die Revolte gegen die Feudalklasse richtete sich nicht gegen den Hof, sondern das Höfische; sie wurde nicht explizit politisch formuliert, sondern richtete sich primär gegen die aristokratischen Sittencodes, die den Bürger ausschlossen.

Ehrlichkeit, Echtheit der Gesinnung und *Emotionalität* sind Kampfbegriffe und Selbsteinschätzung zugleich, womit allem *Artifiziellen, Wurzellosen* und *Aufgesetzten* Paroli geboten werden soll. Im deutschen Kontext wird der *L'homme ideal* nicht nur von den Fesseln der feudalen Bevormundung emanzipiert, sondern auch gleich von der *Verstandeskälte* der Aufklärung. Beides wird mit Franzosentum synonym gesetzt, und das nicht erst seit der »Napoleonischen Bedrohung«. Ihre kulturellen Tugenden schöpft das deutsche Beamten- und Dichterbürgertum diachron aus der kulturellen Vergangenheit, synchron aus der Kultur des Bauerntums; und in einem zunehmend organizistischen und historisierenden Weltbild spielt diese Unterscheidung keine wesentliche Rolle mehr, denn, wie Wilhelm Heinrich Riehl es 1885 auf den Punkt brachte: »Bauern *sind*, was wir *waren*.«[17] Es schöpft diese Tugenden aus einer Kultur, in welche sie diese zuvor projiziert. Die Abscheu gegenüber allem *Gemachten* und *Künstlichen* täuscht dieses Bürgertum über die Produktionsbedingungen ihrer nationalen Mythen hinweg.

So schafft die deutsche Gegenaufklärung mit ihrer Volksmetaphysik den Kunstgriff, sowohl feudalen Absolutismus als auch dessen ideologischen Widerpart, die kritisch-rationalistische und ausgesprochen universalistische Aufklärung, in einem fort zu *ethnisieren*. In der *Wurzel-* und *Traditionslosigkeit* des kritischen Denkens, mit dem die französische Aufklärung daran ging, dem christlich-feudalen Weltbild philosophisch und später auch politisch den Garaus zu machen, ortet sie dieselben Untugenden, die sie bereits an der höfischen Etikette verabscheute. Wenn die französischen Aufklärer vom Menschen sprächen, dann würden sie eine »Hypostase des Franzosen« (Finkielkraut) meinen. Nun ist das Weltbild der französischen Aufklärung (falls dieser verallgemeinernde Singular überhaupt zulässig ist) eher euro- denn ethnozentristisch, wovon sich die genuin ethnozentristischen Deutschen schwer überzeugen lassen. Und betrachtet man die historische Entwicklung des Herder'schen Volksgeistkonzeptes, so erwächst der Eindruck, das antiuniversalistische Modell, das »den Menschen im Plural dekliniert« (Finkielkraut), habe den Zweck verfolgt, den Deutschen zur Hypostase des Menschen werden zu lassen.

Entlang dieser sich zunehmend nationalisierenden Dichotomien formieren sich zugleich auch die Polaritäten Moderne–Tradition, Rationalität–Emotionalität, Zivilisation–Kultur, sozial–national, Universalismus–Partikularismus. Festzuhalten bleibt, dass der Kulturbegriff in seiner völkischen Variante den spezifischen historischen Bedingungen einer kleinen Beamten- und Dichterschicht entspringt,

---

17 Zit. nach Finkenstedt 1994: 30. Hervorhebung: R. S.

die ihre Idiosynkrasien, ihre Verliebtheit in die eigene Gefühlswelt, das Ressentiment des Ewigzukurzgekommenen und die Affinität zum Bigott-Bodennahen zu Nationalcharakteren hypostasieren wird – auf ihrem Siegeszug vom bedrohten zum bedrohlichen Völkchen.

Ob Kultur nun in den ersten Lebensmonaten in die Wiege gelegt (kulturelle Basispersönlichkeit) oder aber bereits in der DNS mit ins Leben gebracht wird, bleibt sich bei einer Vorstellung von ihr als *Nicht-Gemachtes*, als substanzhaftes, authentisches Substrat, letztlich gleich. Spätestens seit ihrer Emanzipation begannen im Vorurteil der europäischen Völker die Juden die französischen Intellektuellen als Unglücksbringer der Moderne abzulösen. Die traditionellen Antisemitismen erlangten neue Konnotationen. Die Antithese von Kultur und Zivilisation, wie sie *in nuce* im 18. Jahrhundert bereits angelegt ist, könnte besser nicht auf den Punkt gebracht werden, wie der nationalsozialistische Kreisleiter von Innsbruck, Hans Hanak, 1938 in der Begrüßung der NS-Frauenschaft der Stadt es tut: »Kultur kann nicht anerzogen werden. Kultur muß im Blute liegen. Das sehen wir heute am besten bei den Juden, die höchstens unsere Zivilisation, nie aber unsere Kultur sich aneignen konnten.«[18]

Die deutsche Volksmetaphysik, die kurz davor stand, sich mit naturwissenschaftlichen Rassekonzepten zu liieren, fand ihren herausragenden Promotor, aber auch ihre löbliche Ausnahme in Johann Gottfried Herder (1744–1807), dem Humanisten, Antirassisten, Verfechter der Judenemanzipation und Vater der Ethnologie. Beeinflusst vom deutschen Pietismus hatte der Geistliche Herder ein der französischen Aufklärung komplementäres Aufklärungsmodell entworfen, das erst in der ethnischen Diversität der Menschheit die universelle Vernunft verwirklicht sah. Im Gegensatz zum nivellierenden Charakter der aufklärerischen Moderne manifestiere sich ihm zufolge die höchste Humanität in der Kultivierung gleichberechtigter kultureller Differenzen. In der Fülle der Künste und Sprachen, welche die Völker hervorbrächten, erschließe sich der ganze Reichtum menschlicher Möglichkeiten.

Als Säkularisat des göttlichen Geistes hat etwa seit dem 17. Jahrhundert die Idee eines Weltgeists die Runden gemacht. Die Aufklärer interessierten sich besonders für die materiellen und ökologischen Bedingungen eines anthropologisierten Weltgeists. Den Einflüssen von Nahrung, Landschaft und Klima, aber auch Regierungsform und Religion auf nationale Charaktere widmeten sich insbesondere Montesquieu (*De l'esprit de lois*, 1748), David Hume (*On National Characters*, 1753) und Rousseau (*Du contrat social ou Principes du droit politique*, 1762)[19]. Herder wendete diese materialistischen Konzeptionen in ihr idealistisches Gegenteil. Kontinuität und Diskontinuität der Kultur eines Volkes in Zeit und Raum bestimmten sich nicht aus der Geschichte, sondern die Geschichte selbst bestimme sich aus der Kultur, aus einer organisch-metaphysischen Grundpotenz,

---

18 In: Spira, L. (1988): Bemerkungen zu Jörg Haider. *Wiener Tagebuch*. Okt. S. 6. Zit. nach Hobsbawm 1990: 78
19 Vgl. Finkenstedt 1994: 23

metaphorisiert im tiefverwurzelten Gestrüpp, dem *Landesgewächs*[20], wie Herder es nennt. Hier wird erstmals der klassischen Tautologie, die allen primordialistischen und essenzialistischen Ansätzen bis in die Gegenwart zu eigen sein wird, theoretischer Ausdruck verliehen: Das *Explicat* mit dem *Explicans* zu erklären.

»Die Idee der Mach-, Gestalt- und Beeinflußbarkeit von Geschichte und Gesellschaft verkehrt die deutsche Romantik zu deren Anerkennung als Ergebnis eines naturhaft-organischen Prozesses.«[21] Trotz einer gewissen kulturellen Dynamik erhält jedes Volk, welchem jeweils eine Kultur zugeordnet wird, den dazugehörigen Volksgeist, den es gilt durch gezielte Erforschung ethnischer Traditionen und Bräuche zu enthüllen und weiterzuführen. Ganze Generationen von Volkskundlern und Philologen werden Herders Ruf folgen und Dorfanger, Scheunen, Almhütten und Bibliotheken abgrasen und aus den Funden im Rahmen einer nationalistischen Programmatik Kulturen destillieren, die mehr ethnische Heterogenität aus der Geschichte radieren werden, als der Universalismus der französischen Aufklärung je dazu in der Lage gewesen wäre.

Im dialektischen Widerstreit der Diskurse gehört Herder freilich das Verdienst angerechnet, der kulturellen Vielgestaltigkeit der Menschheit Ausdruck verliehen zu haben, und abgesehen von einem gewissen zeitgeistigen Eurozentrismus, der bei ihm merklich leiser ausfällt als bei den meisten seiner Zeitgenossen, wurde er doch nie müde, die uneingeschränkte Gleichwertigkeit aller *Völker und Rassen* zu betonen. In diesem Sinne teilt er mit einigen deutschen und noch mehr französischen Kollegen – wenngleich unter anderen Vorzeichen – eine kosmopolitische Weltoffenheit, die ihn deutlich von der selbstbezogenen philisterhaften Deutschtümelei des ausgehenden 18. Jahrhunderts ausnimmt. Der Historiker Léon Poliakov:

> »Nichtsdestoweniger bleibt die Tatsache bestehen, daß Herder mit seinen primitivistischen Bestrebungen, seinen Übertreibungen und auch mit seinen genialen Intuitionen die Widersprüche des Deutschlands der Romantik sowohl vorwegzunehmen als auch zuzuspitzen schien; und nicht nur Deutschlands – denn vielleicht hat der Orientalist Raymond Schwab guten Grund zu der Annahme, in Herder den Hauptverantwortlichen für die Vorurteile zu sehen, ›auf denen auch heute noch unsere Vergötzung des Kindlichen und Primitiven beruht‹.« (Poliakov 1993: 214)

Das ethnische, identitätsspendende Wir-Ideal *Volk* bedingt konsequenterweise ebenso ethnisch definierte Gegenkonstruktionen. Herders humanistischer Kulturrelativismus erwies sich als moralische Fleißaufgabe, der nur wenige seiner romantischen Rezipienten zu folgen gewillt waren. Am ehesten noch trägt der anthropologische Kulturrelativismus der Boas'schen Schule dem Herder'schen Ansatz Rechnung (vgl. Stolcke 1995: 19).

---
20   Ibid.
21   Ibid.

Das erste Mal in der Geschichte erhält hier die Vorstellung, dass Kulturgrenzen sich mit Gruppengrenzen nicht bloß deckten, sondern auch decken müssten, wissenschaftliche Weihen. Der Imperativ, Differenzen zu erhalten, schafft kontinuierlich neue Differenzen. Aus dem komplexen Geflecht sich überlappender, allmählich ineinander übergehender Strukturen, aus dem Teig der Inkohärenz sticht das *völkische Paradigma* mit seinen Keksformen stets neue Völker, Stämme und Kulturen heraus. Was der Herderianismus vor der Moderne retten wollte, wird realiter eines von dessen erfolgreichsten Produkten.

Doch bereits Herder zeigt sich gewillt, den vollen Preis zu bezahlen, den die Subventionierung kultureller Differenzen ausmacht. Er sieht die Conditio sine qua non des Persistierens von als transhistorischen, auf sich selbst bezogene Wesenheiten gefassten Kulturen – folgerichtig – nur in der internen Schließung auf kultureller Basis gewährleistet. Und das folgende Zitat lässt die allgemein übliche ideengeschichtliche Trennung zwischen dem gütigen Toleranzfanatiker und seinen reaktionären romantischen Adepten etwas verschwimmen.

»Das Vorurteil ist gut, zu seiner Zeit: denn es macht glücklich. Es drängt Völker zu ihrem Mittelpunkt zusammen, macht sie fester auf ihrem Stamm, blühender in ihrer Art, brünstiger und also auch glückseliger in ihren Neigungen und Zwecken. Die unwissendste, vorurteilendste Nation ist in solchem Betracht oft die erste: das Zeitalter fremder Wunschwanderungen, und ausländischer Hoffnungsfahrten ist schon Krankheit, Blähung, ungesunde Fülle, Ahnung des Todes.«[22]

---

22 Zit. Nach Finkielkraut 1990: 22

5. Die Nation: Als der Volksgeist laufen lernte

> »Wir haben Italien geschaffen. Jetzt müssen wir Italiener schaffen.«
> Massimo d'Azeglio

> »Es ist zweifellos nicht statthaft, daß in irgendeiner Nation eine andere Nation bestehe; es ist zweifellos geboten, diejenigen welche [...] jene Dekomposition befördert haben, zu beseitigen: es ist das Recht jeden Volkes, selbst Herr auf seinem Gebiet zu sein, für sich zu leben, nicht für Fremde.«
> Paul de Lagarde

Der Diskurs, den Herder mitinitiiert hatte, wurde in erster Linie auf sprachwissenschaftlicher Ebene geführt. Seit William Jones' spektakulärer Entdeckung der Ähnlichkeit des Sanskrit mit einigen europäischen Sprachen (1781) und der daraus hergeleiteten indo-griechisch-germanischen Kulturachse entbrannte in Deutschland eine Diskussion, in deren Laufe man zur nationalen Emanzipation vom universalistischen jüdisch-christlichen Erbe (das unweigerlich mit dem Absolutismus assoziiert wurde) ein germanisch-christliches Gegenmodell entwarf, bis Johann Gottlieb Fichte in seinen *Reden an die Deutsche Nation* (1807/1808) schließlich auch die Griechen zu abgewanderten Auslands-Germanen degradierte und somit den geistigen und kulturellen Überlegenheitsanspruch des deutschen Volkes zementierte. Dieser bestehe darin, dass die Deutschen als einziges genuin germanisches Urvolk ihre Ursprache beibehalten hätten und daraus ihre kulturelle Kraft schöpften.[23]

Volk in seiner nationalstaatlichen Konnotation stellt somit ein bürgerlich-emanzipatorisches Prinzip dar, allerdings mit sehr divergierenden Auslegungen. Im französischen Kontext, welchem die vorgegebenen territorialstaatlichen Grenzen des *Ancien Régime* ein Experimentierfeld für die Verwirklichung der universalistischen bürgerlichen Freiheitsideale bedeutete, war die ethnische Komponente von sekundärer Bedeutung, wenn nicht gar fremd: Der *Citoyen* und nicht der Franzose ist Vollzugsorgan der politischen Emanzipation. Um diesen fundamental verschiedenen Volkskonzeptionen Rechnung zu tragen, schlägt Emmerich Francis die analytische Unterscheidung in *ethnos* und *demos* vor[24]. Im Gegensatz zum politischen bzw. demotisch-unitarischen Nationalmodell (Heckmann) sind im ethnischen Modell *ethnos* und *demos* idealtypisch kongruent.

Abbé Sieyès (1748–1836) präsentierte in einer Rede vor dem Nationalkonvent seine klassische Definition der politischen Nation und implizit die Bestimmung

---

23 Vgl. auch Mosse 1990 und Poliakov 1993
24 Vgl. Heckmann 1991: 70 und 1992: 44. Des Weiteren differenziert Heckmann zwischen *ethnischen* und *demotisch-unitarischen* Nationskonzepten.

des Staatsvolkes, welches diese konstituieren solle. Eine Nation sei »ein Körper, dessen Mitglieder unter einem gemeinsamen Gesetz leben und durch ein und dieselbe gesetzgebende Versammlung vertreten sind.«[25]

Das Ausgrenzungspotenzial der französischen Idee von der Nation vollzieht sich idealtypisch entlang der Dichotomien *progressiv-reaktionär*.[26] Ethnische und sprachliche Minoritäten wurden ursprünglich nicht als solche diskriminiert, sondern schlimmstenfalls als reaktionäre Royalisten (Bretagne, Vendée) oder – später – als partikularistischer Hemmschuh bei der Durchsetzung des bürgerlichen Rechtsstaates.[27]

Anders sah die Situation zu Ende des 18. Jahrhunderts in Deutschland aus. Die gesellschaftlichen Produktivkräfte lagen weit hinter dem Niveau des jungen nationalstaatlichen Frankreich zurück. In Ermangelung eines einheitlichen Staatsverbandes und einer auf Bürgerrechten und universeller Vernunft basierenden Verfassung konnte die Einheit der Deutschen nicht auf staatliche Gemeinsamkeit pochen, sondern musste auf dem Gemeinbesitz von Sprache, Tradition und Wesen begründet werden. Diese Entwicklung wurde folglich auch von Philologen, Literaten und Pädagogen getragen. Gerade die prekäre historische Situation, in der Deutschland sich befand, überhaupt der Mangel an politischem Selbstwertgefühl (neidvoll bewunderte man das nationale Selbstbewusstsein der Franzosen) und eine mit großem Argwohn betrachtete Auflösung traditioneller Sinnzusammenhänge erzeugten ein fruchtbares Klima für kulturellen Chauvinismus. Sprache und gemeinsame Abstammung galten bald als Synonyme. Da kein deutscher Nationalstaat in Sicht war, wurde die Nation nach innen verlagert. Das Versäumnis seiner Verwirklichung war es, das den Ausschließlichkeitsanspruch *völkischer Identität* vorantrieb. Angesichts der napoleonischen Bedrohung machte Fichte in seiner *13. Rede an die Deutsche Nation* die Grenzen dicht, die Herder gezogen hatte, und brachte auf den Punkt, was sich heutigen Lesern wie die Grundsätze moderner Asylpolitik darbieten mag:

> »Die ersten, ursprünglichen, und wahrhaft natürlichen Grenzen des Staates sind ohne Zweifel seine inneren Grenzen. Was dieselbe Sprache redet, das ist schon vor aller menschlichen Kunst vorher durch die bloße Natur mit einer Menge von unsichtbaren Banden aneinandergeknüpft; es versteht sich untereinander, und ist

---

25 Zit. nach Finkielkraut 1990: 19. Vgl. auch Heckmann 1991: 215
26 »The term *etranger* had already been introduced during the glorious revolution to designate political enemies, traitors to the revolutionary cause – the French nobility plotting against the *patriotes* and the British suspected of conspiring to reimpose royal rule in Paris. This association of the *etranger* with disloyalty to the nation has been especially powerful in times of war.« (Stolcke 1995: 9)
27 »Glaubte man in Anfangsphasen der Revolution in Frankreich noch, Aufklärung und politische Mobilisierung der gesamten Bevölkerung angesichts der starken Sprachenvielfalt mithilfe von Übersetzungen erreichen zu können, setzte sich schon bald die feste und mit staatlichen Zwangsmitteln - in vielen Regionen sprach man von einem ›terreur linguistique‹ - realisierte Überzeugung durch, daß das Funktionieren des demokratischen und nationalen Staates die Durchsetzung einer einzigen nationalen Sprache erforderte. Mit der allgemeinen Wehrpflicht und der Volksarmee wurde die Vereinheitlichung auch zu einer zwingenden militärischen Notwendigkeit.« (Heckmann 1992: 215/6)

fähig, sich immerfort klarer zu verständigen, es gehört zusammen und ist natürlich Eins, und ein unzertrennliches Ganzes. Ein solches kann kein Volk anderer Abkunft und Sprache in sich aufnehmen und mit sich vermischen wollen, ohne wenigstens fürs erste sich zu verwirren, und den gleichmäßigen Fortgang seiner Bildung zu stören. Aus dieser innern, durch die geistige Natur des Menschen selbst gezogenen Grenze ergibt sich erst die äußere Begrenzung der Wohnsitze, als die Folge von jener, und in der natürlichen Absicht der Dinge sind keineswegs die Menschen, welche innerhalb gewisser Berge und Flüsse wohnen, um deswillen ein Volk, sondern umgekehrt wohnen die Menschen beisammen, und wenn ihr Glück es so gefügt hat, durch Berge und Flüsse gedeckt, weil sie schon früher durch ein weit höheres Naturgesetz ein Volk waren.« (Zit. Nach Bielefeld 1991: 108)

Spätestens hier war der ursprünglich progressive Charakter der deutschen Romantik ins Gegenteil gekippt. Kultur war mithilfe unveränderlicher ethnischer Bezugsachsen naturalisiert. Wie bereits erwähnt, musste aufgrund des Fehlens des äußeren politischen Zusammenhangs eines realen oder in Aussicht stehenden Nationalstaates der nationale Zusammenhalt in die intrapersonelle Sphäre des Gefühls verlegt werden. In Frankreich bewirkte die ökonomische und politische Homogenisierung – ohne explizit darauf bestehen zu wollen – die ethnische Homogenisierung. In Deutschland waren die Verhältnisse den französischen diametral entgegengesetzt; dort ging die ethnisch-kulturelle Homogenisierung als pädagogisches Konzept einer politisch-ökonomischen voraus. Sie schuf zugleich Identitäten, welche die tiefgreifenden wirtschaftlichen und sozialen Veränderungen, die Europa in dieser Zeit durchlief, psychologisch abfedern sollten.

Die Herausbildung der europäischen Nationalstaaten war unter anderem eine von der Expansion der Produktivkräfte in Verbindung mit dem Erstarken einer bürgerlichen Klasse initiierte Zwischenetappe, in der sich Märkte national – in national begrenzter Konkurrenz – konstituierten, hin zu der Internationalisierung, deren Zeugen wir heute sind.[28] Der zentrale Mythos des ethnischen Nationalismus besteht im Ideologem der Präexistenz der Nation als kultureller Wesenheit vor ihrer staatspolitischen Konstituierung. Doch gerade beim deutschen Beispiel scheint sich dieser Mythos bedingt zu bewahrheiten. Zumindest haben die intellektuellen Erben Herders, die das ethnische Nationsmodell in Form des völkischen Paradigmas zuerst nach Europa, und infolge der Dekolonialisierung in die restliche Welt exportierten, und Friedrich List mit seiner 1822 gegründeten Zollunion, emsig Vorarbeit geleistet zur *verspäteten Nation* Deutschland, die 1871 unter Bismarck Wirklichkeit werden sollte. Abgesehen von der leicht als bürgerliche Ideologie

---

28 Wir erleben heute in Form der europäischen Integration das Ende des klassischen Nationalstaates. Wie im frühen 19. Jahrhundert formieren sich neue politische und ökonomische Blöcke unter Begleitmusik ideologischer Emotionalisierung; diesmal ist es die kulturelle Identität des Europäers, die unter Beschwörung der gemeinsamen abendländischen Werte, und interessanter- und dennoch logischerweise, unter Rückgriff auf *pränationalistische* Gemeinsamkeiten (Corpus Christianum) dem neuen Europäer schmackhaft gemacht werden soll. Und da dieses neue *Wir* nur in Antithese zu einem exklusiven *Ihr da* an Sinn gewinnt, lässt sich bereits erahnen, wer als das notwendige legitimatorische Negativ herhalten muss: Der fundamentalistische, *zivilisationsunfähige* Morgenländer bzw. der mit allen Wassern gewaschene Fernöstler. Die Konkurrenz schläft nicht.

erkennbaren Emphase auf die Fortschrittlichkeit der Industrialisierung, die für die meisten Betroffenen doch bestenfalls erst im Zeitalter des Fordismus als solche empfunden werden konnte, hat der Volkskundler Konrad Köstlin tendenziell recht, wenn er im Rahmen einer akademischen Selbstanzeige (1994: 10) schreibt:

> »Kein Wunder, daß Jacob Grimm aus Deutschland seine Briefe wohl nach Finnland und Serbien, nach Dänemark und Schweden, nicht aber nach Frankreich und England schickte. Länder mit hochentwickelter Volkskunde, so könnte man vereinfachen, gehörten zum Kartell der Getretenen. Wo die nationalpolitische Identität unbezweifelt war, brauchte es die scheinbare Bescheidenheitswissenschaft nicht. Was sie hätte leisten können, war anderweitig längst durch Demokratie und Industrie abgedeckt.«

Doch auch vor der *Vertragsnation* machte das ethnische Ordnungsmodell mit seiner unschlagbaren Kohäsionskraft nicht halt. Das geradezu nationalcharakterliche Renommee des kulturellen Chauvinismus, die zentralistische Benachteiligung ethnischer Minoritäten, bis hin zum Kulturkampf des zuständigen Ministers Jacques Lang gegen das *franglais* oder der nationale Aufruf zur Rettung des Baguettes in unseren Tagen, können nicht darüber hinwegtäuschen, dass der republikanische Geist sich z. B. in Gestalt der wohl liberalsten Asyl- und Einbürgerungsgesetze Europas zäh am Leben hält.[29]

Noch 1870, als das expansionistische Preußen mit der Ideologie des Volksgeistes im Tornister sich daran macht, das zweifellos deutschsprachige Elsass zu annektieren, bäumt der politische Nationsgedanke sich noch einmal in seiner ursprünglichen Stärke auf. Die meisten der elsässischen und lothringischen Abgeordneten der französischen Nationalversammlung machen den deutschen »Befreiern« einen Strich durch die Rechnung. Sie bekunden Frankreich ihre politische Loyalität. »Aber«, frohlockt Ernest Renan, der Apologet des voluntaristischen Nationalstaates, »es (Elsass, R. S.) will nicht zum deutschen Staat gehören: Und damit ist die Frage entschieden. Es wird vom Recht Frankreichs, vom Recht Deutschlands gesprochen. Diese Theorien berühren uns weit weniger als das Recht der Elsässer, Lebewesen aus Fleisch und Blut, nur einer solchen Macht zu gehorchen, mit der sie einverstanden sind.«[30]

In einem zentralen Punkt unterscheidet sich das ethnische Nationsmodell von einem Großteil der modernen ethnischen *Wir-Gruppen*-Bildungen (Elwert): Seine praktische *Staatsbezogenheit*, sein ideologisches Dienstverhältnis gegenüber dem staatlichen Gewaltmonopol[31], verleiht ihm durch die zu Verfügung gestellten

---

29 Außerdem können wir mit Hannah Arendt ergänzen, dass der »Chauvinismus vor allem französischer Prägung [...] ein unglaubliches Reservoir der Großsprecherei ersinnen (konnte) und versuchen (konnte), die ganze Nation mit ›gloire‹ und ›grandeur‹ besoffen zu machen; aber er hat niemals behauptet, daß Menschen französischer Abstammung, die in einem anderen Land geboren und erzogen, ohne Kenntnis der französischen Sprache und Kultur, man dank mysteriöser Qualitäten ihres ›Blutes‹ Stammesfranzosen seien.« (Zit. nach Elsässer 1993: 42)
30 Renan, E.: Histoire et Parole. Zit. nach Finkielkraut 1990: 36/7
31 Die Nationsbildung kann erst durch die Transformation des nationalen Zusammengehörigkeitsbewusstseins des politisch amorphen *Kulturvolkes* in einen politischen Willenszusammenhang

Infrastrukturen, Kommunikationstechnologien und Beschulungsmöglichkeiten eine Definitionsmacht, von der autonome, im Verteilungskampf formierte *ethnic groups* nur träumen können; während diese tatsächliche kulturelle Kontinuitäten neukodifizieren müssen, besitzen die Ingenieure der Nation die Macht, Völker zu erfinden, Menschen unterschiedlicher ethnischer Provenienz nicht nur binnen einer Generation davon zu überzeugen, ein Volk zu sein, sondern immer schon eines gewesen zu sein. Abstrakte politische Prinzipien wie Gesellschaft oder Klassen scheinen vor den über mehr Integrationskraft verfügenden Gemeinschaftsmythologien immer wieder die Waffen strecken zu müssen. Während jene an ein Gespenst, das mündige, vorurteilsfreie Individuum im kantischen Sinn appellieren, füttern diese das ängstliche Kind im Menschen und erweisen sich dadurch als beständiger. Sie kompensieren Verlustängste und reale Verluste. Sie synthetisieren Gemeinschaft, wo Gemeinschaft in noch nie gesehenem Ausmaß erodiert; sie versprechen Kontinuität in Zeit und Raum, wo Diskontinuität vorherrscht, und sie spenden emotionelle Wärme, wo die kalte Logik des kapitalistischen Marktes regiert.

Die Diskrepanz beider Nationsmodelle pflanzt sich bis heute vor allem in der Unterschiedlichkeit von Staatsangehörigkeitsdefinitionen und infolgedessen von Asyl-, Einbürgerungs- und Ausländerpolitik fort. Da sich die ethnische Nation als exklusive Abstammungsgemeinschaft begreift, decken sich Volkszugehörigkeit (*ethnos*) und die Zugehörigkeit zum rechtlich-politischen Gemeinwesen (*demos*). In keinem europäischen Staat ist das *Ius sanguinis* stärker ausgeprägt als in Deutschland:

> »(1.) [...] die Nachkommen von deutschen Staatsbürgern gelten ebenfalls als deutsche Staatsbürger, selbst wenn sie – aus unterschiedlichen Gründen – die Rechte als Staatsbürger nicht wahrnehmen können; (2.) Deutsche im ethnischen Sinn, vor allem also deutsche Minderheiten in verschiedenen Staaten Osteuropas, sind deutschen Staatsbürgern fast gleichgestellt; kommen sie als ›Aussiedler‹ in die Bundesrepublik, wird ihnen die Staatsbürgerschaft zuerkannt; (3.) die Aufnahme in eine solche sich als Abstammungs- und Kulturgemeinschaft verstehende Nation ist schwierig bzw. kann nur als Ausnahme begriffen werden, d. h., Einbürgerungen von Nicht-Deutschen sind ein Vorgang, bei dem hohe Hürden zu überspringen sind.« (Heckmann 1992: 212/3)

Als 1989 die Berliner Mauer fiel und »zusammenwuchs, was zusammengehört« (Willy Brandt), wies auch der Chef der Freiheitlichen Partei Österreichs – wie er es auch oft zuvor getan hatte – darauf hin, wo Österreich eigentlich hingehöre. Er bezeichnete es als »ideologische Missgeburt«. Und innerhalb der Grenzen seiner völkischen Logik behielt er sogar Recht. Dass ein Großteil der patriotischen Österreicher und Österreicherinnen – unter ihnen und ihnen voran

---

vonstattengehen. »Die Fusion von Bewußtsein, Kultur und Politik wird zur Norm« (Gellner 19: 55) Somit muss die »in moderner Zeit entstehende Nation zugleich als Konstrukt und als wirklicher Prozeß gesehen werden«. (Anthony Smith 1989. Zit. nach Heckmann 1988: 53)

pikanterweise die sich am fortschrittlichsten wähnenden Intellektuellen – diese Logik in ihren bestürzten Reaktionen mit ihm teilen würden, war nicht vorhersehbar und beweist einmal mehr, wie omnipräsent und tiefverwurzelt das völkische Paradigma in allen Bevölkerungsschichten und politischen Couleurs ist. Haiders Affront provozierte zwar wenig Denken, dafür aber ein breites Spektrum an Gefühlen, von Verlegenheit bis panischer Identitätsunsicherheit. Österreichische Tageszeitungen initiierten Preisausschreiben für die definitive Beantwortung der alten Fragen *Wer sind wir?* – oder noch konkreter: *Wer sind wir, wenn wir nicht sie sind?*, als gelte es binnen kürzester Zeit einen genuin österreichischen Volksgeist aus dem Hut zu zaubern. Misslänge dies, wäre die Konsequenz klar und unumgänglich. Es bliebe Österreich dann kein anderer Weg, als die Fahne einzurollen und beim Deutschen Bundestag die Aufnahme als Bundesland zu beantragen, um als kreuzfideler Süssi wieder einmal die Volksgemeinschaft von Ossis und Wessis zu bereichern.

Und so grub man, jung und alt, links und rechts von links, aber links von Haider, in gemeinsamer nationaler Kraftanstrengung die sterblichen Überreste von Awaren und nach dem Zweiten Weltkrieg von den eigenen Müttern und Vätern vertriebenen und ermordeten Denkern und Künstlern aus; deren Spuren, Freuds Psychoanalyse und die Salzburger Nockerl, das Sarazenenblut auf Herzog Poldis Nahkampfgarderobe, die tschechische Großmama und die Sozialpartnerschaft, Prinz Eugens Sieg über Belgrad und – weil ma net so san – der türkische Naschmarktstand, der gute alte Kaiser und der gute alte Austromarxismus, der Austrofaschismus und die gemütliche Schlampigkeit, die diesen erst so richtig gemütlich machte und die später als kommodes Interieur jenes Akklimatisierungscenters fungierte, das nordischen Italien- und Griechenlandurlaubern Österreich bedeutete: All dies in den Entsafter und die Essenz herausgepresst, mittels welcher der Beweis erbracht werden sollte, dass das österreichische Volk kein piefkinesisches sei. Die nationale Spurensuche stiftete auch – das sei am Rande erwähnt – unerwartete Liebschaften. Überlebende der 1968er-Revolution fielen hinter die 1918er zurück und mutierten Hals über Kopf zu Monarchisten honoris causa, indem sie Loblieder auf das friedliche Auskommen der Völker in der neoabsolutistischen Kaiserdiktatur sangen. Philologen und Dialektforscher mochten zu der Einsicht gelangt sein, dass die Republik Österreich *per legem spiritus populi* Anrechte auf Bayern und Teile Siebenbürgens besitze, Vorarlberg jedoch konsequenterweise an die Schweiz abzutreten sei.

Dass diese peinliche Komödie gegen Ende des 20. Jahrhunderts und 34 Jahre nach der Verkündung des Staatsvertrags jeder Notwendigkeit entbehrte, das hätten die österreichischen Intellektuellen von jenen konservativen und liberalen Nationalversammlungsabgeordneten aus Lothringen und dem Elsass lernen können, die 120 Jahre zuvor keinerlei Probleme damit hatten, *O Tannenbaum* zu singen und trotzdem ihre staatspolitische Loyalität zu bekunden.

6. Nur Stämme werden überleben? – Einige Bemerkungen zur Tribalisierung der Welt

»Europeans believed Africans belonged to tribes;
Africans built tribes to belong to.«
John Iliffe

»I call this the ›secondary tribe‹ and I believe that all the tribes with which we have experience are this kind. The ›pristine tribe‹, on the other hand, is a creation of myth and legend, pertaining either to the golden ages of the noble savage or romantic barbarian, or to the twisted map of hell that is a projection of our own war-riven world.«
Morton Fried

»The newly created system was described as resting on tradition and presumabely derived its legitimacy from immemorial custom. The degree to which it was a reflection to the contemporary situation and the joint creation of colonial officials and African leaders [...] was unlikely to be recognized.«
Elizabeth Colson

1965 erschien im *American Anthropologist* ein kurzer Artikel des amerikanischen Anthropologen Michael Moerman, worin dieser einen Bann des Schweigens brach – und den Mut fasste, auszusprechen, was sich viele Ethnologen seiner Generation aufgrund eigener Feldforschungserfahrungen gedacht haben mögen, doch in Anbetracht der anonymen diskursiven Macht eines Dogmas, welches besagte, die außereuropäische, *primitive* Welt erweise den Ethnologen den Gefallen, sich als Patchwork kulturell, sozial und politisch kohärenter Gruppen der akademischen Erschließung feilzubieten, besser für sich behielten.[32]

Die simple Kernthese dieses Kapitels behauptet, diese Gruppen, so sie überhaupt existierten, seien ein Produkt imperialistischer *Erschließung*; deren Protagonisten seien mit Vorstellungen von Kultur und Volk groß geworden, wie ich sie in den vorangegangenen Kapiteln zu skizzieren versucht habe, und teilten diese Sozialisation mit den Ethnologen, die, nachdem die kolonialen Standarten aufgepflanzt waren, in Scharen ausströmten, um zu suchen, was sie finden wollten, und fanden, was sie suchten: inter alia den *Stamm*, und diese Momentaufnahme kolonialer Wirklichkeit, um sie hernach zu einem überhistorischen Prinzip zu naturalisieren.

Diese These riecht stark nach Simplifizierung. Und kann doch nur schwer etwas der simplifizierenden Kraft eines Dogmas das Wasser reichen, welches

---

32 Als Erster wohl hat Edmund Leach bereits 1954 in seiner exemplarischen Studie *Political Systems in Highland Burma* dieses Paradigma anschaulich dekonstruiert. Fünfzehn Jahre vor Fredrik Barths einflussreichem *Ethnic Groups and Boundaries* (vgl. Teil II, Kapitel 8) hat er mit der konstruktivistischen Bestimmung ethnischer Grenzen dessen Positionen vorweggenommen.

nicht nur 200 Jahre hindurch die gesellschaftliche Wirklichkeit verzerrt und diese seinen Vorgaben angeglichen hat, sondern auch das denkbar bequemste methodologische Raster abgab.

Ob Evolutionismus oder Kulturmorphologie, oder später, Funktionalismus, Kultur- und Persönlichkeits-Forschung oder der Mitte der 1950er in Mode kommende Strukturalismus, ob Konservative oder Progressive: Sie alle waren vorrangig an innerethnischen Phänomenen interessiert. Die unbequeme Frage nach Gültigkeit und Definitionskriterien der Grenzen, mit welchen sie ihre Forschungseinheiten umgaben, wurde großzügig umgangen, in der stillen Ahnung vielleicht, dass die daraus erwachsenden Probleme ihre primären Forschungsziele gefährden könnten. Denn die Erforschung von Institutionen und Strukturen sollte das Wissen voraussetzen, auf welche gesellschaftlichen Einheiten Institutionen und Strukturen sich beziehen. Die Annahme, alle Menschen, insbesondere die *Primitiven,* organisierten sich in der einen oder anderen Weise nach soziopolitischen und kulturellen Formationen, die im Großen und Ganzen dem altmodischen, aber brauchbaren Stammeskonzept entsprechen, erwies sich als viel zu praktikabel, als dass zu sehr an ihr gerüttelt werden durfte.

Auch Michael Moerman ging zu den Lue nach Nord-Thailand mit der Vorstellung im Reisegepäck, es handle sich bei diesen nicht bloß um eine ethnische Kategorie, sondern um eine Gruppe.[33] Seiner zunehmenden Klassifikationsunsicherheit im Feld entwuchs jener Artikel, den er programmatisch mit der Frage betitelte: *Who are the Lue?* »The initial stimulus for this paper was provided by my inability to give a simple answer to the simple question: ›Whom did you study in the field?‹« (Moerman 1965: 1215)

All die herkömmlichen Kriterien, deren relative Häufung eine ethnische Gruppe bzw. einen Stamm konstituieren sollten, jene Kriterien, die Raoul Narroll[34] ein Jahr zuvor in *Current Anthropology* zusammengefasst hatte, nämlich territoriale Nähe, die Verbreitung bestimmter (Kultur-)Merkmale, politische Organisation, ökologische Anpassung, eine lokale Gemeinschaftsstruktur und – am wichtigsten – eine gemeinsame Sprache, schienen in der ethnographischen Realität Nord-Thailands nicht zu greifen. Gruppengrenzen (und Identitäten) waren zu amorph und fluktuierend. Sie könnten auch gar nie völlig deckungsgleich sein, denn: »[...] the units delimited by one criterion do not coincide with the units delimited by another.« (Ibid.)

Territorialität, zum Beispiel, würde in zunehmendem Maße von politischen Zentralgewalten festgeschrieben; und Dialektunterschiede könnten innerhalb einer als ethnisch identifizierten Gruppe augenfälliger ausfallen als zwischen benachbarten Gruppen:

---

33 Dieser Widerspruch wurde in einer objektivistischen Anthropologie nicht expliziert. Es bedurfte eines genaueren Hinguckens, um diese Dialektik von subjektivem Zugehörigkeitsglauben und objektiv beobachtbarem Gruppenhandeln zu erkennen. Oder aber man begann Max Weber zu lesen, der diese Problematik schon lange zuvor am Schreibtisch erkannt hatte.
34 Vgl. Moerman 1965, R. Cohen 1978: 381/2, und M. Heinz 1993: 220/1

»At most, slight peculiarities of speech may serve as emblems of a community which has a tribal name, but the same peculiarities may elsewhere be emblematic of a different ›tribe‹ (as with Minot's White Thai) and different peculiarities emblematic of the same ›tribe‹ (as with the Chieng Khawng Lue). The emblematic nature of cultural traits parallels this.« (Ibid.)

Stellen wir uns die Jahrzehnte dauernde Diskussion, für deren Anfang Moermans Artikel steht, als Radio-Talkshow mit ihm als Stargast vor und geben uns damit dem kathartischen Tagtraum von einer medialen Präsenz hin, die Anthropologen – mit Ausnahme der Gefährlichsten unter ihnen – nie hatten und wahrscheinlich auch nie haben werden, so können wir vermuten, dass nach Moermans selbstkritischen und scharfsichtigen Statements die Leitungen sprichwörtlich heiß liefen, von den Bekennerschreiben ganz abgesehen: Tausende Ethnologen und Ethnologinnen, die den Mut aufbringen, sich zu outen (*»Michael, ähem ... zuerst möchte ich dir im Namen der Institutsselbsthilfegruppe, die sich aufgrund deiner Anregungen spontan gebildet hat, aufrichtig danken, und ...)*. Man wäre im Feld auch über die Komplexität möglicher Identitäten, die quer zu den angenommenen Gruppengrenzen verliefen, ziemlich beunruhigt gewesen; aber irgendwie müsse man doch den Objektbereich analytisch eingrenzen. Zugegeben, man sei zu leichtfertig nach der alten Methode verfahren, um die relative Häufung kultureller Merkmale hypothetische Grenzen zu ziehen und das Ganze mit einem Ethnonym zu versehen. Dieses habe einem der Distriktkommissar verraten und der eigene Informant auch bestätigt. Es sei einem zu diesem Zeitpunkt noch nicht bekannt gewesen, dass der Informant einmal der in Ungnade gefallene Sekretär des Distriktkommissars bzw. Kustos der nationalen Völkerkundebibliothek gewesen sei. Zu willfährig habe man sich der Illusion hingegeben, es handle sich dabei auch automatisch um politische Handlungseinheiten. Schuld daran seien James Fenimore Cooper und die Evolutionisten (respektive Karl May und die Kulturmorphologen), Malinowsky, Kroeber, Evans-Pritchard und all die anderen; auch George Peter Murdock würde in seinen *Human Relation Files* zwecks Vergleich nicht anders verfahren.

Nachdem die Anruferflut allmählich zu verebben beginnt, schwillt sie plötzlich noch einmal an. Ein Rudel offensichtlich halbwüchsiger Telefonterroristen, welche die vorangegangene Diskussion verschlafen zu haben scheinen und in Stimmlagen, die unter gepresster Selbstsicherheit nur schwer die zittrige Verzweiflung des Vatermörders verbergen können, »*Alles nur Konstruktionen! Alles doch nur konstruiert!*« in die Muschel zischen und abrupt auflegen. Doch siehe da, ein Anrufer, mit dem niemand mehr gerechnet hätte, gibt der etwas langweilig gewordenen Diskussion, woran auch die jungen Postmodernisten nichts ändern konnten, eine neue Wendung.

Moderatorin: *Wir haben da einen Professor Evans-Pritchard in der Leitung.* **Freundliche Stimme vom anderen Ende der Leitung**: *Not as formal, please ... my friends call me Sir – Evans-Pritchard.* Hätte sich Sir Edward Evan Evans-

Pritchard dieser Diskussion tatsächlich gestellt, würde er wahrscheinlich betont haben, dass nicht zu voreilig ihm und seiner Generation der Vorwurf gemacht werden sollte, über den bedingten Konstruktionscharakter ihrer *cultunits* (Narroll) nicht Bescheid gewusst zu haben. Und wer sein Buch über die Nuer nicht bloß aus Einführungen kenne (und es trotzdem in den Bibliographien eigener Publikationen anführe), sondern tatsächlich auch gelesen habe[35], der wisse, dass die ethnische Grenze zwischen Nuer und Dinka mehr als unklar sei und in erster Linie auf kategorialer Zuschreibung basiere.[36] Da dies aber nicht das vordringliche Problem seiner Forschungen gewesen sei, habe er sich der Einfachheit halber eines seit über hundert Jahren gebräuchlichen Ethnonyms bedient.[37] Im Übrigen würde Aidan Southall 1976 die Ethnizität von Nuer und Dinka in ein rechtes Licht rücken, deren Stammescharakter, wenn man so wolle, *dekonstruieren*, ohne aber diese großkotzige Vokabel zu verwenden.

Schließlich schaltet sich Raymond Firth mit einem vermittelnden Machtwort ein. Er könne bloß wiederholen, was er bereits an anderer Stelle erwähnt habe: »Society, culture, community, then involve one another – though when they are concerned as major isolates for concrete study their boundaries do not necessarily coincide«.[38] Und während sich die beiden Grandseigneurs der britischen Sozialanthropologie, live auf Sendung, einen gemeinsamen Golf- oder Angeltermin vereinbaren oder darüber scherzen, wann denn Raymond Firth nun endlich in den Adelsstand erhoben würde, verlassen wir diese fiktive Radiosendung und wenden uns dem von Sir Evans-Pritchard angesprochenen Artikel Aidan Southalls zu.

Das Ethnonym Nuer sei – so Southall – eine Fremdzuschreibung der benachbarten Dinka, die sich selbst Jieng nennen würden. Die Eigenbezeichnung der Nuer sei Naath. Beide Kategorien würden in unzählige Subgruppen zerfallen, innerhalb derer das subjektive Bewusstsein, einer übergreifenden ethnischen Einheit anzugehören, mehr als diffus gewesen sei, »until the colonial administration told them (who) they were [...]«.[39] So einfach soll das gegangen sein? W. J. Argyle[40] teilte ein alter Häuptling vom Stamm der Soli in Zentralafrika mit, »that he and his people had not been Soli and had not thought of themselves as such, until the District Commissioner said that they were in 1937.«[41] Hunderte Beispiele dieser Art ließen sich finden.

Über Jahre hinweg spielte ich mit dem Gedanken – teils ernst, teils ironisierend, und in Anbetracht der oft unbewussten Essenzialisierungen und der gnadenlosen Jagd nach Authentizität, mit der speziell ethnologische Kollegen mich zu nerven pflegten –, der Stamm und ein Teil der ihm zugerechneten Traditionen seien europäische Erfindungen, bzw. Muster der kreativen Anpassung

---

35 Anstandshalber will ich bekennen, dass ich nur Passagen dieses Buches gelesen habe, dafür aber diejenigen, auf die Sir Evans-Pritchard im Folgenden anspricht.
36 Vgl. auch Despres 1975: 190
37 »[...] because it was hallowed for centuries of use«. (Aidan Southall)
38
39 In: Southall 1976: 463. Zit. nach Cohen 1978: 383
40 W. J. Argyle (1969): European nationalism and African tribalism. In: Tradition and transition in East Africa. Ed. by P. H. Gulliver. London.
41 Argyle 1969: 55. Zit. nach Arens 1978: 212

an europäische Erwartungshaltungen. Stets aufs Neue wusste ich mich mit der Vorstellung zu belustigen, Ethnologen würden Realitäten entdecken, deren kategorielle Bedingungen sie selbst geschaffen hätten; nicht einmal im Sinne einer kollektiven Projektion, sondern einer tatsächlichen Objektivierung derartiger Kategorien. Doch nie im Leben hätte ich zu glauben gewagt, in welchem Maße meine skeptischen Witzeleien von der ethnographischen und historischen Realität überboten würden.

In der Tat ist der Stamm eine europäische Erfindung. Es handelt sich dabei um eine herrschaftstechnische und ideologische Übertragung des *völkischen Paradigmas*, welches um 1750 im Rahmen der Gegenaufklärung entwickelt wurde, auf die komplexen Gesellschaftsformen der Kolonien und postuliert isolierte und exklusive Einheiten, in Sprache, Kultur, Territorium und soziopolitischer Organisation weitgehend kohärent. War für die Kolonialverwaltung eher letzteres Kriterium von Bedeutung, ergänzten es Ethnologen durch die restlichen und ließen gemeinsam mit Missionaren und Teilen der autochthonen Bevölkerungen das völkische Paradigma in der tribalen Variante auch für die *unzivilisierten* Teile des Erdenrunds beobachtbare Realität werden.

Wenn ich mich im Rahmen der folgenden Ausführungen auf Geschichte und Ethnographie Schwarzafrikas beschränke, wo der Konstruktionscharakter des Stammes am augenfälligsten, weil am besten belegt und analysiert ist, soll nicht der Eindruck entstehen, der Stamm als kollektive Handlungseinheit mit geteilten Weltbildern und relativer Exklusivität sei eine reine Kopfgeburt. Es soll hier nicht geleugnet werden, dass so etwas Ähnliches wie Stämme existierten und existieren. Ihnen am nächsten kommen wohl hirtennomadische, patrilineare Strukturen im orientalischen Raum. Und gerade die semitischen Überlieferungen des Alten Testaments prägten unsere Vorstellungen vom Volksstamm wesentlich mit.[42] Jedoch stellen derartige Strukturen nur einen Teil möglicher Vergemeinschaftungsformen dar und avancierten solche Gruppen, die dankenswerterweise der abendländischen Vorstellung vom Stamm einigermaßen entsprachen, zur Universal-Schablone.

Wer im heutigen Sambia Menschen der ethnischen Kategorie Luvale[43] zu ihrer Geschichte und Identität befragt, wird möglicherweise umfassende Informationen über die Jahrhunderte währende Kontinuität ihres Stammes erhalten, vielleicht mit der Beifügung, man lese das alles doch besser in Moses Sagambos *History of the Luvale Nation* nach. Hätte der oder die Neugierige die Gelegenheit, mit den Urgroßeltern, besser noch mit den Ururgroßeltern des

---

42 Diese Ansicht teilt auch John Iliffe: »Refining the racial thinking common in German times (zur Zeit der wilhelminischen Kolonialherrschaft in Tansania. R. S.), administrators believed that every African belonged to a nation. The idea doubtless owed much to the Old Testament, to Tacitus and Caesar, to academic distinctions between tribal societies based on status and modern societies based on contract (z. B. M. Weber. R. S.), and to the post war anthropologists who preferred ›tribal‹ to the more pejorative word ›savage‹.« (Iliffe 1979: 323. Zit. nach Ranger 1983: 250. Vgl. auch Ranger 1981: 19)

43 Siehe hierzu: R. J. Papstein (1978): The Upper Zambesi: A History of the Luvale People (Doktorarbeit). L.A.
Vgl. auch Ranger 1981: 26/7, und Elwert 1989: 13

oder der belesenen Informanten/in zu plauschen, am besten noch vor 1906, dem Jahr der Einführung der britischen Kolonialverwaltung, so würde er/sie im Laufe des Gesprächs unweigerlich korrigiert werden. Sie seien keine Luvale, würden jene meinen, sondern bestenfalls Leute aus Luvale; und hinzufügen, dass Luvale einen Landstrich bezeichne und kein Volk.[44] Die Menschen, die später Luvale genannt wurden und sich selbst so nannten, waren durch ein komplexes Netz matrilinearer Lineages und Heiratsklassen mit benachbarten Gruppen verknüpft. Ihre Abstammungsmythen teilten sie sich mit Gruppen, die jetzt wahrscheinlich unter einem oder mehreren anderen Ethnonymen in der Demokratischen Republik Kongo leben.

Wer nach 1906 keine Stammesidentität, also keine Zugehörigkeit zu einer zentralen Häuptlingsgewalt vorweisen konnte, hatte im kolonialen Afrika bei der Distribution von kulturellem, sozialem und ökonomischem Kapital (Bourdieu) das Nachsehen. So blieb auch den *Menschen aus Luvale* nichts übrig, als eine *corporate identity* auf tribaler Basis zu entwerfen, und sich diese von den eigenen Intellektuellen substanzialisieren zu lassen.[45]

Das vorkoloniale Afrika des 19. Jahrhunderts kannte eine üppige Vielfalt an sozialen und kulturellen Identitäten, sich überlagernder und überkreuzender Strukturen, einen Grad an Multiethnizität und interethnischer Mobilität, der schon der bloßen Vorstellung einer *kalten Gesellschaft* (Lévi-Strauss) Hohn spricht. Es gilt für die präkolonialen Gesellschaften Afrikas wohl en détail, was Eric Wolf für die außereuropäische Welt um 1400 en gros postuliert:

»In dieser Welt von 1400 gab es nirgends eine Völkergruppe, die nicht mit anderen in Verbindung gestanden hätte. Gruppen, die sich als kulturell gesonderte Einheiten sahen, waren über verwandtschaftliche oder zeremonielle Beziehungen miteinander verknüpft. Wenn sich ein Staat weiter ausdehnte, zog er andere Völker in seine übergreifenden politischen Strukturen hinein. Wenn sich die eine Elite an die Stelle einer anderen setzte, unterwarf sie sich bäuerliche Bevölkerungsgruppen und setzte neue politische und symbolische Ordnungssysteme durch. Durch den Handel entstanden Verbindungsnetze zwischen Ostasien und der Levante, quer durch die Sahara, oder von Ostafrika über den Indischen Ozean zur Inselwelt Südostasiens. Erobern, Einverleiben, Ablösen alter Strukturen durch neue, Handel – all diese Dinge kennzeichnen auch die Entwicklung der neuen Welt. In beiden Hemisphären waren die gesellschaftlichen Grenzen so durchlässig, daß die einzelnen Volksgruppen ihre Nachbarn beeinflussen konnten. So entstanden soziale Gebilde, die sich einander immer mehr anglichen und miteinander verflochten. Eine isolierte Gesellschaft war – wenn es so etwas überhaupt einmal

---

44 »Als ich mündliche Überlieferungen sammelte, verstand ich allmählich, daß ich nicht so sehr Überreste verschütteter Traditionen zusammentrug, die von neuerem und relevanterem Wissen ins Dunkel abgedrängt worden waren, als vielmehr Teile einer neu entstehenden Geschichtstradition: sie hatte in den dreißiger Jahren begonnen und wurde in den vierziger und dann wieder in den siebziger Jahren kräftig stimuliert.« (Papstein 1978: 45. Zit. nach Ranger 1981: 27)

45 »They created tribes to function within the colonial framework.« (Iliffe 1979: 110. Zit. nach Ranger 1983: 217)

gab – nur eine kurzfristige Erscheinung: z. B. wenn eine Gruppe an den Rand der Interaktions-Zone gedrängt wurde und sich für eine kurze Zeitspanne selbst überlassen blieb. Insofern entwirft das sozialwissenschaftliche Modell streng unterschiedener und getrennter Systeme und eines zeitlosen kontaktfreien Zustandes keinesfalls ein angemessenes Bild von der Situation, wie sie sich vor der Expansion der Europäer darstellte. Und noch viel weniger läßt sich mit diesem Modell jenes weltweite System von Beziehungen erfassen, das sich später im Verlauf dieser Expansion herausbildete.« (Wolf 1986: 109/10)

Man kann davon ausgehen, dass der subjektiven Ausrichtung nach Verwandtschaft und Genealogie die größte Bedeutung zukam, ohne dass dieses Prinzip zwingend mit stammesähnlichen Strukturen einhergehen musste. Doch auch bloße territoriale Nähe sollte als Vergesellschaftungsfaktor nicht unterschätzt werden. Häufig anzutreffen war die interethnische, arbeitsteilige Symbiose von Ackerbauern und Viehzüchtern, welche sich durch einen permanenten Fluss von Menschen über die Gruppengrenzen hinweg kennzeichnete. Ethnische Konversion (*Passing*) von Bambara-Bauern zu Fulbe-Nomaden (vgl. Elwert 1989: 13/4) oder Fur zu Baggara (vgl. Barth 1969a: 24/5) hatte geradezu institutionellen Charakter. Andere bedeutende Organisationsformen waren Alters- und Heiratsklassensysteme, wie etwa das berühmte *Gada*-System der Galla (bzw. Oromo/Boran). Quer zu den diffusen ethnischen Grenzen konnten Individuen sich ständig neu formierenden Kulten und Geheimgesellschaften zugehörig fühlen. Für den südafrikanischen Raum kommt hinzu, dass zu Beginn des 19. Jahrhunderts entstandene, expansive und multiethnische Heeresorganisationen (z. B. Zulu) wie ein Orkan die dort ansässigen einigermaßen gewachsenen ethnischen Strukturen in ihren Sog rissen, durcheinanderwirbelten und ihre totale Neuformation stimulierten.[46] Komplexe monoethnische Schichtungs- und Klassensysteme wie etwa das zwischen Hutus und Tutsis in Ruanda und Burundi wurden von der Kolonialverwaltung amtlich tribalisiert und dadurch verschärft[47] (vgl. Wallerstein 1990 229). Die blutige Ernte der Saat, die der Imperialismus gesät hatte, wurde dann vor 1994 eingebracht, was in den internationalen Medien ad hoc als Stammeskonflikt firmierte und somit als Beweis für mangelnde Zivilisationsfähigkeit, will heißen Kreditwürdigkeit.[48]

---

46 Diese Ausführungen beschränken sich im Großen und Ganzen auf den süd- und ostafrikanischen Raum. In zentralen und westlichen Teilen Afrikas wird das gesellschaftliche Spektrum weiters verkomplizert durch oft Jahrtausende alte staatliche Strukturen, die sich nicht selten territorial überlappten.

47 Vgl. Wallerstein 1990g: 229 und Banks 1996: 164/5. Marcus Banks verweist auf den Ethnizitätsdiskurs als Korrektiv des »Tribalismus« vergangener Ethnologengenerationen: »Of course, at another time it might well be anthropologically useful to consider relations between the Hutu, Tutsi and Twa ›groups‹ in Rwanda within a general paradigm of ethnicity – to look at issues of self-perception, boundary creation, maintenance and crossing, notions of descent, and so forth.« (1996: 165)

48 In der Sprache des *Common Sense* heißt das: *Wenn wir diesen Menschen die Zinsen ihrer Schulden streichen, investieren die ihren neugewonnenen Reichtum doch wieder nur in Schleifmaschinen für ihre langen Buschmesser, Riesenkochtöpfe, Ausbildungslager für ihre geradezu unfair schnellen Langstreckenläufer(innen) und umweltschädigende Autos.*

Insbesondere akephale Gesellschaften hatten mit dem Prinzip der ethnischen Exklusivität, das ihnen der Kolonialismus auferlegte, von der Umwandlung in hierarchische Häuptlingstümer ganz zu schweigen, ihre Probleme. Im vorkolonialen Tansania waren – John Iliffe zufolge – »Gruppen und Identitäten so amorph, daß sie zu definieren einer unmäßigen Vereinfachung gleichkäme«.[49] Zwischen der Zugehörigkeit zu einer Kernfamilie, einer Großfamilie, einer Lineage, einem kephalen Gemeinwesen und vielen anderen Möglichkeiten, variierten Identitäten in diversen Kombinationen.

»Die Kolonialzeit verkomplizierte Identitäten und Loyalitäten noch mehr. Die Leute konnten jetzt von sich als Moslems oder Christen, Protestanten oder Katholiken, Angestellten oder Arbeitern, Afrikanern oder sogar Tanganyikanern ausgehen [...] Zwischen den Kriegen jedoch lag die Hauptbetonung auf der tribalen Identität. Mit genau der gleichen Energie, mit der ihre Kinder sich später der Aufgabe widmeten, eine Nation zu bilden, arbeiteten sie damals am Ausbau des Stammes.« (Iliffe[50])

Die zunehmende Ausschließlichkeit, mit der das Stammesprinzip vonseiten der Kolonialverwaltung und autochthoner Profiteure zuungunsten anderer Organisationsformen forciert wurde, bedeutete aber die dramatische Reduktion der Komplexität vorkolonialer Gesellschaftsstrukturen. Bräuche, Rechtsvorstellungen und Gruppenkonsistenz waren – da von keiner zentralen Instanz kodifiziert – in einem kontinuierlichen Wandel- und Aushandlungsprozess begriffen gewesen. Das präkoloniale Afrika zeigte sich demnach in einer »kaleidoskopartigen« (Iliffe) Vielheit, bloß nicht, um mit Terence Ranger (1981: 20) zu sprechen, als ein »großer grüner Billardtisch, über den die einzelnen Stammesbälle in jeweils verschiedenen Farben rollten.«

Ranger zufolge sei der Vorabend des *Scramble for Africa* eine Ära der sprunghaft ansteigenden interethnischen Mobilität und gesellschaftlichen Transformation sowie des zunehmenden Infragestellens restriktiver Traditionen durch die jüngere Generation und Frauen gewesen; dem bereitete das Kolonialsystem ein jähes Ende.[51]

Rekapitulieren wir: Die zunehmende wissenschaftliche Katastrierung der Welt ab dem 18. Jahrhundert transformierte bis dahin kontingente Hilfsbezeichnungen wie Volk, Rasse und Nation in wissenschaftliche Ordnungskategorien. Ebenso erging es dem Stamm, *tribus*, im alten Rom die abfällige Bezeichnung für Barbaren an der Grenze des Imperium Romanum, wie uns Ronald Cohen (1978: 384) aufklärt, und er fügt hinzu:

---

49 Iliffe 1979: 318. Zit. nach Ranger 1981: 20
50 Ibid.
51 »Im vorkolonialen 19. Jahrhundert waren die Grenzen zwischen den ländlichen Gesellschaften extrem durchlässig gewesen: Männer durchzogen als Händler, Jäger oder Träger weite Gebiete; Ideen verbreiteten sich von einer Region in die andere; Identitäten wurden permanent neu definiert, und die verschiedenen ländlichen Gesellschaften wirkten ständig aufeinander ein. Unter dem Kolonialismus wurde der durch festgeschriebene, traditionelle Regelungen begrenzte Mikrokosmos der lokalen Gesellschaften für lange Zeit zur herrschenden Realität.« (Ranger 1981: 34)

»This etymology reflects and explains the significance of the word in Western culture, its links to imperialist expansionism and the associated and overgeneralized dichotomization of the world's peoples into civilized and uncivilized – the ›raw‹ and the ›cooked‹ of human historical experience.«

Doch spätestens seit Tacitus leuchtet uns auch die andere Seite dieser ideologischen Münze entgegen. Das zivilisatorische Gefälle bleibt zwar bestehen, doch wandern die Sympathien aus kulturkritischen Impulsen zum anderen Pol: der Stamm als das natürlich Gewachsene, Wahrhaftige, Archaische, Gesunde und Tugendhafte, weil Beständige, nicht Wandelbare; ein ideeller Wellness-Park, der temporäre Entfremdungstherapien verspricht.

Das Europa, dessen ursprünglich soziokulturell heterogene Landschaft im Laufe des 19. Jahrhunderts selbst in exklusive, homogenisierte Nationalvölker sich parzelliert und die bruchlose Deszendenz zu historischen Stämmen beschwört, projiziert im Rahmen der kolonialen Expansion die eigenen nationalen Verfasstheiten in die sozialen Spektren der annektierten Landstriche, worin es die zurückgebliebenen, aber mitunter faszinierenden Abbilder der eigenen tribalen Vergangenheit erkennen will.

»Die weitestreichenden Erfindungen von Tradition fanden im kolonialen Afrika unbewußt statt, nämlich dort, wo die Europäer glaubten und beanspruchten, jahrhunderte alte afrikanische Bräuche zu respektieren. Was dabei als Gewohnheitsrecht, als traditionell geregeltes Anrecht auf Land, als traditionelle politische Strukturen bezeichnet wurde, war in Wahrheit samt und sonders ein neugeschaffenes Ergebnis der kolonialen Kodifizierung.« (Ranger 1981: 31)

Andere, komplexere Mischformen sozialer und politischer Organisation als den Stamm vorzufinden, musste das Vorstellungsvermögen der mit der Parzellierungsarbeit betrauten Kolonialbeamten überstiegen haben. Und im Gegensatz zu den Anthropologen, die infolge der kolonialen Transformation der Afrikaner in Stämme ihre eigenen Prämissen bestätigt sahen, dürfte ihnen das auch herzlich egal gewesen sein. Denn im Rahmen des *Indirect Rule* waren sie vorrangig von pragmatischen Beweggründen geleitet. Divide et impera! Die Konstruktion hierarchisch gegliederter Stämme mit kollaborierenden Führern an deren Spitze gehörte seit jeher, spätestens aber seit dem Persischen Großreich, zu den Grundpfeilern indirekter Verwaltung, deren Effizienz stets auch von kulturellem Relativismus mitgetragen wurde:

»Eine Selbstorganisation der moralischen Instanzen (Religion, Gerichtsbarkeit) war von diesen Ethnien gefordert, eine Selbstorganisation kultureller Elemente (Trachten, Sprache, Schrift) war bei ihnen zugelassen. Notwendige Bedingung dieses Organisationsprinzips war jedoch die Exklusivität der Zugehörigkeit zu einer und nur zu einer ›ethnischen Gruppe‹.« (Elwert 1989: 17)

Ranger betont die Funktion des Exklusivitätsprinzips als effektives Machtinstrument, die im 19. Jahrhundert besonders fortgeschrittene interethnische Mobilität und Kommunikation im ost- und südafrikanischen Kontext einzuschränken, und an ihrer Stelle die zwischenethnische Konkurrenz um begehrte Kapitalien zu forcieren. Trocken und unmissverständlich instruiert 1926 ein Provinzbeauftragter in Tansania seinen Stab: »Jeder Stamm hat als eigene Einheit zu gelten [...] Jeder Stamm muß unter einem Häuptling stehen.«[52] Die herrschaftstechnische Umfriedung sozialer Gruppen korrelierte mit der analysetechnischen der Anthropologen.

»In dem geographischen Gürtel gur-sprachiger Gruppen, der sich von Nord-Ghana bis Nordwest-Benin zieht, fühlen sich oft benachbarte Dörfer, Weiler oder Einzelgehöfte einander zugehörig, ähneln einander in Sprache und Brauchtum. An den Extremen eines solchen Kontinuums zusammengehöriger Gruppen aber versteht man sich kaum noch und fühlt sich nicht zusammengehörig. Wer dann als Ethnie zusammengefaßt wurde, hing deutlich von dem Ort ab, an welchem die kolonialen Definitoren von ›tribes‹ und ›cantons‹ ihre Fragen stellten. Die Nachbarn links und rechts wurden von den Befragten als dazugehörig bezeichnet, machten mit ihnen die Ethnie aus, auch wenn die je äußersten Nachbarn zu jeder Seite sich nicht so einander zuordnen würden.« (Elwert 1989: 16)

So oder so ähnlich darf man sich die verwaltungstechnische Konstruktion der Nuer, Dinka, Tallensi und Tiv vorstellen, die mit Einschränkungen und der gebührenden Skepsis von Ethnologen wie Evans-Pritchard, Myer-Fortes und Lienhardt ihre akademische Reproduktion erfuhr. Der nicht wegzuleugnenden Existenz oft untereinander befehdeter, mit ausgeprägtem *Wir-Bewusstsein* ausgestatteter Subgruppen, die sich trotzdem unter einem Ethnonym wiederfanden, begegnete man mit dem griffigen funktionalistischen Modell der *segmentären Gesellschaft*. »Die Geschichte Afrikas stellte sich so als riesiger Stamm-Baum dar – kleine Stämme waren Ableger von großen, so daß sie als Teile eines größeren Ganzen bei Bedarf wieder verbunden werden konnten.«[53] Gegen äußere Feinde würde der Ruf der gemeinsamen Kultur die diversen *subsections* des Stammes wieder zu einer politischen Handlungseinheit zusammenfügen. Und so fragen wir uns nun mit Ronald Cohen:

»However, what about possible cultural differences between internal divisions? What about alliances and oppositions and obligations that cut across the named ethnic entity into other nearby units with distinct ›tribal‹ identities but roughly similar cultures?« (Cohen 1978: 381)

---

52 Zit. nach Ranger 1981: 20
53 Iliffe 1979: 323/4. Zit. nach Ranger 1981: 19/20

Jedoch überschätzt man die transformatorische Macht der Kolonialverwaltungen und affirmiert nolens volens das Stereotyp des passiven unselbständigen Eingeborenen (vgl. Gronemeyer 1991), trägt man nicht der Kreativität jener Afrikaner Rechnung, welchen aus verschiedenen, zumeist utilitaristischen Motivationen der Löwenanteil an der Transformationsarbeit und der kreativen Erfindung neuer Traditionen zukam, für Ranger (1981: 23) einer der »dramatischsten Beweise, wie flexibel ost- und zentralafrikanische Gesellschaften auf den Kolonialismus reagierten«.

Es wäre zweifellos etwas zu plakativ, von einem *tribalen Arrangement* zwischen den konservativsten Elementen der autochthonen Gesellschaften und denen der Kolonialregime zu sprechen (zu dem sich konservative Ethnologen hinzugesellten, um in Form einer Dreierallianz ihren jeweiligen Weltbildern zu gesellschaftlicher Realität zu verhelfen). Und dennoch hat diese These einiges für sich; insbesondere dann, wenn wir bedenken, dass es in erster Linie europäischer Konservatismus war, den die Afrikaner progressiv für ihre Zwecke benutzten. Den Zeitraum vom Beginn der kolonialen Landnahme bis weit nach der Unabhängigwerdung füllte das denkbar breiteste Spektrum an möglicher kreativer Absorption europäischer Kulturelemente: von Assimilierung, Akkulturierung und der Entwicklung autochthoner *kosmopolitischer* Haltungen, der Erfindung häretischer, oft gegen die erstarrte neotribale Tradition gerichteter Neo-Traditionen (synkretistische Kirchen, chiliastische Kulte etc.) bis hin zu jenen tribalen Strukturen, die sich den Europäern als Abbilder traditionaler Zeitlosigkeit offenbarten, und doch oft nur Produkte der rezenten Rezeption rezenter europäischer Neo-Traditionalismen darstellten.

Die formaljuridische Kodifizierung (sowie die kulturwissenschaftliche durch die Ethnologen), insbesondere in den 1920er-Jahren, brachte nicht nur lebendige, flexible und außerordentlich diskursive Traditionen zum Erstarren[54], sondern hypostasierte die rezente Tribalisierung zu einem scheinbar immer schon dagewesenen Vergesellschaftungsprinzip. Doch welches Interesse nahmen Afrikaner an der rechtlichen Substanzialisierung teils neugeschaffener Stammestraditionen?

> »Den etablierten Interessensgruppen, die zu dieser Zeit über den größten Einfluß in der afrikanischen Gesellschaft verfügten, bot sich eine ungewöhnliche Gelegenheit, durch einen dauernd wiederholten Appell an die ›Tradition‹ ihren Einfluß zu bewahren und auszuweiten.[...] Sie dienten ihnen als Mittel, ihre Herrschaft abzusichern oder zu erweitern. Das geschah nach meiner Ansicht in vier verschiedenen Bereichen: Älteste in den Dörfern neigten zu einem Appell an die ›Tradition‹, um ihre Kontrolle über die Produktionsmittel (die durch die Kodifizierung der Landbesitzverhältnisse festgeschrieben wurde) gegen die Herausforderung durch die Jugend zu verteidigen; Männer appellierten an die

---

54 Elizabeth Colson: »[...] colonial officers expected the courts to enforce long-established costum rather than current opinion. Common stereotypes about African costumary law thus came to be used by colonial officials in assessing the legality of current decisions, and so came to be incorporated in ›costumary‹ systems of tenure.« In: E. Colson: The Impact of the Colonial Period on the Definition of Land Rights, in Victor Turner (ed.): Colonialism in Africa (Cambridge 1971): 221-51. Zit. nach Ranger 1983: 251

›Tradition‹, um zu verhindern, daß ihre Kontrolle über die Frauen als wirtschaftliche Aktivposten angesichts deren wachsender Bedeutung für die Produktion auf dem Land geschwächt würde; Oberhäuptlinge und herrschende Aristokratien in Reichen, die zahlreiche verschiedene ethnische und soziale Gruppierungen umfaßten, appellierten an die ›Tradition‹, um ihre Herrschaft über die Untertanen abzusichern und auszuweiten; und die einheimische Bevölkerung versicherte sich der ›Tradition‹, um zu verhindern, daß die unter ihr siedelnden Migranten politische und ökonomische Rechte erhielten. Kurzum, der statische ›unwandelbare‹ Charakter der von der Kolonialherrschaft festgeschriebenen traditionellen Regelungen kam vor allem jenen zu gute, die ohnehin schon über Besitz und Macht verfügten. Das bedeutete nicht nur, daß diese Gruppen ihren Besitzstand gegen die Anfechtungen und den Druck der Jugendlichen, der Frauen und der Migranten wahren konnten. Vielmehr vermochten jene Männer häufig den Appell an die von den Kolonialisten festgeschriebenen traditionellen Regelungen zur Gewinnung von mehr Macht und Reichtum, als sie je zuvor besessen hatten, zu nutzen.« (Ranger 1981: 31/2)

Später würden missionarisch ausgebildete und noch später ethnologisch geschulte Stammesideologen nach europäischem Vorbild an Stammesgeschichten basteln, mit deren Hilfe Landtitel und Zugang zu Ressourcen gegenüber den neuen nationalen Regierungen, die über ihre eigenen kanonisierten Versionen der regionalen Geschichte verfügten, geltend gemacht werden könnten.

Die Zerstörung traditioneller afrikanischer Strukturen erfolgte also weiträumig mittels ihrer Substituierung durch neue tribale Strukturen, die sich der westliche Common Sense als Inbegriff des Traditionalen schlechthin vorstellte. So kam es zu dem scheinbaren Paradox, dass die sogenannte Verwestlichung sowohl von kolonialen Machthabern als auch gutmeinenden Anti-Imperialisten, die dem kulturellen Aspekt vor dem sozialen unbedingtes Primat einräumten, in gleichem Maße bedauert werden konnte. Die verhaltene Geringschätzung für Akkulturierungswillige belegt auch der Ethnologe William Arens (1978: 213): »Paradoxically, other groups more responsive to changes and showing an inclination toward ›westernisation‹ were less admired and also presented greater administrative problems.« Denn Verwestlichung konnte auch eine zunehmende Einsicht in die Strukturen der eigenen kolonialen Ausbeutung bedeuten und barg infolgedessen die Gefahr einer transtribalen Organisierung in sich (wie sie Gewerkschaftsbewegungen, Nationalismen und Panafrikanismus tatsächlich realisierten), die um jeden Preis unterbunden werden musste. Mit Argwohn betrachteten die Kolonialisten die bald einsetzenden Tätigkeiten der Missionen, insbesondere die Alphabetisierung, für welche sie aus naheliegenden Gründen kein besonderes Verständnis aufzubringen vermochten.

Dem Ausbau von Infrastrukturen (die nichts anderem als dem Transport der kolonialen Beute zu den Häfen dienten), dem Anbau von Cash-Crops und der zunehmenden Industrialisierung in den Städten und in den Minen des *Copperbelt* stellten die zumeist auf Subsistenzökonomie basierenden Stämme ständiges Arbeitskräftereservoir zur Verfügung, für deren Reproduktionsfähigkeit die tribalen Strukturen zu sorgen hätten, aus denen man sie entlehnte und im Bedarfsfall wieder zurückschicken konnte, an deren Proletarisierung daher nicht das geringste Interesse bestand. Doch dazu später. Vorab will ich einem anderen Aspekt die nächsten Seiten widmen.

Die pragmatische Schaffung von und Investition in nach europäischem Maßstab vormoderne Strukturen, aus denen man die erforderlichen Rohstoffe zur rasanten Geschwindigkeitssteigerung der eigenen Moderne sich holte, wurde pikanterweise von den denkbar konservativsten und dezidiert antimodernistischsten Elementen der europäischen Gesellschaft exekutiert: Siedler und Kolonialbürokraten, besonders in ihrer britischen und deutschen Ausführung, rekrutierten sich in der Regel aus kleinbürgerlichen Verhältnissen: Parvenus mit Hang zu aristokratischer Restauration und Selbstdarstellung. Die Integrität und Loyalität, mit der diese Menschen das Empire (respektive Kaiserreich oder Grande Nation) ausweiteten, galt dem fiktiven Bild von Nationen, die noch nicht durch Liberalismus, Kosmopolitismus und proletarische Verpöbelung, die sie in der Regel abgrundtief hassten, kontaminiert waren. Hier liegen bereits alle klassischen Zutaten des modernen Antisemitismus zugrunde, und wie die Vollstrecker dieses ihr retrospektives Ideal im bäuerlichen Kollektiv suchten, das viel zu tief in Zeit und Raum verwurzelt sein sollte, als dass ihm die Heuschreckenplagen und Sturmfluten der Moderne etwas anhaben könnten, so findet sich auch in den Kolonien immer wieder dieses eigenartige Faible für den *tribesman*, mit seinem ungebändigten Stolz und seinem kollektiven Sinn[55]; diese klassische ideologische Spielmarke, mit der auf die Hochlandschotten wie auf die Indianer Nordamerikas und die Polynesier gesetzt wurde, stößt im afrikanischen Kontext zu einer Zeit, als viele Intellektuelle Europas sich nicht ganz sicher sind, ob der Schwarze entwicklungsgeschichtlich nicht doch den Primaten näher stehe, notwendig auf rassistische Grenzen. So steht diese häufig belegte Affinität in einem ambivalenten Wechselverhältnis zu der rassistischen und fortschrittschauvinistischen Distanz, mit der Europäer Afrikanern in den Kolonien begegneten.

Bereits die europäischen Gesellschaften des 19. Jahrhunderts antworteten auf den sprunghaft ansteigenden Verlust traditioneller Sinnzusammenhänge, den die Industrialisierung begleitete, mit einer geradezu hysterischen Schaffung neuer Traditionen, Identitäten und Disziplinierungsmaßnahmen, die Kohärenz, Kon-

---

55 Das dazugehörige antisemitische Stereotyp erfüllen im ostafrikanischen Kontext »entwurzelte« multiethnische Gruppen ohne spezifischen Vorweis einer territorialen oder tribalen Identität. Sie bezeichnen sich oft nach der von ihnen als Hauptidiom benutzten *lingua franca* Kiswahili als Waswahili oder werden als solche bezeichnet. William Arens (1978: 216/7): »In Weber's terms [...], the ›social estimation of honor‹ associated with the Waswahili has an interesting and changing history. In the past, particularly during the colonial period, the prestige accorded this status grouping was low. The failure to be identified closely with a particular locality and culture, a tribe in other words, carried with it a negative social value. It meant a lack of pedigree, a blank genealogy, and the absence of a legitimate rationale for living in a particular community. To the Africans it implied that the individual was possibly a descendant of a slave and, therefore, a social inferior. The colonial administration considered a Mswahili (singular form) as someone who was not living with his ›own‹ people and, consequently, was a potential deviant or troublemaker of some sort.«

tinuität und gesellschaftlichen Zusammenhalt versprachen, wo tatsächlich nur noch die Logik des Marktes diktierte: rigide Regimentstraditionen (die natürlich Anspruch auf historische Tiefe erhoben, obgleich sich das Heereswesen noch im 18. Jahrhundert als flexibel, unorthodox und vom Söldnerwesen bestimmt sah), Restauration und Neuerfindung aristokratischer Sitten durch das Besitzbürgertum, Musealisierung, Nationalisierung und Neukreation von Volksbrauchtum, künstlerischer Historismus etc. (vgl. dazu auch Hobsbawm 1983 a+b, und Köstlin 1994). Dieser neotraditionale und sentimentale Rekurs auf eine imaginäre Zeit der Wandellosigkeit wurde von den kolonialen Grundbesitzern und Verwaltungsbeamten ins nicht selten unfreiwillig parodistische Extrem getrieben. Von ersteren durch die kleinbürgerliche Imitation gängiger Landgentry-Klischees, von letzteren durch eine abgöttische Loyalität zu einem mit alter Monarchenherrlichkeit assoziierten kapitalistischen Empire. In die Afrikaner projizierten sie die eigene infantile Freude an Pomp und Zeremonial, und mit ihnen als loyale Untertanen eines gottähnlichen Königs versuchten sie, die eigene politische Utopie noch einmal wiedererstehen zu lassen.

Die erste Phase der kolonialen Expansion war gekennzeichnet durch die Verleihung imaginärer Königswürden an lokale Führer, Potentaten oder aber autochthone Karrieristen in relativ unhierarchischen Gesellschaften, die sich mithilfe der Europäer die Macht über die ihren zu sichern trachteten. Nun entbehrten derlei Rituale aber jeder festgelegten, traditionell überlieferten Etikette, sondern oblagen der Phantasie und dem choreographischen Gout der jeweiligen selbsternannten kolonialen Zeremonienmeister.[56] Diese Rituale konnten mit dem degoutanten Zynismus vonstatten gehen, mit dem zum Beispiel deutsche Beamte 1890 einen Häuptling der Chagga mit dem Lohengrinhelm aus dem Requisitenramsch der Berliner Oper krönten, oder aber mit jenem zeremoniellen Ernst, den besonders britische Kolonialbeamte feierlich zur Schau stellten. Umso verwunderlicher, hatten die englische Königin Victoria und ihre männlichen Nachfolger, die den Afrikanern als Häuptlinge aller Häuptlinge angedreht wurden, innerhalb einer mehr oder minder bürgerlichen Demokratie bloß noch repräsentative und symbolische Funktionen inne, ganz im Gegensatz zu ihrem Vetter bzw. Onkel, dem neoabsolutistischen deutschen Kaiser.[57] Das Hervorspielen und Inszenieren imperialen Glamours mag für die Briten von einer stärkeren kompensatorischen

---

56 Der begabteste dieser Designer und Choreographen war zweifelsohne Lord Edward Twinings, Gouverneur Tansanias (Vgl. Ranger 1983: 232ff.). Seine Revues und Zeremonien, die er mit tatkräftiger Hilfe der autochthonen Bevölkerung an Geburtstagen des Königs und anderen Anlässen aufführen ließ, dürften an Pomp und Aufwand die Hollywood-Historienschinken Cecil B. DeMilles übertrumpft haben. Aber da niemand seine Ambitionen richtig zu würdigen wusste, musste er sich selbst loben. Tagebucheintragung: »[...] also my invention and it turned out to be a most dignified ceremony.« (Zit. nach Ranger 1983: 234)

57 Als der Häuptling von Basutoland 1919 bei den lokalen Behörden förmlich um die Erlaubnis ansuchte, bei seiner fixierten Europareise neben dem Buckingham Palace auch dem Vatikan einen Besuch abstatten zu dürfen, äußerte der zuständige Hochkommissar in einem Telegramm an Downing Street N° 10 die Befürchtung, »that he might be unduly impressed py the pomp and state of reception at Vatican and might form conclusion that the Pope was more important than the King.« (High commissioner, cable to secretary of state, 19 May 1919, s3/28/274. Zit. nach Ranger 1983: 232) Die Petition des Häuptlings wurde abgelehnt.

Bedeutung gewesen sein, war ihre Gesellschaft angesichts des sehr frühen Einsetzens von Kapitalismus, Industrialisierung und demokratischen Strukturen doch stärker mit Materialismus und Traditionsverlust konfrontiert als die der Deutschen, die in dieser Beziehung noch etwas hinterherhinkten, jedoch mit Ausnahme der demokratischen Strukturen bereits mächtig aufholten.

Mit der Konstruktion des Stammes und der ideellen und materiellen Subventionierung der konservativsten Elemente afrikanischer Gesellschaften versuchten die europäischen Machthaber ihre Vorstellung einer vormodernen Welt zu verwirklichen, in der alles seinen geregelten Platz hatte. »They liked the idea of age-old prescriptive rights and they liked to compare the sort of title to gentlemanliness which they laid claim to themselves.« (Ranger 1983: 247)

Die Stämme repräsentierten, sofern sie sich kooperationswillig zeigten, jene imaginäre Essenz, die diese Europäer in sich zurückhalten wollten. Mit einer vernünftigen Apartheitspolitik könnte man sich daran machen, das Goldene Zeitalter zu rekonstruieren. Die distanzierte Wertschätzung und Bevorzugung der nur bedingt konservativen Stammestraditionen bekamen jene Afrikaner zu spüren, welche die Vorteile, die europäische Kultur ihnen zu bieten hatte, bald für sich erkannten und ihren Weg in einer Karriere innerhalb der kolonialen Verwaltungs- und Militärbürokratie, ihre Identität in der Loyalität zur kolonialen Sache suchten. Diese assimilationswillige Beamten- und Intellektuellenschicht stieß in ihrer sozialen Mobilität bald auf Grenzen. Den Afrikanern, die sich anschickten, *europäischer als die Europäer* zu werden, diese also nicht nur an Loyalität zu übertrumpfen schienen und denen trotzdem der Aufstieg in die weiße Gesellschaft bis auf einige Ausnahmen verwehrt blieb, misstraute man wohl insgeheim, umso mehr, je loyaler und pflichtbewusster sie sich gaben. »Was garantiert uns die Loyalität dieser Menschen, denen der Weg zurück in ihre Traditionen ebenso wenig offensteht wie sich die Hoffnungen erfüllt haben, die sie an die Partizipation an der weißen Kolonialgesellschaft geknüpft hatten?«, mögen sich viele Weiße gefragt haben, in der Gewissheit, dass diese westlich gebildeten und qualifizierten Afrikaner es sein würden, die sie bald, möglicherweise mit Gewalt, von den Schalthebeln der Macht ablösten. Da erwiesen sich die seit der Machtübernahme der Europäer kulturell persistenten Stämme als in vielerlei Hinsicht *zuverlässiger*. Die soziale Aufstiegsschranke war nicht nur rassistisch motiviert, sondern dürfte durchaus auch von kulturalistischen Implikationen gestützt worden sein: Es war die Verachtung für alles Unauthentische, für alles, was *uprooted* war; zugleich eines der Grundkonstitutiva des antisemitischen Stereotyps. Der Hass gegen die eigene Enttraditionalisierung, gegen die Moderne an sich, flüchtet sich in artifizielle Traditionen und entlädt sich im konkreten Ressentiment gegen alles, was seine vermeintlichen Traditionen hinter sich gelassen hat.

Die literarischen Erinnerungen Tania Blixens und Beryl Markhams liefern wertvolle Einblicke in die ständische Verfasstheit der kenianischen Kolonialgesellschaft und deren ambivalentes Verhältnis zur autochthonen Bevölkerung. In den zumeist nach dem Vorbild von Rider Haggards *King Solomon's Diamonds* gestrickten Afrika-Abenteuerfilmen Hollywoods der 1950er-Jahre, nicht ganz zufällig zu einer Zeit, als die verbliebenen *tribalen Arrangements* zwischen Kolonialherrschaft und konservativen ethnischen Führern am beginnenden nationalen Befreiungskampf zu zerbrechen begannen, lügen sich einige Afrikaklischees beinahe an die Wahrheit heran: Das wilde Afrika mit all den dazugehörigen Ingredienzien (Buschtrommeln, Affenschreie, weiße Frauen, die ihre Hemmungen fallen lassen etc.) fungiert als Requisite, als exotische Kulisse für das Handeln eines grüblerischen und ritterlichen Einzelgängers, welcher der Zivilisation den Rücken gekehrt hat und sein Auskommen in der Grauzone zwischen Rohem und Gekochten fristet, zumeist als Jagdbegleiter, der Denis heißt, dem bei jedem geschossenen *Simba* eine heimliche, nur für die Kamera, nicht aber die Jagdgäste sichtbare Träne sich löst und der stundenlang über die *Ethik des Dschungels* philosophieren kann, was ihn für weibliche Jagdgäste besonders attraktiv macht; ob ein fiktiver Allan Quatermain, ein halbfiktiver Trader Horn oder ein historischer Denis Finchhatton. Der obligate schwarze Büchsenhalter ist ein treuer, braver Kerl, besonders wenn er einem Elefanten zum Opfer fällt, den die dekadente und verwöhnte Großstadtlady in ihrer Ungeschicklichkeit nur angeschossen hat. Doch der ideologische Blick der Kamera vermag nicht zu trügen: In der Regel sind die Schwarzen, die um den Handels- und Verwaltungsposten herumlungern, längst ihrer archaischen Unschuld in Form von Dienstleistungen (Träger) an den weißen Mann verlustig gegangen; Menschen zweiter Klasse, anonymer Arbeitskräftepool; nur in ihrer Servilität ambivalente Subjekte. Der spitzbübisch grinsende Waswahili-Majordomus mit Fez als Stigma seiner *Uprootedness* verkörpert den Archetypen des hinterhältigen Opportunisten. Die Träger selbst treten als Menschen nur dann in Erscheinung, wenn sie von Löwen gerissen werden, aus irgendeinem kindlichen Aberglauben die Kisten mit den Forschungswerkzeugen fallen lassen und Reißaus nehmen oder im nächtlichen Lager herumkichern (der ideologische Blick der Kamera sorgt dafür, dass sich die Schwärze der Nacht mit der Schwärze ihres Teints vereint und nur elfenbeinweiße Zähne aus grinsenden Mündern blecken) und singen: »*Mbuana* machen *Msahib* hundert Kinder«, was Mbuana auf Drängen Msahibs nur zögernd, aber dann doch mit der gebotenen Schüchternheit übersetzt.

Ganz anders die *Noble Savages*, die Hochländer Afrikas, zu denen die Safari als *Rite du Passage* für zivilisationsmüde Kinogeher führt. Zumeist Watussi (= Tutsi) oder Massai. Wegen des unerbittlichen und stolzen Festhaltens an ihrem Sippengeist zu Ehren-Subjekten geadelt, beinahe geeignet für den fast ebenbürtigen Umgang mit Mbuana (das klassische Motiv der Freundschaft respektive Sozialpartnerschaft zwischen Edlem Wilden und Wildem Edlen reinkarniert symbolisch im Verhältnis Buthelezi-Botha alias De Klerk bzw. Buthelezi und Mbuana Alois Mock). In den philosophischen Momenten des Films nimmt Mbuana gerne die Pfeife aus dem Mund, presst die Lippen nachdenklich zusammen und erklärt einer offensichtlich zu wenig nachdenkenden Msahib, die wiederum in Anbetracht der Ethik des Dschungels ihre urbanen und emanzipatorischen

Ansichten über ihr eigenes *Sex & Gender* noch einmal gründlich überdacht hat, dass die Alphabetisierung bei den Wilden mehr Schaden anrichte als sie ihnen nütze, denn sie nehme ihnen ihre Identität (als Wilde). Der fernsehende Abiturient, der – von solch häretischen Worten angespornt – doch den Entschluss fasst, Ethnologie und nicht Sonder- und Heilpädagogik zu studieren, muss an dieser Stelle prophylaktisch enttäuscht werden. Denn was der gute Denis da gesagt hat, war nicht mehr als der koloniale Common Sense – q. e. d ...

An anderer Stelle haben wir bereits auf die Zwiespältigkeit hingewiesen, mit der die Kolonialherren auf die Alphabetisierungskampagnen der Missionsschulen reagierten. Das lässt sich mit einigem Recht auf die Missionierung im Allgemeinen übertragen. Plakativ gesagt oblag dieser als effektivem Herrschaftsinstrument die Aufgabe, ihren Schäfchen einzubläuen, *Great-Grandmother Victoria* oder *Kaiser Willy* zu geben, was Victorias oder Willys sei, und die potenziell basisdemokratischen Passagen des Neuen Testaments zu auszulegen, dass sie sich mit den kolonialen Doktrinen vereinbaren ließen. In den christlichen Missionen fokussierten sich die Hoffnungen vieler Afrikaner, die die Repressionen der Stammestraditionen über hatten, auf alternative Lebensentwürfe. Jedoch:

> »Missionaries who had begun by taking converts right out of their societies so as to transform their consciousness in ›Christian villages‹ ended by proclaiming the virtues of ›traditional‹ small-scale community. [...] People were to be ›returned‹ to their tribal identities; ethnicity was to be ›restored‹ as the basis of association and organization.« (Ranger 1983: 249)

Besonders glatt fügten sich christliche Kongregationen wie etwa die Baseler Mission (vgl. Ranger 1983: 213/4), die bereits im 19. Jahrhundert in Deutsch-Ostafrika wirkte, ins koloniale Herrschaftsprogramm. Die Baseler Mission speiste sich aus denselben ideologischen Wurzeln wie das Denken Herders, dem deutschen Pietismus, und schrieb die Verteidigung der vorindustriellen Bäuerlichkeit auf ihr Banner. Mit den unverdorbenen *tribesmen & -women* ließe auf afrikanischem Boden die antimodernistische Utopie sich realisieren, für die Europa seine Unschuld bereits zu sehr eingebüßt hätte: »They proclaimed, against the threat of the industrial town, an ideal ›Christian model village‹, a reconstituted rural ›tradition‹ based on the ›pre-industrial‹ combination of crafts making use of natural products, (and) the extended family.« (Ibid.)

Der Protest vieler Männer und Frauen, deren zunehmende Mobilität durch Arbeitsmigration nicht nur neue Abhängigkeiten schuf, sondern auch neue Un-Abhängigkeiten versprach, entlud sich in synkretistischen Religionen oder millenaristischen Kulten wie der überaus populären *Wachturm*-Bewegung, die sich hauptsächlich aus Wanderarbeitern des zentralafrikanischen Kupfergürtels (Vgl. Ranger 1983: 256ff.) rekrutierte. Mit der zunehmenden Repression ihrer diktatorisch geführten Stämme in Konflikt, von den Missionaren im Stich gelassen und von der weißen Kolonialgesellschaft missachtet, welche auf den Trumpf eines pseudotraditionalen Status quo setzte, nahmen diese Männer und Frauen ihr Schicksal in eigene Hände und schufen nicht selten neue autonome Strukturen und Traditionen, nach dem Motto: »Pick out what is best from (European culture) and dilute it with what we hold.«[58]

Eines der kuriosesten Beispiele für autochthone Neo-Traditionen jenseits von Assimilation und Stammestraditionalismus liefert der Ethnologe Wyatt MacGaffey.[59] Junge Männer der Bakongo waren einer rigiden sozialen Kontrolle durch die Stammesältesten ausgesetzt. Ihr infolge von Lohnarbeit in den Städten Belgisch-Kongos zunehmendes Selbstbewusstsein führte unweigerlich zu Konflikten mit den gerontokratischen Strukturen, die sich ebenfalls verschärften. Dies ereignete sich zu einer Zeit, als die Kinobesitzer der Städte die autochthonen Wanderarbeiter als neue Konsumentengruppe entdeckt hatten. So schufen die heimkehrenden jungen Männer in ihren Heimatdörfern am unteren Kongo gegen die autoritäre Kultur ihrer Väter eine faszinierende Gegenkultur, *Dikembe*, mit der Philosophie des Billisme:

> »For those who are young in years a degree of compensation is provided by the Dikembe, a social club catering to the unmarried men [...] Dikembe culture, an interesting caricature of the serious magico-religious beliefs and principles of the older generation which it defies, contains the seeds of an anti-society [...] The doors of the bachelor huts bear such inscriptions as ›Palais d'Amour‹ in Gothic lettering [...] The culture of the Dikembe is that of *billisme*, whose heroes are the stars of romantic French and American movies (and) takes its name from Buffalo Bill, ›sheriff du quartier Santa Fe, metro d'amour‹.«[60]

Der Afrikanist und Ethnologe William Arens forschte in den 1960er-Jahren in Mbo wa Mbu im Massai-Distrikt, nördliches Tansania. Mbo wa Mbu war eine ländliche Gemeinde mit einigen tausend Einwohnern und seit den 1920er-Jahren Anlaufstelle von Flüchtlingen und Migranten der verschiedensten ethnischen Kategorien.

> »The inhabitants represented approximately *seventy* different tribal backgrounds but used the term Waswahili to define the ethnic composition of the community. [...] Waswahili is best thought of as representing a group of people exhibiting a certain cosmopolitan lifestyle and having cultural traits unrelated to specific locality within East Africa.« (Arens 1978: 213. Hervorhebung R. S.)

Dies hatte zur Folge, dass die englischen Kolonialbehörden diese *Community* zugunsten des Musterstammes der Massai bei Zuwendungen überhaupt als Ansprechpartner ostentativ überging; und das, wie auch Arens (ibid.) meint,

---

58 Iliffe 1979: 334. Zit. nach Ranger 1983: 253
59 W. MacGaffey (1970): Custom and Government in the Lower Congo
60 Ibid.: 223/4. Terence Ranger, aus dessen Aufsatz dieses Zitat stammt (1983: 255/6) fügt noch hinzu: »These light-hearted absurdities conceal a serious attempt to discredit ›costum‹, endorsed as it is by the whites, through the subversive effects of European fantasy.«

nicht allein aus praktischen, herrschaftstechnischen Erwägungen: »This concern reflected not only a practical approach to government but also a philosophical orientation which stressed the value of the continuity of indigenous societies.« Durch die Unabhängkeit Tansanias unter Julius Nyere im Jahr 1961 kehrte sich das Verhältnis abrupt in sein Gegenteil: Die Massai, langjährige Verbündete der britischen Behörden, wurden als barbarische Hinterwäldler gescholten, mit denen kein stammesübergreifendes politisches Gemeinwesen zu gestalten sei, und der Jurisdiktion der Gemeinde Mbo wa Mbu unterstellt, dem neuen Verwaltungszentrum des Distrikts, die nicht nur als nationales Vorbild für Modernität, Weltoffenheit und ein die tribalen Horizonte sprengendes Nationalbewusstsein gepriesen wurde, sondern wegen ihres unschätzbaren Beitrages zum antikolonialen Widerstand (vgl. ibid.: 215).

Wie bereits angeschnitten, erfüllte die Förderung traditionaler und neotraditionaler Stammesstrukturen unter anderem die Funktion, so etwas wie eine sozialpolitische Verantwortung für die Arbeitskräfte, wie sie von den Arbeitnehmern in den Mutterländern der Kolonien erzwungen werden musste (was die moralische Kategorie der Verantwortung auch etwas deplatziert erscheinen lässt), auf die künstlich am Leben erhaltenen traditionalen Strukturen abzuschieben, was wiederum die Institution des Stammes zu gewährleisten hatte. Die *subsistence patterns* sollten der zunehmenden Industrialisierung so lange wie möglich standhalten, und für die Reproduktion der Arbeitskraft des kolonialen »Menschenmaterials« sorgen. Der Umstand – es sei mir diese demagogische Bemerkung erlaubt, die so banal zu sein scheint, dass dergleichen heute niemand mehr aussprechen will –, dass wir uns teure Hochglanzfotobände über die faszinierende, zeitlose Welt der Stämme und andere schöne Dinge kaufen können, hat einiges mit diesem System einer auf völliger Einsparung der Lohnnebenkosten basierenden Surplusabschöpfung zu tun.

Die Republik Südafrika vor dem Wahlsieg Nelson Mandelas war wohl der einzige Staat, der das alte koloniale *tribale Arrangement* institutionalisierte und formal zur Staatsdoktrin erhob. Die rechtliche Konstituierung von *Bantustans* und – nomen est omen – *Homelands*, also Ausland im Inland, von rassisch segregierten Ausländern bewohnt, war neben dem herkömmlichen Rassen- und Kulturchauvinismus auch von der altbekannten, etwas süßeren und sanfteren Melodei des Respekts kultureller Differenz begleitet. Trotz regelmäßig umgangener Sanktionen fußte der umwerfende ökonomische Erfolg dieses Staates auf einer staatlich gesteuerten Spezialvariante eines archaischen Kapitalismus. Das formalrechtliche Arrangement mit quasi-staatlichen *tribalen* Verwaltungen, welchen die soziale, politische und juridische Verantwortung für ihre »Staatsbürger« obliegt, ermöglicht die denkbar effizienteste Ausbeutungsform menschlicher Arbeitskraft nach der Sklavenwirtschaft.

Die prominente Ethnologin Elizabeth Colson, eine Vertreterin der sogenannten Manchester-Schule, die meines Wissens nichts mit dem gleichnamigen Kapitalismus zu tun hat und in einem folgenden Kapitel vorgestellt werden soll, beschreibt eindringlich die Genese dieses Systems in den 1930er-Jahren, als sich die koloniale Verwaltung in zunehmendem Maß mit dem unangenehmen Problem konfrontiert sah, dass sich *Stammesangehörige* in Arbeiter und Bauern wandelten:

> »They and their families needed adequate housing and other services. The government of Northern Rhodesia was unwilling to concede that the towns were generating new communities, new needs, and new aspirations and that the Africans in towns should be treated as town residents. This conflicted with the official policy, which maintained that Africans were ›tribesmen‹ who should be encouraged to retain their own cultures and also continue to support themselves in the ›tribal‹ areas.« (Colson 1989: 10)

Anliegen dieses Kapitels war es, (1.) den Konstruktionscharakter des (afrikanischen) Stammes als herrschaftstechnische und anthropologische Variante des völkischen Paradigmas aufzuzeigen, (2.) die Verallgemeinerung, der Imperialismus hätte traditionale Strukturen zerstört, durch die Gegenannahme zu korrigieren, dass Reifizierung traditionaler Strukturen eine unverzichtbare Invariante imperialistischer Herrschaftstechnik darstellte, und deren antimodernistischen Implikationen in praxi zu erhellen. Und (3.) schließlich war es mir ein Anliegen, die schier grenzenlose Wandel- und Manipulierbarkeit kultureller und ethnischer Muster zu demonstrieren, mit besonderer Berücksichtigung der innovativen Rolle der Akteure bei der Kreation von Neo-Traditionen, ganz gleich ob es sich dabei um »konservative« (tribale) Neo-Traditionalismen oder aber um »progressive« (anti-tribale und nationale) handelte.

Teil II:
Ethnizität vor und nach Fredrik Barth

1. Vom Ethnos zur Ethnizität

> »Die Monographie je eines Naturvolkes geht gleichsam von der Vorstellung eines ›geschlossenen Systems‹ aus. Das ist eine Fiktion, die man aus deskriptiven Rücksichten beibehalten kann – eine Strecke weit.«
> Wilhelm E. Mühlmann

Seit 1953, dem Jahr der ersten belegten Verwendung durch den amerikanischen Soziologen David Riesman (vgl. Eriksen 1993: 3), ist der Begriff Ethnizität in Gebrauch, seit Mitte der 1970er-Jahre trat er einen wahren Siegeszug an. Überraschend brach er bzw. das, was er beschreiben sollte, über die noch größtenteils modernisierungstheoretischen Sozialwissenschaften herein, die nach wie vor ethnische Muster als Quantité négligeable betrachteten, als verkümmerte vorindustrielle Strata, dazu verdammt, rationaleren und komplexeren Formen zu weichen. Einem linken soziologischen Diskurs war die neue wissenschaftliche Rede von der Ethnizität nicht besonders geheuer. Mit ihr würde der Versuch unternommen, dem völkischen Paradigma durch die Hintertüre zu einer neuen Renaissance zu verhelfen. Dass diese Gefahr stets virulent ist, sei keinesfalls bestritten; sie aber automatisch mit dem Begriff Ethnizität in Verbindung zu bringen, ist nicht nur dem Umstand geschuldet, dass (vor allem deutsche) linke Soziologen kaum ethnologische Literatur lesen, sondern dass der Begriff auch innerhalb der Ethnologie widersprüchlich, schwammig und nur zu oft bar jeder zufriedenstellenden Definition gebraucht wird. Der Anthropologe Ronald Cohen (1978: 379) fragte sich in einem wegweisenden Artikel stellvertretend für seine Disziplin:

> »Is it a fad? Is it simply old wine (culture) in new bottles? Is it merely a transparent attempt by anthropologists to adapt to ›ethnic‹ studies, dropping terms like ›tribe‹ because those we study find it invidious when applied to themselves? In making such an adjustment, is anthropology simply jettisoning its own traditions to save its rapport? Is it, in other words, not anything more than a means, a shift in jargon, to achieve old ends? Or is it, as Kroeber once said disparagingly of ›structure‹ when it burst onto his scene years ago, that we like the sound of the words – ›ethnic‹, ›ethnicity‹ – that they connote a posture toward our work or some hoped for achievements we are striving to make part of our message, our quest?«

Die zunehmende Mobilisierung neuer und alter ethnischer Minoritäten, die Herausbildung postkolonialer und neuerdings postsowjetischer Nationalstaaten und weltweite Arbeitsmigration sind wesentliche Auslöser für das Lauterwerden ethnischer Semantiken in den letzten Jahrzehnten und schufen wissenschaftlichen Erklärungsbedarf. Ein nicht zu unterschätzender Stimulus ist aufseiten derer zu suchen, die den Diskurs mitinitiierten, indem sie der sozialen Klasse das Megaphon entrissen und einer artikulationsfreudigen Ethnizität vor den Mund hielten. Der postmoderne Rückzug von der revolutionären Option der sozialen Klasse und gesamtgesellschaftlicher Transformation hin zur liberalen Wiederentdeckung, selektiven Hervorhebung und Konstruktion kommunaler lebensweltlicher Einheiten, zivilgesellschaftlicher Strukturen und ihrer spezifischen Symbolwelten führte letztlich zu einer identifikatorischen Wiederentdeckung des Ethnischen.

So heterogen sich die Mobilisierung von Menschen auf ethnischer Basis auch geriert, aus welch vielfältigen Wünschen und Motiven sie auch gespeist sein mag, für viele Beobachter entsteht der voreilige Eindruck, der Ruf der Volkskultur, die schützende Wärme der ethnischen Identifikation würde sich in von Werte- und Traditionsverlust gekennzeichneten, durch die Regeln des Marktes strukturierten Gesellschaften ihr Terrain zurückerobern.

Für primordialistische (und mit Einschränkungen auch essenzialistische und subjektivistische) Positionen innerhalb des Ethnizitätsdiskurses war diese Überfülle an Phänomenen, deren kleinstes gemeinsames Vielfaches in der Exklusion aufgrund kultureller Merkmale bestand, endgültiger Beweis für ihre apriorische Annahme des Primats der ethnischen Identität. Ethnizität kam somit in den Verruf, die verdeckte Wiederauflage des völkischen Denkens zu fördern, der Re-Ethnisierung moderner wohlfahrtsstaatlicher Gesellschaften das Wort zu reden. Dass gerade der ethnologische Ethnizitätsdiskurs es ist, der alleine aufgrund seiner empirischen Ausrichtung und der erbarmungslosen Kritik gegenüber den völkischen Prämissen der eigenen Zunft die Dynamik, Prozessualität und Vielfältigkeit ethnischer Identifikationen hervorstreicht, bleibt weitgehend unbeachtet. Doch außer ihm wäre niemand eher in der Lage, die Fehler, welche die Ethnologie lange Zeit mit ihrer Essenzialisierung von Kultur beging, zu entschärfen und zu revidieren.

Bevor wir also die Frage stellen, ob die Rede von der Ethnizität nun tatsächlich alten Wein in neuen Schläuchen bedeutet, einige Anmerkungen zu der kontinuierlichen Erosion des völkischen Paradigmas innerhalb der Ethnologie. Beim allmählichen und schrittweisen Rückzug von Volk und Stamm als analytischen Kategorien suchte man nach neuen Begrifflichkeiten für jene empirisch feststellbaren Einheiten unterschiedlicher Reichweite, die sich durch relative Häufung kultureller Merkmale und die Verknüpfung mit politischen Institutionen und Territorialität kennzeichneten, deren Grenzen aber auch im Bewusstsein der Ethnologen zunehmend zu diffundieren begannen. Um nicht Stamm sagen zu müssen, verhalf man sich mit der aus dem Französischen entlehnten *Ethnie* (Mühlmann, Smith), dem griechischen *Ethnos*[61] oder aber der *ethnischen Gruppe* (vgl. auch Heinz: 220ff.). Der Begriff der Gruppe erwies sich insofern als problematisch, als er in seiner soziologischen Bedeutung die unmittelbare

---

61 Zur sowjetischen Ethnos-Theorie vgl. auch Banks 1996: pp.17-24

Interaktion aller Gruppenmitglieder voraussetzt. Sprechen wir von ethnischer Gruppe, so entsteht unweigerlich der Eindruck von Kohärenz, Solidarität und gemeinsamen Interessen.

Auch diverse Ethnos-Definitionen setzen noch immer auf die idealtypische Kohärenz von Gesellschaft und Kultur. Stellvertretend wollen wir des sowjetischen Ethnologen Julian Bromlejs berühmte Definition eines Ethnos[62] hervorheben:

»Im engen Sinne des Wortes läßt sich (das Ethnos) in allgemeinster Form als historisch entstandene Vereinigung von Menschen definieren, die über eine nur für sie charakteristische Gesamtheit gemeinsamer stabiler Merkmale der Kultur (darunter der Sprache) und Psyche, wie auch über das Bewußtsein ihrer Einheit und den Unterschied zu anderen derartigen Gebilden verfügt.«

Bromlej betont die Objektivität der gemeinsamen Geschichte wie die Objektivität der kulturellen Differenz.[63] Karl Wernhart, dem das Verdienst zukommt, dieser Problematik am Wiener Ethnologieinstitut im Rahmen der Ethnohistorie Gehör verschafft zu haben, fasst den Ethnos-Begriff überhaupt sehr weit. Für ihn ist er eine Art Rahmenbegriff, dessen Variationsbreite von der kleinsten Lokalgruppe bis zu Stämmen und Völkerschaften reicht. Wernhart versteht dieses Ethnos als offene Einheit, die ein »inneres funktionales und strukturales Gefüge (zeigt), das aber zugleich auch, da die Gruppe in einem interethnischen Gefüge verankert ist, solche funktionalen wie strukturalen Beziehungen nach außen bzw. zu anderen Ethnien unterhält.« (Wernhart 1986: 123/4, vgl. Wernhart/Zips 2014) Er unternimmt somit den bedeutenden Schritt, ethnische Sozietäten in ihrer Einbindung in interethnische Kontexte zu definieren; Ethnos müsse stets aufs Neue definiert werden, »da sie, wie schon gesagt, von ganz kleinen Lokalgruppen bis hinauf zu großen Gemeinschaften reichen kann.« (ibid.: 124) Doch die quasi organische Einheit von Mensch und Kultur bleibt auch bei Wernhart bestehen: »Mensch und Kultur sind als eine Einheit anzusehen, und mehrere Menschen, die sich durch gleiche kulturelle Äußerungen zu einer WIR-Gruppe bekennen,

---

62 Julian V. Bromlej (1977): Ethnos und Ethnographie. Veröffentlichung des Museums für Völkerkunde in Leipzig. Heft 28. Berlin, p 37. Zit. nach Wernhart 1986: 119. Vgl. auch Heckmann 1992: 36
63 Wilhelm Mühlmann, dessen aktives Mitläufertum im Nationalsozialismus ihn auch wissenschaftlich für alle Zeiten desavouiert, sei zumindest zugestanden, in der deutschsprachigen Ethnologie der Erste gewesen zu sein, der die ethnische Grenze in ihrer beanspruchten Absolutheit relativierte: »Die Monographie je eines Naturvolkes geht gleichsam von der Vorstellung eines ›geschlossenen Systems‹ aus. Das ist eine Fiktion, die man aus deskriptiven Gründen beibehalten kann – eine Strecke weit. Aber dann müssen die von außen determinierenden, in das scheinbare geschlossene System ›hineinreichenden‹ Faktoren zu ihrem Rechte kommen. *Toynbees* Behauptung, Gesellschaften seien ›closed systems‹, ist *ethnologisch* falsch. Der Ethnologe denkt ›Ethnie‹ nur in der Mehrzahl. Sein Gegenstand sind die *interethnischen Beziehungen und Zusammenhänge* und die in diesen sichtbar werdenden Regelhaftigkeiten und typischen Handlungsabläufe. Die einzelnen Ethnien sind für ihn nicht geschlossene, sondern offene Systeme. Eine Ethnologie in diesem Sinne ist gerade erst im Werden. Auch soziologisch orientierte Ethnographen haben bisher eine erstaunliche Zurückhaltung bekundet, was die Untersuchung des Aufeinander-Wirkens benachbarter Ethnien anlangt. Wohl hat man sich ausgiebig mit den Fragen der Kultur-Diffusion und Kultur-Übertragung beschäftigt. Aber nicht alle Einflüsse, die zwei oder drei benachbarte Ethnien aufeinander ausüben, lassen sich in Terms von ›Kultur‹ hinreichend beschreiben.« (Mühlmann 1964: 58/9)

sind als Ethnos zu bezeichnen.« (ibid.: 123) Hiermit findet der Terminus zu seiner altgriechischen Bedeutung zurück (vgl. Teil I, Kapitel 3). Dieser Allgemeinheit genügen die Freimaurer, die Fans von Celtic Glasgow, Lewis Henry Morgans *Iroquois League* und der Harley Davidson Club Fohnsdorf ebenso wie Abner Cohens Börsenmakler (vgl. Teil II, Kapitel 10).

Pierre van den Berghe[64], Emmerich Francis[65] oder Manning Nash[66] engen den Fokus auf verwandtschaftliche und quasi-verwandtschaftliche Beziehungen und den subjektiven Glauben an gemeinsame Deszendenz ein (*bed, blood and cult*). Doch auch hierbei ließen sich zu viele ethnographische Ausnahmen finden, um das Unternehmen einer universell gültigen Ethnos-Definition gelingen zu lassen.

Auf Raoul Narrolls kritische Zusammenfassung der Kriterien, mit der Ethnologen im Allgemeinen ethnische Gruppen (Narroll spricht von *cultunits*) festmachen würden, habe ich bereits im letzten Kapitel des vorangegangenen Abschnitts hingewiesen. Diese Kriterien bestehen – so Narroll – in: Verteilung bestimmter Kulturmerkmale, territorialer Nähe, politischer Organisation, ökologischer Anpassung, lokaler Gemeinschaftsstruktur und Sprache.[67]

> »But no set of criteria fits all cases. Instead they vary with societal complexity, regional and continental contexts, the ethnographer, and probably with time as well. In the end, Narroll's criteria do not solve the problem. They are instead useful techniques which attempt to set conventions for coding and comparing cultures. What the reality of such ›cultunits‹ is, how they fit into a changing world and a developing anthropological epistemology, is left unresolved.« (Cohen 1978: 382)

Tatsächlich ist die Absage an das Kohärenzdogma die Conditio sine qua non des ethnologischen Ethnizitätsdiskurses nach Barth. Ethnizität entpuppt sich hier als Mobilisierung geschichtlich gewachsener kultureller Symbolcodes und deren Einfügung in moderne (nationalstaatliche und/oder kapitalistische) Strukturen. Ob diese Aktualisierung kultureller Gemeinsamkeit zur Ziehung ethnischer Grenzen für die Akteure nun zentrale lebensweltliche Bedeutung einnimmt oder von anderen möglichen Identifikationen dominiert wird, ob die »Ressource« Ethnizität in Form des Ethnonationalismus oder in Konkurrenz zu diesem reüssiert, ob sie reaktiv ist, ob sie von Medien, Gesellschaftswissenschaften und ethnischen Führerfiguren designt und gepusht wird, oder in bruchloser historischer Kontinuität fortwirkt, ob ethnische Gruppen sich vertikal zu Klassenschranken konstituieren oder innerhalb dieser eigene horizontale Segmente stellen, all dies versucht ein aufgeklärter Ethnizitätsdiskurs nicht durch eine umfassende Definition zu verallgemeinern, sondern durch kontextuelle Detailanalysen zu differenzieren.

---

64 Vgl. Heinz 1993: 309ff.
65 Vgl. Heinz 1993: 168ff., Heckmann 1992: 36
66 Vgl. Eriksen 1993: 34
67 Narroll verwirft zwar die Kombination dieser Kriterien, beschränkt sich aber in seinem eigenen Modell zur definitorischen Bestimmung von *cultunits* auf Territorialität, politische Organisation und eine distinkte Sprache. Vgl. auch Heinz 1994: 221.

Letztendlich blieb angesichts der verwirrenden Heterogenität des Objektbereichs gar keine andere Wahl, als ein theoretisches Relais bereitzustellen, das die interaktive Situation als Forschungsobjekt präsentiert und der Dynamik moderner, und in historischer Retrospektion auch der als vormodern kategorisierten Gesellschaften Rechnung trägt, anstatt weiter der unbefriedigenden und meist ideologischen Aufgabe nachzujagen, universell gültige Definienta für Völker, Stämme und Ethnien zu finden. Ethnizität bestimmt sich somit nicht als Bezeichnung für irreduzible Wesenheiten, sondern als flexibler Prozess.

> »But the study of contemporary peoples in a complex world has now clearly shifted from ethnic isolates, ›tribes‹ if you will, to one in which the interrelations between such groups in rural, urban, and industrial settings within and between nation states is a key, possibly *the* key element in their lives.« (Cohen 1978: 384)

Der Epistemenwechsel vom völkischen Paradigma zum Ethnizitätsdiskurs setzte anstelle von isolierten Einheiten offene soziale Netzwerke. Ethnizität war nicht länger Charakteristikum nicht-westlicher Gesellschaften, sondern avancierte zu einem universellen Phänomen. Die folgenden Kapitel sollen schlaglicht- und kreuzwegartig die Metamorphosen dieses Diskurses, seine theoretischen Wurzeln, seine Kulmination in den 1970er-Jahren und seine Zukunftsaussichten erhellen. Am Schluss des folgenden Abschnitts möchte ich mich auch einigen theoretischen Vorschlägen Pierre Bourdieus widmen, dessen Theorie der Ideologie von gesellschaftlichen Mikrostrukturen sehr taugliche Ansätze für die Erklärung der subjektiven, beharrlichen Komponenten von Ethnizität bereitstellt.

Gleich ob man die Hinwendung vom Ethnos zur Ethnizität nun als Paradigmenwechsel im Sinne Thomas Kuhns bezeichnen will oder nicht, meine Postulierung eines völkischen Paradigmas gebietet dies jedenfalls. Das ethnologische *Ethnizitätsparadigma* bedeutet nicht zuletzt auch die Wartung und Neuanpassung des methodischen Apparats der Kultur- und Sozialwissenschaften an die postkoloniale, von Industrialisierung und Marktökonomie durchdrungene gesellschaftliche Wirklichkeit, und zugleich die Überwindung der Ideologeme von den funktionalen und isolierten Einheiten sowie von der Dichotomie zwischen moderner und primitiver Gesellschaft. Ronald Cohen beantwortet seine eingangs zitierte Frage, ob es sich beim Ethnizitätsdiskurs vielleicht doch um alten Wein in neuen Flaschen handeln könnte, negativ:

> »Certainly it encompasses problems and foci from the past. But it does more; it represents newer foci not easily equatable to older emphases, not simply conditioned by the same factors that ›produce‹ or ›cause‹ or make up culture and tribe. ›Ethnicity‹, like ›structure‹ before it, represents a shift toward new theoretical and empirical concerns in anthropology. In this sense, ›ethnicity‹ signals a change that should be understood from several angles – historical, theoretical, and ideological.« (Cohen 1978: 380)

2. Max Weber

Kein Weg zur Bestimmung dessen, was *Ethnizität* nun tatsächlich bezeichnen soll, führt an Max Weber (1864–1920) vorbei. Besonders der kulturmaterialistische ethnologische Ethnizitätsdiskurs seit Fredrik Barth ließ sich von den theoretischen Vorgaben Webers inspirieren. Dem kann auch der Umstand keinen Abbruch leisten, dass Weber – obgleich er überhaupt erst das Augenmerk der Sozialwissenschaften auf das Phänomen der *Ethnizität* gelenkt hat – **der** modernisierungstheoretische Apologet des Verschwindens dieser ist. *Ethnische* Vergemeinschaftung entspreche *ständischer* Vergemeinschaftung und würde daher als Überbleibsel der Vormoderne der Dynamik einer funktional immer ausdifferenzierteren und sich zunehmend ausdifferenzierenden kapitalistischen Gesellschaft über kurz oder lang erliegen. Die ethnische sei eine *unechte* Gemeinschaft; denn die Begriffe ethnischer Kultur, in denen sich Individuen glauben verstehen zu können, träfen gar nicht ihre tatsächliche soziale Lage und die Normen, die ihrem Handeln Richtung geben. Markt, Gesetze und das Interesse an Arbeitsplätzen und nicht unterschiedliches Brauchtum bestimmten das Handeln der Menschen (vgl. Lenhardt 1990: 193).

Ethnische und funktionale Differenzierung erscheinen einem Denken, das der Dichotomie Tradition–Moderne verpflichtet ist, als Widerspruch. Weber erkennt zwar die Bedeutung, welcher Ethnizität neben *Rasse* als askriptive Qualität bei sozialer Schichtung zukommen kann, doch sein unausweichlich modernisierungstheoretischer (und eurozentristischer) Hintergrund hindern ihn daran, die modernen Aspekte von Ethnizität, wie etwa ihre Funktion als Mechanismus der Adaption an kapitalistische Strukturen, die sie zugleich als etwas Modernes **und** Traditionales ausweist, zu erkennen (vgl. Lentz 1995: 79).

Natürlich verwendet Weber nie den Terminus Ethnizität, sondern spricht von *ethnischer Gemeinsamkeit* bzw. *ethnischer Gruppe*. Diese definiere sich über den subjektiven Glauben an eine gemeinsame Abstammung und Verwandtschaft. Das hat ihm von Anthropologen wie Isajiw auch den Ruf eines Subjektivisten eingetragen, ein Schicksal, das auch der Weber-Rezipient Barth mit ihm teilt. Doch wie später bei Barth ist es nicht bloß der subjektive Glaube, der die Gruppe zur soziologischen Realität werden lässt, sondern die Mobilisierung dieses Glaubens:

> »Wir wollen solche Menschengruppen, welche auf Grund von Aehnlichkeiten des äußeren Habitus oder der Sitten oder beider oder von Erinnerung an Kolonisation und Wanderung einen subjektiven Glauben an eine Abstammungsgemeinschaft hegen, derart, daß dieser für die Propagierung von Vergemeinschaftungen wichtig wird, dann, wenn sie nicht ›Sippen‹ darstellen, ›ethnische‹ Gruppen nennen, ganz einerlei, ob eine Blutsgemeinschaft objektiv vorliegt oder nicht.«[68]

---

68 Max Weber: Wirtschaft und Gesellschaft. 1972: 237. Zit. nach Heinz 1993: 264. Vgl. hierzu auch Lentz 1995: 79 und Köstlin 1994: 14.

Ethnische Gemeinsamkeit macht noch keine objektiv fassbare Gruppe aus, erleichtert allerdings die Gruppenbildung. Dies unterscheidet sie nach Weber auch von der *Sippe*:

> »Von der ›Sippengemeinschaft‹ scheidet sich die ›ethnische‹ Gemeinschaft dadurch, daß sie eben an sich nur (geglaubte) ›Gemeinsamkeit‹, nicht aber ›Gemeinschaft‹ ist, wie die Sippe, zu deren Wesen ein reales Gemeinschaftshandeln gehört. Die ethnische Gemeinsamkeit (im hier gemeinten Sinn) ist demgegenüber nicht selbst Gemeinschaft, sondern nur eine die Vergemeinschaftung erleichterndes Moment. Sie kommt den allerverschiedensten, vor allem freilich erfahrungsgemäß: der politischen Vergemeinschaftung, fördernd entgegen.«[69]

Dieser signifikante Aspekt, dass erst *reales Gemeinschaftshandeln* als wesentliches Definiens der ethnischen Gruppe in Frage kommt, taucht bei Fredrik Barth und bei instrumentalistischen Ethnizitätstheorien wieder auf. Beide werden noch genauer zu behandeln sein. Für Barth macht erst die Nutzung der *ethnischen Gemeinsamkeit* in der Interaktion mit Angehörigen anderer Träger *ethnischer Gemeinsamkeit* die Gruppengrenzen sichtbar. Und für die Instrumentalisten (bzw. Zirkumstantialisten) ist es gar erst deren Mobilisierung für die Bildung korporativer Einheiten, die dieser Gemeinsamkeit eine soziologisch relevante Form gibt.

Zur Analyse der Diskrepanz von bloßem subjektivem Gemeinschaftsglauben und de facto gemeinschaftlich handelnden Gruppen schlägt der britische Soziologe John Rex in Anlehnung an Marxens Klassenbegriff die Unterscheidung zwischen *Ethnizität an sich* und *Ethnizität für sich* vor (vgl. Rex 1990: 143).

---

[69] Ibid.

3. Die sozialpsychologischen Ursprünge der ethnischen Identität

> »Wer Identität untersucht, muß sich notwendig für Interaktion interessieren, denn die Einschätzung seiner selbst und anderer vollzieht sich weitgehend in und wegen der Interaktion.«
> Anselm Strauss

Ehe ich im letzten Teil dieser Arbeit daran gehe, den Begriff Identität einer näheren Untersuchung zu unterziehen, will ich mich vorab darauf beschränken, die sozialpsychologischen Wurzeln der Bestimmung ethnischer Identität kurz zu beleuchten. Im Gegensatz zur Identifizierung, von der sich die Identität ableitet, beschreibt diese immer einen Zustand, jene hingegen einen Prozess, wie etwa den erkennungsdienstlichen Vorgang aus dem polizeilichen Sprachgebrauch oder die berühmte psychoanalytische Kategorie. Wie viel *Prozessualität* und *Wandelbarkeit* dem Zustand der Identität nun aber zugestanden wird, darüber klafften bereits bei den Strängen der Sozialpsychologie, die den Begriff als wissenschaftliche Kategorie in Mode bringen sollten, die Meinungen auseinander. Grob gesagt, kann der dynamische Identitätsbegriff mit dem *Symbolischen Interaktionismus* George Herbert Meads[70], der eher statische mit Erik Erikson[71] in Verbindung gebracht werden.

G. H. Mead, der nie von *identity*, sondern von *self* sprach und trotzdem als der Begründer des psychologischen Identitätskonzeptes bezeichnet werden darf[72], lehrte von 1900 bis 1930 an der Universität von Chicago und übte nachhaltigen Einfluss auf die dort ansässige Soziologenschule aus (Siehe auch nächstes Kapitel). Die Identität (*self*) ist nach Mead Bestandteil und Produkt des interaktiven Sozialisationsprozesses. Das Individuum interpretiert sein(e) Selbst/Rolle/Identität aufgrund der Interaktion mit anderen:

> »Der Einzelne hat eine Identität nur in Bezug zu den Identitäten anderer Mitglieder seiner gesellschaftlichen Gruppe. Die Struktur seiner Identität drückt die allgemeinen Verhaltensmuster aus, genauso wie sie die Struktur der Identität jedes anderen Mitgliedes dieser gesellschaftlichen Gruppe ausdrückt[73].«

Für Mead ist Identität (1.) eine prozessuale und keine statische Größe und (2.) ein gesellschaftlicher Prozess. Darüber hinaus ist Identität kumulativ und situativ:

---

70 Vgl. auch Heinz 1993: 17-22.
71 Vgl. Heinz 1993: 29-41
72 Meads 1934 erschienenes Buch *Mind, Self and Society* wurde in Deutschland unter dem Titel *Geist, Identität und Gesellschaft* aufgelegt. Dies allerdings zu einer Zeit, als Meads Adepten bereits mit dem Identitätsbegriff operierten. Vgl. Heinz 1993: 18.
73 G. H. Mead: Geist, Identität und Gesellschaft, 1973: 206; zit. nach Heinz 1993: 19.

»Es gibt die verschiedensten Identitäten, die den verschiedensten gesellschaftlichen Reaktionen entsprechen. Der gesellschaftliche Prozeß selbst ist für das Auftreten von Identität verantwortlich, als Identität ist sie außerhalb dieser Erfahrung nicht vorhanden.«[74]

Über die soziale Einzelidentität werden *Werte, Charakter, Moral* und *Prinzipien* vermittelt, die das für die Reproduktion der Bezugsgruppe erforderliche *richtige* Verhalten des Individuums bestimmen. Identität entsteht bei der Interaktion und ist zugleich Voraussetzung für diese. Meads Schüler Anselm Strauss[75] und Erving Goffman[76] legten, jeder auf seine Weise, dynamischere Identitätskonzepte vor, obzwar sie diese auf Askriptionsprozesse einschränkten, mit welchen Individuen unter Berücksichtigung aller möglichen Missverständnisse und Fehleinschätzungen (auch der eigenen Rolle) die Interaktion organisieren.

Als psychoanalytischer Therapeut setzte Erik Erikson bei seinem psychodynamischen Identitätskonzept andere Akzente als die Interaktionisten. Deren Aufmerksamkeit galt der sozialen Zuschreibung von Normalität und Normativem, während Erikson die individuell-psychische Komponente von Identität und deviantes Verhalten in den Blickpunkt seines Interesses rückte.

Zwar gingen sowohl Mead als auch Erikson – gemäß dem damals vorherrschenden harmonischen Weltbild der Sozialwissenschaften – von funktionierenden, integralen sozialen Einheiten aus, und auch Mead machte die Funktionabilität der Gruppe von der gelungenen individuellen Internalisierung ihrer Werte abhängig, und – vice versa – die Funktionabilität der individuellen Identität vom Gelingen dieser Internalisierung, und doch thematisierte Mead variable Identitätssegmente einer mehrschichtigen Persönlichkeit, während Erikson eine integrale Gesamtidentität voraussetzt, die sich im Rahmen der psychosozialen Entwicklung des Einzelnen formieren muss. Er modifiziert Freud dahingehend, dass das menschliche Leben acht Entwicklungsphasen durchläuft. Jede dieser Phasen bietet die Möglichkeit von Desintegration und deviantem Verhalten. Die wichtigste Wendemarke des Lebens stellt die Pubertät respektive Adoleszenz dar. Dort entscheidet sich, ob das ständig von Rollenkonfusion bzw. Identitätsdiffusion bedrohte Individuum eine voll entwickelte, »gesunde« Identität entwickelt oder nicht. Erikson macht kein Hehl daraus, dass psychische Gesundheit, i. e. Identitätssicherheit, nur durch die gelungene Anpassung an die Normen, Werte und Institutionen der jeweiligen Gesellschaft gewährleistet ist. Die Kritikwürdigkeit solcher Positionen scheint evident und sie sollen uns nur insofern interessieren, so sie für die Konzeption der spezifisch *ethnischen* Identität instrumentalisiert wurden.

Erikson war selbst Ethnologe und ein bedeutender Stimulus für die Übertragung des Identitätsmodells in die Ethnologie. Besonders das Konzept der Identitätsdiffusion erwies sich für jenen Zweig der *Culture & Personality*-Forschung als brauchbar, die sich ab den 1940er-Jahren, entgegen der vergangenheitsorientierten

---

74 Ibid.: 184/85, zit. nach Heinz 20
75 Vgl. Heinz 1993: 22ff.
76 Vgl. Heinz 1993: 25ff.

amerikanischen Kulturanthropologie, die zeitgenössischere Aufgabe gestellt hatte, das Verhältnis von Persönlichkeitsanpassung und Akkulturationsprozessen bei *Native Americans* zu untersuchen. Diese Ethnologen lieferten wertvolle Erkenntnisse über die Zusammenhänge von Marginalisierung und Passing.

War die ethnische Identität ursprünglich ein Hilfsbegriff der Akkulturationsforscher, um konfligierende individuelle Orientierungen zu beschreiben, so wandelte er sich im Laufe der Zeit zur ethnischen Kollektividentität, welche oft – wenn schon nicht von den beforschten und zu beforschenden Akteuren, dann zumindest von den dazugehörigen Forschern – als statisch und imperativ gesetzt wurde. Akkulturationsforschung wandelte sich spätestens in den 1970er-Jahren zu Persistenzforschung.

Auch die Konstruktion einer *ethnischen Basispersönlichkeit*, wie sie von Primordialisten, Subjektivisten und den sogenannten Symbolisten (z. B. De Vos und Romanucci-Ross) vertreten wurde, ist Eriksons Modell inhärent; ebenso die damit verbundene evaluative Forderung nach Kontinuität von (ethnischer) Identität in Zeit und Raum, die man alsbald vom Individuum auf die (ethnische) Gruppe übertrug. Mitbestimmt wurde dieser Trend in der empirischen Praxis vom sogenannten *Ethnic Revival*, einem Kind des *Civil Rights Movement*, durch das der Traum vieler Ethnologen wahr zu werden schien, und die politische Mobilisierung von Ethnizität und der dazugehörigen Identität durch oft selbsternannte ethnische Führer zu voreilig als ausreichende Beweise für ethnische Persistenz und Basispersönlichkeiten diente.

> »[...] und so bezeichnet *Ethnizität* heute eher das Potential, aber auch das Zustandekommen von Gruppen, während sich die *ethnische Identität* mehr der Persistenz zuwendet, das Moment des Beharrens also herausstellt. War *ethnische Identität* ursprünglich das dynamische und *Ethnizität* das statische Konzept, kehrt sich dieses Verhältnis während der 70er Jahre um. *Ethnizität* war zunächst ein rein deskriptiver Begriff und hat den Zustand ethnischer Unterschiedlichkeit bei Einwanderern bezeichnet. *Ethnische Identität* hingegen war ein prozessualer Begriff, der die Dynamik von Identifizierungsprozessen individueller Akteure, die sich in einem Akkulturationsprozeß befinden, zu beschreiben und zu erklären suchte. Als beide Begriffe sowohl auf Einwanderer wie ›Eingeborene‹ angewendet wurden, verkehrten sich die Vorzeichen. [...] Ab der Mitte der 70er Jahre wird *ethnische Identität* immer mehr zur Beschreibung eines (emischen) Zustandes herangezogen, während Ethnizitätskonzepte mit dem Anspruch entwickelt wurden, ›ethnische Prozesse‹ (etisch) erklären zu können. Die Grundlagen für diese Konzepte sind fast ausschließlich innerhalb der Identitätsforschung entwickelt worden (besonders deutlich bei den Formalisten spürbar), aber nur dort weitergeführt worden. Seither wird nicht mehr versucht (oder nur auf logisch mißbräuchliche Weise) mit dem emischen Konzept der ethnischen Identität etwas zu erklären. Meist wird auch nur noch der Zustand des Beharrens beschrieben, womit dieser Begriff seine Dynamik vollends eingebüßt hat.« (Heinz 1993: 342)

4. Ethnizität zwischen Melting Pot und Persistenz

> »Die Fürsprecher der unitarischen Toleranz sind denn auch stets geneigt, intolerant gegen jede Gruppe sich zu kehren, die sich nicht anpaßt: mit der sturen Begeisterung für die Neger verträgt sich die Entrüstung über jüdische Unmanieren. Der melting pot war eine Einrichtung des losgelassenen Industriekapitalismus. Der Gedanke, in ihn hineinzugeraten, beschwört den Martertod, nicht die Demokratie.«
> Theodor W. Adorno

Es lässt sich schwer sagen, wann und durch wen der Terminus Ethnizität erstmals verwendet wurde. Einer der ersten Belege stammt von David Riesman aus dem Jahr 1953. Jedenfalls gelangte er erst in den 1970er-Jahren in den theoretischen Fundus der Ethnologie. Vorerst handelte es sich um einen Begriff, mit dem die amerikanische Soziologie die kulturelle Andersartigkeit von Migranten beschrieb, die sich – so die ideologischen Vorgaben der Zeit – alsbald der universalistischen, modernen und dezidiert nicht-ethnischen Mehrheitskultur assimilieren würden. Dieser Anspruch auf nicht-ethnische Modernität wurde von einer weißen, angelsächsischen und protestantischen Partikularkultur monopolisiert. Dieser gegenüber standen als vormoderne Relikte die ethnischen Kulturen der Einwanderer und *rassische* Kategorien wie Afroamerikaner und Native Americans.

Bis zum Eintreten des sogenannten Ethnic Revivals entsprach das modernisierungstheoretische Assimilationsdogma der vorherrschenden Lehr- und Popularmeinung. Wenn wir bezüglich Ethnizität von Modernisierungstheorien sprechen, sollten wir die tendenzielle Unterscheidung treffen zwischen *bürgerlich-liberalen* und *klassisch-marxistischen*, um antagonistischen ideologischen und programmatischen Stoßrichtungen Rechnung zu tragen. Erstere verkünden, konstatieren und fordern das Verschwinden des Partikular-Ethnischen. Die Individuen würden aus ihren traditionellen Bezugsrahmen gerissen und gemäß dem Mythos der demokratischen Chancengleichheit in die Startlöcher des Wettbewerbs platziert werden. Der klassisch-marxistische Zugang kritisiert diesen als bürgerliche Ideologie. Ihm zufolge müssten die Individuen das Partikulär-Ethnische überwinden, um aufgrund ihrer objektiven Klasseninteressen die kapitalistische Gesellschaft zu transformieren.

Beide Sichtweisen gehen von der Dichotomie Tradition-Moderne aus, welche sich bis zu den strukturfunktionalistischen Schichtungstheorien eines Talcott Parsons oder in unseren Tagen eines Hartmut Esser[77] fortpflanzt, die ethnische

---

[77] »Für Esser sind die ethnischen Minderheiten wegen ihrer ›traditionalen‹ Haltung also geeignet, die schmutzigen, schweren und schlecht bezahlten Arbeiten zu verrichten.« (Lentz 1995: 101) Vgl. auch Esser 1988: 246. J. Bourne quittierte ähnliche Positionen in der britischen *race relation sociology* mit der treffenden Feststellung: »Now we know why black teachers became bus drivers and

Identifikationen als traditionelle Relikte auffassen, ohne aber strukturelle Ungleichheit als mitverantwortliches Moment für ethnische Persistenz zu thematisieren (vgl. Lentz 1995: 101).

Das Ideologem des *Melting Pot* ist untrennbar mit Robert Park[78] und der *Chicago School of Sociology* verbunden, deren Vertreter nicht nur erstmals in der Soziologie die Beziehungen ethnischer Gruppen zueinander und zur Majoritätsgesellschaft thematisierten, sondern – beeinflusst von G. H. Meads Symbolischem Interaktionismus – durch gezielte urbane Feldforschungen die Soziologie zu einer empirischen Wissenschaft ausweiteten.[79] Wurde bislang auf *soziale Strukturen* das Hauptaugenmerk gerichtet, so rückten nun *soziale Prozesse* der Interaktion und deren subjektive Wahrnehmung mit in den Vordergrund. Nicht mehr die Gesellschaft als homogenes, ganzheitliches System, sondern einander komplementierende und/oder überlappende Substrukturen, Gruppen- und Interaktionsprozesse wurden untersucht.

Dass sich die in erster Linie europäischen Immigranten assimilieren würden, war in nicht zu unterschätzendem Maß auch von den zu Assimilierenden erwünscht und wurde als selbstverständlich vorausgesetzt. Die Vertreter der *Chicago School* beließen es allerdings nicht dabei, sondern begannen die Faktoren zu analysieren, welche die Assimilation hinauszögerten bzw. beschleunigten und Muster der ethnischen Persistenz zu fördern vermochten. Bereits bei Park taucht die potenzielle Aushandelbarkeit und Situationsbedingtheit persönlicher (und auch ethnischer) Identifikationen auf, deren Ausmaße vom Grad der Isolation der jeweiligen Gruppe beschränkt würden (vgl. hierzu: Eriksen 1993: 20). Ulf Hannerz skizziert den Assimilationsprozess, wie die Chicagoer Soziologen ihn konzipierten, folgendermaßen: »The typical ›race relations‹ circle would lead from isolation through competition, conflict, and accomodation to assimilation.«[80]

Zu Recht wird das Assimilationsdogma als ideologische Figur demaskiert. Doch sollte man sich nicht dazu hinreißen lassen, in Menschen, die große Teile ihrer Herkunftskultur hinter sich lassen, a priori Opfer struktureller Gewalt zu sehen und dabei die Absicht der Migranten außer Acht zu lassen, an der prestigeträchtigen Mehrheitskultur zu partizipieren. Der Mythos Amerika mit den dazugehörigen Projektionen von Demokratie, Wohlstand und Moderne bedeutete vielen in ihren Herkunftsländern Marginalisierten und Deklassierten das *Dorado*, für das sie auch ihre kulturellen Währungen gegen die der neuen Heimat eintauschen würden, so man sie nur ließe.

Es bedurfte gar keines staatlichen Assimilationszwanges; in den USA hat es mit Ausnahme der Politik gegenüber *Native Americans* kaum je offiziellen

---

skilled black workers prefer to do unskilled jobs.« (In: Bourne: Cheerleaders and ombudsmen: The sociology of race relations in Britain. In: Race and Class, Vol. 21, No. 4. p. 344. Zit. nach Lentz: ibid.)

78 Einen sehr dichten und kritischen Überblick über das ethnizitätsrelevante Œuvre Robert Parks geben Steiner-Khamsi 1992: pp. 8-70, sowie Marcus Banks 1996: 58ff.
79 Zu den repräsentativsten Arbeiten, die aus der *Chicago School* hervorgingen, zählt zweifelsohne Louis Wirths *The Ghetto*.
80 Ulf Hannerz: Exploring the City: Inquiries Toward and Urban Anthropology; 1980, p. 44. Zit. nach Eriksen 1993: 19.

Druck auf Immigranten gegeben, Sprache und Kultur aufzugeben. Die Überlegenheit, Fortschrittlichkeit und Nachahmungswürdigkeit der WASP-Kultur stand gar nicht erst zur Diskussion. Niemand nahm an, die Immigranten könnten an einer Beibehaltung kultureller Muster ernsthaftes Interesse zeigen. Man darf jedoch getrost davon ausgehen, dass die Übernahme der Sprache und anderer kultureller Codes der Majoritätsgesellschaft, als unerlässliche Bedingungen für die Teilnahme an den neuen gesellschaftlichen Strukturen und sozialer und ökonomischer Mobilität, von den Einwanderern nicht unbedingt als struktureller Zwang aufgefasst werden musste (vgl. Heinz 1993: 200). Moderne als Hoffnung und nicht als Dogma. Die Persistenz bzw. Revitalisierung ethnischer Identitäten steht in engem Zusammenhang mit dem Umstand, dass sich die an diese Moderne geknüpften Hoffnungen für weite Teile der eingewanderten Bevölkerung nicht einlösen sollten. Nichtsdestoweniger herrschte allgemeiner Konsens darüber, was Karl Kautsky – stellvertretend für andere kulturelle Merkmale – den ethnischen Partikularidiomen prophezeite: »Die nationalen Sprachen werden immer mehr auf den Hausgebrauch beschränkt werden und auch da immer mehr die Rolle eines alten Familienmöbels annehmen, das man pietätvoll erhält, das aber von keinem großen praktischen Nutzen mehr ist.«[81]

Weiters sei darauf hingewiesen, dass das von den liberalen Soziologen propagierte Assimilationsdogma ungeachtet seiner ideologischen Implikationen wertvolle Dienste leistete, den mit der Phrenologie, später mit Intelligenztests operierenden Rassebiologismus, der die amerikanische Anthropologie zu Beginn unseres Jahrhunderts dominierte und die Selektionspraktiken der Einwanderungsbehörden mitzugestalten begann, zu widerlegen. Aus dieser wissenschaftshistorischen Perspektive stellte die strikte Zurückweisung der rassistischen Annahme, nur nord- und mitteleuropäische Immigranten seien aufgrund ihrer vermeintlich überlegenen Intelligenz und kulturellen Ähnlichkeit voll assimilierbar, eine fortschrittliche Position dar.[82] Lediglich vor Asiaten und Afro-Amerikanern machten diese Soziologen mit ihrer Melting-Pot-Hypothese halt; so tief war die angenommene Kongruenz von Kultur und Rasse noch im akademischen und populären Bewusstsein verankert. Hinzugefügt werden muss, dass damals ohne Bemühen um Definitionen ausschließlich von *racial groups* und *race relations* gesprochen wurde, ehe man ab den 1950er-Jahren allmählich daran ging, diese analytisch von den *ethnic groups* und der damit korrespondierenden *ethnicity* zu trennen.

Robert Park, selbst langjähriger Sekretär von Booker T. Washington und Verfechter der Schwarzenintegration, wies zeitlebens darauf hin, dass die Afro-Amerikaner in den USA kein *alien people* seien, sondern sich bereits um 1860 vollständig akkulturiert hätten. Weder Asiaten noch Afro-Amerikaner seien per se *assimilationsunfähig*, ihre Hautfarbe würde allerdings als symbolisches Stigma ihrer vollständigen Integration im Wege stehen:

---

81 Karl Kautsky (1887): Die moderne Nationalität. *Die Neue Zeit*. N°5, p. 448. Zit. nach Hobsbawm 1991: 48
82 Vgl. Stephen Jay Gould: Der falsch vermessene Mensch

»The trouble is not with the Japanese mind but with the Japanese skin. The Jap is not the right color. The fact that the Japanese bears in his features a distinctive racial hallmark, that wears, so to speak, a racial uniform, classifies him. He cannot become a mere individual, indistinguishable in the cosmopolitan mass of the population, as is true, for example, of the Irish and, to a lesser extend, of some of the other immigrant races. The Japanese, like the Negro, is condemned to remain among us an abstraction, a symbol, and a symbol not merely of his own race, but of the Orient and of that vague, ill-defined menace we sometimes refer to as the *yellow peril*. This not only determines, to a very large extent, the attitude of the white world toward the yellow man, but it determines the attitude of the yellow man toward the white. It puts between the races the invisible but very real gulf of self-consciousness.«[83]

Die Gründe für die Nicht-Assimilierbarkeit werden also nicht mehr bei den Betroffenen selbst gesucht, sondern Faktoren dafür verantwortlich gemacht, die in der Gesamtgesellschaft wirksam sind. Somit nahm Park vorweg, was Milton Gordon erst 1964 – entgegen der seit der *Chicago School* vorherrschenden Lehrmeinung – theoretisch umreißen sollte: dass *kulturelle* Assimilation (Akkulturation) nicht notwendig *strukturelle* Assimilation (Integration) zur Folge haben würde (vgl. Heckmann 1988: 177/8 und Heinz 1993: 170ff.).

Bereits bei den Vertretern der *Chicago School* meldeten sich infolge ihrer empirischen Arbeiten, die sich u. a. mit ethnischen Vereinen, *Mutual-Aid*-Organisationen und Ghettos befassten, Zweifel an der unumschränkten Gültigkeit der Melting-Pot-Hypothese an. Entgegen dem Assimilierungsdogma begannen sich ab den 1960er-Jahren Theorien durchzusetzen, die die Aufrechterhaltung und Revitalisierung ethnischer Identifikationsmuster im gesellschaftlichen Spektrum orteten. Federführend für diese sogenannten *pluralistischen* Positionen war Daniel Moynihan und Nathan Glazers 1963 herausgegebener Reader mit dem programmatischen Titel *Beyond the Melting Pot*:

> » – Sie (Glazer/Moynihan. R. S.) beobachten ein Anwachsen der Zahl und der Intensität von Konflikten zwischen ethnischen Gruppen, wobei historische Vergleichsmaßstäbe ungenannt bleiben. Zwar komme es zur fortschreitenden Angleichung der kulturellen Inhalte im Sinne einer Nivellierung kultureller Differenzen, aber gleichzeitig auch zur Erhöhung der Identifikationsneigung. Glazer/Moynihan verwenden einen nichtaskriptiven Begriff von Ethnizität, der auf subjektiv geglaubter Gemeinschaft beruht oder, wie sie formulieren, auf einem ›sense of identity‹ / ›sense of difference‹.
> – Sie beobachten ein plötzliches Anwachsen der Tendenz, sich im Konfliktfall auf Gruppenunterschiede entlang beliebiger Differenzen zu berufen und Rechte und Ansprüche aus der Gruppenzugehörigkeit abzuleiten.

---

83 Robert Park: Racial Assimilation in Secondary Groups with Particular Reference to the Negro, 71. In: *Publication of the American Sociological Society* 8: 66-83. Zit. nach Heinz 1993: 161.

- Sie diagnostizieren eine zunehmende Verknüpfung von Interessen und affektiven Gruppenbindungen, die über das übliche Maß an Interessenssolidarität hinausgehen.
- Sie stellen fest, daß Ethnizität strategisch eingesetzt wird, um den Zugang zu den gesellschaftlichen Medien, Macht, Geld und Bildung zu erlangen. Ethnizität bzw. kulturelle Differenzen zwischen Gruppen werden zu einem Mittel, um die Definitionsmacht der Mehrheit zu relativieren und damit die eigenen Lebenschancen zu verbessern.
- Schließlich sehen sie, daß Regierungen die Ressource Ethnizität benutzen, um die Legitimität ihrer Politik zu steigern.« (Dittrich/Radtke 1990: 27/28)

Shibutani und Kwan präsentierten 1965 mit ihrer Theorie der ethnischen Stratifikation die radikalste ethnopluralistische Position (vgl. Heinz 1993: 171ff.). Ihrer Auffassung nach hinge der soziale Status eines US-Bürgers von zwei gleichzeitig auftretenden Systemen sozialer Schichtung ab: der Klasse als veränderbarer Position und ethnischer Identität als unveränderbarer. Diese ist bei Shibutani und Kwan eine rein askriptive Kategorie: Kulturelle (ethnische) und rassische Merkmale werden dazu verwendet, Individuen Identitäten und unveränderbare ethnisch markierte Stellungen in der sozialen Hierarchie der amerikanischen Gesellschaft zuzuweisen. Die dominierende Schicht der White Anglo-Saxon Protestants bildeten ebenso wie die ihnen untergeordneten Schichten eine ethnische Kategorie mit distinkten kulturellen Eigenarten. Die beiden Autoren haben ein bis dahin unterschätztes Phänomen zwar richtig beobachtet, jedoch falsch interpretiert, indem sie »die kulturellen Begleiterscheinungen der sozialen Stratifikation mit einer stratifizierten Gesellschaft aufgrund kultureller Merkmale« (Heinz 1993: 187) verwechselten.

Abschließend festzuhalten bleibt, dass der soziologische Ethnopluralismus, der seine Grundannahme der Persistenz ethnischer Muster auch in Hinblick auf das *Ethnic Revival* der 1960er- und 1970er-Jahre traf, oft ebenso dogmatisch und ideologisch aufzutreten pflegte wie zuvor die Protagonisten des Assimilationsdogmas mit ihrem Slogan vom *Melting Pot*.

5. Die Manchester School

> »*Anthropological data come primarely from the observation of living people who are getting on with life and making decisions that have implications for the future. Our discipline is not about some reified entity called culture. We do not have anything like a holistic approach and it would not do us much good if we had. For one thing, good research is based on a sense of what is important, and this means selectivity. For another, whatever it is we do observe, it is not an integrated culture or an integrated social system. Of course it may be more comforting to talk in terms of culture rather than people, for while culture can be destroyed – and it is painful to think of lost art, lost music, or lost social convention – culture cannot be hurt. People can be, and horribly so.«*
>
> Elizabeth Colson

Fast alle Stränge der modernen Ethnizitätsforschung lassen sich direkt oder über Umwege auf die sogenannte *Manchester School* zurückverfolgen, jenem häretischen Zweig innerhalb der britischen Sozialanthropologie um den charismatischen Max Gluckman, der mit seinen Kollegen und Schülern in den 1930er- und 1940er-Jahren am *Rhodes Livingston Institute* in Lusaka erstmals Prozesse wie Proletarisierung und Urbanisierung und die damit verbundenen Kulturwandelprozesse empirisch erforschte und richtungsweisend sein Forschungsinteresse von den selbstgenügsamen integralen Kultureinheiten auf die Dynamik interethnischer Interaktion lenkte.

Gluckman wurde 1911 als Sohn russisch-jüdischer Einwanderer in Johannesburg geboren, studierte zunächst in Witwatersrand, später in Oxford (1934) Sozialanthropologie, stand somit unter direktem Einfluß Radcliffe-Browns und Evans-Pritchards. 1939 ging er ans 1937 gegründete *Rhodes Livingston Institute* in Lusaka, im damaligen Nord-Rhodesien bzw. Britisch-Zentralafrika (heute Sambia), wo er 1941 Godfrey Wilson als Direktor ablöste.

Gluckmans Forschungskonzept richtete sich gegen den Oxforder Strukturfunktionalismus, der den dynamischen Wandelprozessen, denen die einstigen Forschungsobjekte durch ihre Einbindung in koloniale Arbeits- und Monetärmärkte unterworfen waren, theoretisch nicht mehr gewachsen zu sein schien. Nicht auf Integration und Zusammenhalt lenkte Gluckman das Interesse seiner Schüler und Kollegen, sondern auf Konflikt und Wandel. Und das nicht allein aufgrund empirischer Daten:

> »Gluckman, who had replaced Wilson as director, was a student of Radcliffe-Brown: but as a reader of Marx and Freud, he saw conflict as intrinsic to society and social organisation as dependant upon economic factors. As a South African he was well aware of the color bar and the power relationships that maintained

it, but he also observed that cooperation existed across the color bar that could not be explained simply in terms of raw power or by the role of ideology [...]. From his observation of the ceremony of the opening of a bridge in Zululand in the 1930s, he had developed what was later described by Van Velsen [...] as ›a situational approach‹. In this, as in Lewin's field theory, actors make choices within a field where multiple forces are operating, and their behaviour shifts as they encounter different situations. Mitchell [...] has summed up the approach succinctly in his recent reassessment of his work in the 1950s on labor migration and urbanism, carried out at the Rhodes-Livingstone Institute: ›*behaving* [...] is *situational* and not an immutable characteristic of actors‹.« (Colson 1989: 10)

Dieses Abzielen auf die situationsbedingte Wandelbarkeit sozialen (und kulturellen) Verhaltens kann auf zwei zentrale Faktoren zurückgeführt werden: (1.) Das Abrücken vom Stamm als *struktural-funktionaler* Forschungskategorie; und (2.) das Zurückweisen struktureller Determiniertheit und eine daraus resultierende *bedingte* Wahlfreiheit und Kreativität von Individuen, kulturelle Muster in Hinblick auf neue (konfliktträchtige) Situationen zu manipulieren.

Die zunehmende Nachfrage nach Arbeitskraft auf den Plantagen und in den wie Pilze aus dem Boden schießenden Minenstädten des sogenannten *Copperbelt*, einem bevorzugten Forschungsgebiet der Manchester School, enthob breite Schichten der autochthonen Bevölkerung Britisch-Zentralafrikas ihrer traditionellen agrarischen Lebensweise und konfrontierte sie in nie zuvor gesehenen Maßen mit der kapitalistischen Produktionsweise. Die britische Sozialanthropologie – darunter auch Gluckmans Vorgänger Wilson – begegneten diesem Proletarisierungsprozess a priori und »analytisch unausgereift« (M. Heinz) mit dem Konzept des Kulturwandels. Doch wie und unter welchen Bedingungen vollzog sich dieser Kulturwandel? Welche konkreten Konsequenzen zeitigte er?

»Gluckman's enthusiasm and love for field data« (Colson 1988: 11) eröffneten ihm und seinen Mitarbeitern neue theoretische Perspektiven. »[...] we [...] saw ourselves as moving toward a more dynamic view of social action and one better adopted to deal with complex situations than the structuralism of some of our colleagues.« (Ibid.)

1945 stellte Gluckman als wohl erstes Projekt dieser Art einen Siebenjahresplan auf, um die differenzierenden Auswirkungen des Anbaus von Cash Crops, In- und Export von Arbeitskräften und des Ausbaues von Infrastrukturen auf Kultur und Verwandtschaftssysteme im Speziellen und auf die zentralafrikanische Gesamtgesellschaft im Allgemeinen zu untersuchen. Sowohl ländliche als urbane Bereiche standen im Fokus der Untersuchungen. Hiermit legte Gluckman nicht nur die Fundamente der *Urban Anthropology* – besonders Clyde Mitchell und A. L. Epstein sollten sich in der Erforschung urbaner Kontexte hervortun –, sondern auch der sogenannten Netzwerkanalyse, die sein Schüler Julian A. Barnes in den 1950er-Jahren als theoretisches Konzept in die Sozialanthropologie einführen sollte. Anstelle integraler ethnischer Einheiten wurden nach bestimmten selektiven Kriterien interethnische Beziehungsnetzwerke analysiert; anhand Situationsanalyse und qualitativer Fallschilderungen, ein Verfahren, das Gluckman aus der Rechtsethnologie übernommen hatte, die Handlungsstrategien konkreter Akteure zu ihrem sozialen Umfeld in Beziehung gesetzt (vgl. Heinz 1993: 55).

Repräsentativ für dieses Verfahren ist Clyde Mitchells Monographie über den *Kalela Dance* (1956); und gleichzeitig repräsentativ für die Aktualisierung von Ethnizität beim Aufeinanderprallen diverser ethnischer Gruppen unter modernen kapitalistischen Bedingungen ist das Sujet, das darin beschrieben wird.

In den Barracken der Minenstädte des Copperbelt fanden sich Menschen der verschiedensten ethnischen Kategorien unter gleichen sozialen Bedingungen wieder. Die allumfassenden Verwandtschaftsbande ihrer Heimatdörfer büßten an Bedeutung ein, wichen neuen, informelleren Formen sozialer Vergemeinschaftung (vgl. Eriksen 1993: 20ff. und Heinz 1993: 54ff.). Ethnische und regionale Grenzen verfestigten sich und wurden zugleich von losen Bekanntschaften, Freundschaften, Freizeitclubs, »Cliquen, zweckbezogene(n) Bündnisse(n), lose(n) Assoziationen« durchkreuzt, sodass die »sozialen Beziehungen in diesem städtischen Milieu [...] eine äußerst flüchtige und analytisch schwer durchdringbare Qualität[84]« aufwiesen.

Diese fundamentalen Veränderungen des Sozialgefüges als *Detribalisation* zu interpretieren, wie es die Sozialanthropologen a priori und programmatisch dem allgemein verbreiteten Modernisierungsdogma entsprechend taten und es auch Gluckmans Vorgänger und Spiritus rector Godfrey Wilson getan hat, wiesen Gluckman und später Mitchell als die *halbe Wahrheit* zurück, die sie durch die andere Hälfte komplementierten: *Re-Tribalisation*, »[...] what we would today call ethnicity« (Eriksen 1993: 21). Ganz davon abgesehen, dass man hier noch mit dem Stammeskonzept operierte, wurde die allgemeine Annahme, der Proletarisierungsprozess zöge zwingend einen Entkulturisierungsprozess mit sich, einer Korrektur unterzogen.

Erweiterung des individuellen Horizonts, Weltoffenheit und Ansätze eines politisch relevanten Klassenbewusstseins waren im Copperbelt ebenso zu finden wie ein verstärktes Bewusstsein der eigenen ethnischen Identität, deren Verfestigung als ontische Selbstverortung und Handlungsstrategie die Beziehungen der Menschen zueinander in einem multiethnischen Gefüge symbolisch ordnete. Innerhalb der monoethnischen und präindustriellen Dorfwelt hatte das Hervorspielen der eigenen Ethnizität nicht den Stellenwert, den es hier einnahm. Das ist es auch, was das Phänomen Ethnizität als genuin modernes ausweist. Sein oftmaliger Stellenwert als Krisen- und Kompensationsphänomen ist offensichtlich, und dennoch würde eine Reduktion darauf zu kurz greifen. Ethnische Grenzziehung mag sich als Konfliktpotenzial entpuppen, doch in gleichen Maßen kann sie als symbolisches Regelsystem wechselseitiger Zuordnungen stabilisierenden Charakter haben (vgl. Frederik Barth bzw. Kapitel 8).

---

84 Thomas Schweizer (1989): Netzwerkanalyse als moderne Strukturanalyse. Berlin, p. 6. Zit. nach Heinz 1993: 54/5

Beim *Kalela Dance* handelte es sich um eine semirituelle Neuerfindung derjenigen Minenarbeiter in Luanshya, welche sich der Kategorie Bisa zugehörig fühlten. In den begleitenden Gesängen wurden andere ethnische Gruppen ironisiert, die Kultur der Heimatdörfer gepriesen. Dort würden, wie Eriksen feststellt, solche Rituale jeder Notwendigkeit entbehren, »both because the inhabitants knew each other and because« villages were as a rule mono-ethnic.« (Eriksen 1993: 22)

Das Wechselverhältnis von sozio-kulturellem Wandel und Kontinuität wird als dialektischer Prozess begriffen. In diesem Sinne bedeuten Reaktivierung und Neukodifizierung altbewährter Kulturmuster alles andere als bruchlose Kontinuität. Aus der Fülle des verfügbaren *cultural stuff* (Barth) werden bestimmte Elemente selektiert, den neuen Bedingungen eingepasst, andere verworfen; es kommt zu Kulturwandel, nicht indem sich Kultur durch die Akteure wandelt, sondern die Akteure die Kultur wandeln. Obzwar die eingeschränkten Möglichkeiten des jeweiligen kulturellen Erbes ein endliches, aber reichhaltiges Innovationspotenzial gewährleisten, das sich dem Beobachter dann als Kontinuität offenbaren mag, müssen die *habituell* internalisierten *Denk-, Fühl- und Wahrnehmungsdispositionen* auf lange Sicht ihre Praktikabilität unter sich verändernden Rahmenbedingungen kontinuierlich auf die Probe stellen. Klafft der Widerspruch zwischen diesen Dispositionen und ihrer Praktikabilität und Angemessenheit zu weit auseinander, kann die partielle oder vollständige Ersetzung des alten kulturellen Materials durch neues erfolgen (Akkulturation bzw. Assimilation). Ich bediene mich zur Beschreibung dieser Zusammenhänge bewusst Bourdieu'scher Terminologie, um auf die frappanten Parallelen zwischen den empirischen Befunden und theoretischen Überlegungen Pierre Bourdieus und der Manchester School zu verweisen. In einem zentralen Punkt gibt es jedoch Disparitäten: Der Rolle des Individuums als kreativer und kalkulierender Manipulator seiner Kultur kommt bei Vertretern der Manchester School weitaus größere Bedeutung zu: »[...] a refusal to see individuals overpowered by rules« (Colson 1988: 11).

Die Arbeitsmigranten des Copperbelt erwiesen sich als die kreativen Erfinder neuer Traditionen, will heißen: Keine konservative kleinbürgerliche Intellektuellenschicht exerzierte ihnen solange artifizielle Folklore vor, bis diese von ihnen genervt übernommen wurde. In dieser, nur in dieser Hinsicht erweist sich kulturelle Kontinuität als kontinuierlich.

Elizabeth Colson, die amerikanische Ethnologin, die als Schülerin Clyde Kluckhohns der *Culture & Personality*-Schule nahestand und angeregt von Gluckmans *situativem* Ansatz 1945 ans *Rhodes Livingston Institute* ging, betonte immer wieder die intentionale und kalkulatorische Nutzanwendung der Akteure im Akkulturationsprozess, durchaus eingedenk der strukturellen Gewalt, die von den jeweiligen Hegemonialgesellschaften auszugehen vermochte. Bereits 1941, als die Reservationskultur nordamerikanischer Indianer auf das denkbar geringste Interesse stieß, hatte sie bei den Makah, einer ökonomisch relativ selbständigen und daher kaum marginalisierten Gruppe von Native *Americans* an der kalifornischen Küste eine Feldforschung durchgeführt, die das Bild, das sie sich von zeitgenössischen Indianern bislang gemacht hatte, einer gründlichen Revision unterzog (vgl. Colson 1988: 7f. und Heinz 1993: 56ff.). Sie traf auf eine sozial und ökonomisch autonome, der weißen Hegemonialkultur relativ akkulturierte Gruppe. Und von den Tonga sprechenden Dorfbewohnern des Gwembetales im heutigen Sambia, die Elizabeth Colson Mitte der 1940er-Jahre erforschte, schreibt sie: »Plateau villagers stressed the right of people to make their own decisions. They did not regard customs as sacrosanct and were prepared to jettison whatever prevented them from experimentizing with new possibilities.« (Colson 1988: 12)

Zusammenfassend will ich die zentralen Impulse, mit welchen die Manchester School die neuere Ethnizitätsforschung seit Barth bereicherte, folgendermaßen skizzieren:

(1.) Die Priorität des interethnischen *networks* gegenüber der isolierten ethnischen Einheit; ergo: (2.) »[...] the concept of cross cutting ties as basic of the maintenance of community« (Colson 1988: 11); (3.) die allgemeine Situativität menschlichen und damit auch *ethnischen* Verhaltens; ergo: (4.) Ethnizität als eine von vielen möglichen Alternativen sozialen Verhaltens.

Die Manchester School übernahm im Laufe ihrer allmählichen Fusion mit der Kultur- und Persönlichkeitsforschung das Konzept der *ethnischen Identität*, und später über *formalistische* Ansätze, zu deren Protagonisten auch die »Manchesterianer« C. Mitchell und A. L. Epstein zählten, das der *Ethnizität*.

6. Primordialismus und Essenzialismus

»One can scarcely act or feel ›primordially‹ as an Hispanic, but those thus defined administratively may find that they have educational, lingual, economic or political interests that cluster more nearly around the Hispanic identity than around any other.«
J. Milton Yinger

Essenzialistische und deren Hardcore-Varianten, sogenannte primordialistische Theorien führen, nolens volens die Grundannahmen des romantisch-völkischen Paradigmas fort. Ethnizität, im Sinne von ethnischer Gruppenidentität, ist ihnen universelles Prinzip, menschliche Existenzbedingung schlechthin. Sie suggerieren ursprüngliche und unentrinnbare Bindungen, welche Individuen auf Gedeih und Verderb aneinanderketten und dies auch sollen. Durch sie melden sich alte Bekannte wieder lautstark zu Wort, wenngleich im Gegensatz zum essenzialistischen Volkskonzept, wie es von Herder und der Deutschen Romantik konzipiert wurde, der Stärke der primordialen Bindungen mitunter individuelle, soziale und historische Variabilität zugestanden wird (vgl. Lentz 1995: 24).

Die Determinierung des Individuums vollzieht sich nicht durch pränatale, erbliche Dispositionen, sondern infolge einer Primärsozialisation. Das Hineingeborenwerden in einen bestimmten territorialen, sozialen und kulturellen Kontext forme frühzeitig eine präreflexive *Basisidentität*, die aufgrund des Dogmas der Universalität ethnischer Gruppenbildung auch ethnisch sein müsse. Diese wird von den Primordialisten mit dem genuin sozialen Charakter des Menschen und der Identifikation mit anderen als menschliche *Conditio sine qua non* argumentiert. Was sich auch schwer anzweifeln lässt. Aber erstens ist diese Basisidentität nicht statisch, und dass sie ethnisch sein müsse, diese Annahme setzt zuerst einmal eine Klärung dessen voraus, was *ethnisch* nun tatsächlich heißt. Einen solchen Erklärungsbedarf lassen die meisten Primordialisten vermissen; aus ihrer Position durchaus verständlich, denn da sie nicht das *Andere* denken zum *Ethnischen*, sind ihnen ihre inflationären Ethnizitätsvorstellungen so unverrückbar und absolut, wie sie es den Forschungsobjekten sein sollen, in welche sie diese projizieren. Die primordial gedachte ethnische Kollektividentität bezieht sich notgedrungen auf die *Ethnie*, deren ideelle Zentripetalkraft sie hermetisch schließt. Und ob es nun eingestanden wird oder nicht – und meistens wird es das (unerwarteterweise auch von Clifford Geertz) –, handelt es sich hierbei um metaphysische Qualitäten. Und als gebe es keine Geschichte der Ideen, bringen primordialistische Theorien eine intellektuelle Währung in Umlauf, die sich unmittelbar in wissenschaftlichen Rassismus ummünzen lässt, oder aber umgekehrt – nach Desavouierung des rassischen Determinismus – wieder in einen kulturellen Determinismus konvertierbar ist. Diesen Zirkel der ideologischen Geldwäsche mit empirischen Daten und wissenschaftlichen Argumenten aufzudecken, bleibt eine der dringlichsten Aufgaben ethnologischer und soziologischer Ethnizitätsforschung.

In primordialistischen Theorien offenbart sich häufig das konservative Weltbild zumeist angelsächsischer (nicht-ethnologischer) Intellektueller, an deren moralischer Verurteilung des Nationalsozialismus kein Zweifel bestehen mag; dessen ideengeschichtliche Genese zu erkennen sie jedoch durch ihre eigene Nähe zu den ideengeschichtlichen Wurzeln dieses behindert werden. Doch es soll hier nicht darum gehen, solche Intellektuellen moralisch zu verurteilen; es reicht, die Ungereimtheiten ihrer theoretischen Prämissen über sie selbst richten zu lassen. Besagte Ansätze bilden keine homogene Schule, daher steht es nicht an, die diversen Vertreter jener über einen Kamm zu scheren. Bloß die charakteristischen Gemeinsamkeiten und Eckpfeiler essenzialistischer und primordialistischer Diskurse seien an dieser Stelle umrissen.

Ebenso wie die verbissene Leugnung ethnischer Kategorien, wie sie von manchen Linken noch immer ausgesprochen wird, ist der rechte Primordialismus zumeist eine Kopfgeburt, ausgeheckt an Schreibtischen:

> »Und so ist es auch nicht verwunderlich, daß die Vertreter dieser Richtung zum überwiegenden Teil (wenn nicht gar gänzlich), ihre Modelle am heimischen Schreibtisch entworfen haben, kommen doch Feldforscher, die ›ethnische Phänomene‹ im Kontext menschlicher Interaktion untersuchen, (tendenziell) zu anderen Ergebnissen, besonders da die ›Gruppe‹, die alle Primordialisten als unumstößliche Gegebenheit hinstellen, in der Realität nur schwer aufzustöbern ist. Gerade aber die ›ethnische Gruppe‹, der ›Stamm‹ und die ›Nation‹ mit eindeutigen, unumstößlichen Grenzen sind das grundlegende Axiom des Primordialismus, ein Axiom, an dem die Vertreter dieser Richtung trotz empirischer Gegenbeweise eisern festhalten.« (Heinz 1993: 277/78)

Primordialistische Vorstellungen repräsentieren in der einen oder anderen Form außerakademische Alltagsvorstellungen zu dieser Thematik und erfreuen sich wie jede Theorie, die nicht Wandel, Vieldeutigkeit und soziale Ungleichheit thematisiert, sondern auf unverrückbare, ontologische Sicherheiten versprechende Invarianten setzt, größter Beliebtheit. Ihr deskriptiver Zugang, ihr rein phänomenologischer Blick schützt sie vor der Analyse von Genese und Funktion ethnischer Phänomene.

Der kleinste gemeinsame Nenner der akademischen Vertreter dieser Richtung liegt im Zitieren von Clifford Geertz als deren theoriegeschichtlichem Gewährsmann. Nun ist aber Geertz weder der Begründer einer primordialistischen Schule noch ein Primordialist. Seine Position in der Ethnizitätsfrage ist eher als gemäßigt essenzialistisch einzustufen. In dem 1963 erschienenen Essay *The Integrative Revolution. Old Societies and New States* verwendet er nie den Terminus Primordialismus, sondern spricht von primordialen Bindungen (*primordial attachments*). Diesen Begriff übernahm Geertz von Edward Shils, der ihn von Edmund

Husserl übernommen haben dürfte. Festzuhalten bleibt, dass der Begriff des Primordialismus unabhängig von dem der Ethnizität entstanden ist und erst in den 1970er-Jahren, der ersten Hochblüte der akademischen Auseinandersetzung mit dem *Ethnic Revival* (und zugleich dessen akademischer Mitgestaltung), in den Ethnizitätsdiskurs Eingang fand (vgl. Heinz 1993: 272ff.).

Eine der Lieblingspassagen der primordialistischen Geertz-Zitierer ist die folgende, etwas unglückliche, in ihrem apodiktischen Gestus aber unmissverständliche: »But for virtually every person, at allmost all times, some attachments seem to flow from a sense of *natural* – some would say *spiritual* – affinity than from social interaction.« (Geertz 1963: 110, Hervorhebung: R. S.) Ob sie dies nur scheinen oder de facto auch tun, darüber will sich Geertz letztendlich keine Blößen geben.

Diese primordialen Gefühle und Bindungen seien es – so der Grundtenor von Geertz' Essay –, welche in den postkolonialen Staaten, bei dem Versuch, gruppenübergreifende nationale Identitäten aus dem Boden zu stampfen, zu konfligierenden Loyalitäten führten und sich folglich in Stammeskriegen und Separatismen entlüden. Auch soziale und ökonomische Antagonismen seien in der Lage, solch konfligierende Loyalitäten zu erzeugen, doch handelte es sich bei diesen nie um »candidates for nationhood« (Geertz 1963: 110/11). Diese ominösen *attachments* könnten, müssten aber nicht politisch mobilisiert werden. Über die offensichtliche Dialektik von sozialen Antagonismen und symbolischer Ordnung schweigt sich Geertz weitgehend aus. Unter der dünnen Schicht aus zweckgebundenen Interessenslagen und rationalem Kalkül halte sich ein von diesen losgelöstes, stärkeres Substrat an gruppenspezifischen Sentimenten, die sich notwendig aus territorialer Nähe und einer geteilten sozialen und kulturellen Ordnung ergäben. Der phänomenologisch-deskriptive Zugriff begnügt sich mit der Feststellung dieses scheinbar irreduziblen Substrats; welches ja in der Tat immer und überall, in der einen oder anderen Form (ethnische Bewegungen, Pogrome etc.) beobachtbar bleibt.

Essenzialistische Konzepte unterscheiden sich von primordialistischen – so die definitorische Trennung, wie sie Astrid Lentz vornimmt (Lentz 1995: 25ff.) – durch eine stärkere Betonung des dynamischen Charakters und der symbolischen Konstruktion von Ethnizität. Ethnische Identitäten erwiesen sich als wandelbar und nicht mehr als Produkt irgendwelcher mysteriöser Gefühle. Auch für Anthony Smith (vgl. Lentz 1995: ibid. und Herzog-Punzenberger 1995: 20/1) erklärt sich die Permanenz kollektiver ethnischer Identitäten aus der geteilten symbolischen Weltinterpretation, dem sogenannten *myth-symbol-complex*. Ethnien sind ihm zufolge »named human populations with shared ancestral myths, histories and cultures, having an association with a specific territory and a sense of solidarity«.

Die symbolischen Formen hielten sich im Vergleich zu den jeweiligen Inhalten, Normen und kognitiven Weltdeutungen, welche sich in diesen materialisieren, relativ konstant:

»Diese Trennung von Inhalt und Form des Myth-Symbol-Complex erlaubt es nicht nur Dauerhaftigkeit und Wandelbarkeit von Ethnien angemessen zu berücksichtigen, sie eröffnet auch ein Verständnis dafür, daß die unterschiedlichen Konzeptionen, die gesellschaftliche Gruppen von ›ihrer Ethnizität‹ haben, relativ unproblematisch, und von den Betroffenen häufig nicht einmal in ihrer Differenz erkannt, nebeneinander existieren können.« (Lentz 1995: 26)

Das kritikwürdigste Moment primordialistischer (und mit Einschränkungen auch essenzialistischer) Positionen ist die Herleitung von Ethnizität, ihrem subjektiven Äquivalent, der ethnischen Identität, und der Persistenz dieser, aus der vermeintlich objektiven Existenz kultureller Differenzen. Es wird vorausgesetzt, was es zu erklären gibt; mit dem akademischen Kondensat populärer Tautologien, die sich in Aussagen Gehör verschaffen wie: *Ich bin Österreicher, weil ich ein Österreicher bin*, oder noch intelligenter: *Ich bin Österreicher, weil ich kein Slowake, Ungar, Riff-Kabyle etc. bin*. Die selbstgenügsame Feststellung, Menschen würden sich *ethnisch* verhalten, weil sie gemeinsame ethnische Merkmale teilten, zeugt zwar von scharfer Beobachtungsgabe, aber ebenso von einem verkümmerten Willen zur Analyse. Die ideologische Absicht, die sich allzu oft dahinter verbirgt, ist schwer verkennbar: Es gilt eine *reine*, interessenlose, emotive und arationale Essenz des Ethnisch-Kulturellen vor etwaigen kausalen Bestimmungen durch politisch-instrumentelle, Dominanz- und Unterordnungsbeziehungen, die eine spezifizierende Analyse zu Tage fördern könnten, zu bewahren. Und wie schon bei den Pionieren der völkischen Anti-Moderne befriedigt diese Essenz, welche die elementarsten seelischen Bedürfnisse der beschriebenen Akteure befriedigen soll, in erster Linie die ihrer intellektuellen Protagonisten. Wo gesellschaftliche Dynamik in atemberaubender Geschwindigkeit vermeintliche Inseln der Zeitlosigkeit mit sich reißt, setzen diese auf Statik.

Liebstes psychologisches Steckenpferd primordialistischen Denkens ist die *kulturelle Basispersönlichkeit*. Sie erinnert eher an die Prägung von Konrad Lorenz' Graugänsen denn an Freuds Psychologie der kindlichen Entwicklungsstufen, die zugleich eine negative Psychologie der Krisen und Konflikte darstellt. Diese qua Primärsozialisation erlangte Basisidentität, diese introjizierte Loyalität gegen die Werte und Normen des ethnisch definierten Kollektivs, in welches das Schicksal einen warf, geriert sich logischerweise ebenfalls als ethnisch; was die Reifikation der biologisch selbsterhaltenden Gruppe mit stabilen Außengrenzen zur Folge hat. Assimilation, Akkulturation, Passing, Mobilität oder *identity switching* werden Dinge der Unmöglichkeit, oder – lässt sich die empirische Evidenz dieser Phänomene nicht mehr unter den Teppich kehren – als *Degenerationserscheinung*, als identitätsauflösende Entfremdung, wenn nicht gar als *Verrat am Kollektiv* evaluiert. Denn was nicht sein darf, kann nicht sein, und was nicht sein kann, darf auch nicht sein. George De Vos und Lola Romanucci-Ross treiben in ihrem 1975 herausgegebenen Sammelband *Ethnic Identity* Eriksons Entwicklungspsychologie ins Extrem. Setzte bereits Erikson den Redaktionsschluss zur Konstituierung einer funktionablen (i. e. gesunden) Identität mit der Adoleszenz an, wird diese Identität von den Autoren auch noch ethnisiert, d. h. der ethnischen Identität gegenüber anderen möglichen sozialen Identitäten absolute Priorität eingeräumt. Veränderungen dieser, insbesondere nach überstandener Adoleszenz, hafte etwas Oberflächliches, Unnatürliches an (vgl. De Vos & Romanucci-Ross 1982b: 374). Jedes Abrücken von der mütterlichen Wärme der eigenen kulturellen Gruppe, der man seine singuläre kulturelle Identität zu verdanken hat, würde zur Identitätsdiffusion führen. Das Verlassen der Gruppe erzeuge Schuldgefühle und dürfte eigentlich gar nicht geschehen (De Vos 1982: 19). Nur in der Abgrenzung zu anderen Individuen und Gruppen (und in der kulturalistischen sozialpsychologischen Variante ist mit dieser anderen Gruppe immer die andere ethnische Gruppe gemeint) erhalte sich das Individuum sein Selbstwertgefühl stark und gesund. Ethnozentrismus reüssiert also nicht bloß als Garant zur Aufrechterhaltung der eigenen Kultur, sondern auch als Garant zur Aufrechterhaltung einer konsistenten individuellen Identität. Beide Bestimmungen bedingen einander, da soziale Identität kulturell sich definiert. Die eigene *Stammeskultur* bietet die einzige Nahrung, die dem Individuum mundet; fremde, *synthetische* Küche gefährdet die Gesundheit des Individuums, infolgedessen die Kontinuität der Gruppe und folglich auch die der Kultur, ohne die sich Gruppe und Individuum nicht denken lassen.

So viel zum sozialpsychologischen Zweig des Primordialismus, der nolens volens eine Brücke schlägt zu Eibl-Eiblfeldts *universeller Xenophobie*. Der unschlagbare Erfolg, den die Protagonisten dieser Richtungen inner- und außerhalb der internationalen Campusse genießen, wird nicht zuletzt mitgetragen von der unheimlichen *Re-Ethnisierung* in aller Welt, deren Propheten und nicht deren Analytiker oder gar Kritiker sie sind.

Den Primordialisten musste das Bosnien vor dem Bürgerkrieg, sagen wir, bis Mitte der 1980er-Jahre, ehe sich der Zustand zu normalisieren begann, ein Bild des Grauens geboten haben: totale Diffusion der Gruppen- und Persönlichkeitsgrenzen! Die letzten Reste primordialer Gefühle von einem kosmopolitischen Terrorregime in Schach gehalten! Sarajevo: eine einzige Irrenanstalt, Schizophrenie und Werteverfall! Muslime, katholische und orthodoxe Christen annullieren ihre Primärsozialisationen und gehören denselben Vereinen an, finden dieselben Politiker und Filme mies, gehen anstatt getrennt in Moschee und Kirche, miteinander in Disco, Sauna und Bett.[85] Doch keine Angst: Die Therapie ließ nicht auf sich warten. Wie von Naturgewalt wachgerüttelt kommen sie rechtzeitig zur Vernunft und ziehen mit Maschinenpistolen und Vergewaltigung, mit Tretminen und primordialistischen Vorstellungen von sich selbst, die Grenzen ihrer primordialen Bezugsgruppen blutig nach; und so wächst – in Abwandlung des Brandt'schen Diktums – auseinander, was auseinandergehört. Seine psychische Integrität erlangt man nun dadurch, dass man seinem Vereinskollegen ein Loch

---

85 Ein Jahr vor dem Übergreifen des Bürgerkrieges auf Bosnien fanden noch sechzig Prozent der Eheschließungen in Sarajevo zwischen Menschen unterschiedlichen religiösen Hintergrundes statt – auch für Susan Sontag »ein deutlicher Hinweis auf Säkularismus« (vgl. Sontag 93: 6).

in den Bauch schießt, die Frau Nachbarin vergewaltigt und die heimlich frohlockenden Primordialisten scheinbar Recht behalten lässt. Die bedanken sich für das praktische Zitieren ihrer Schriften, indem sie schreiben, wie Recht sie doch behalten hätten. Sie würden meine Polemik dieses barbarischen Zynismus selbstverständlich empört als zynisch von sich weisen, und doch – möglicherweise – abgeklärt mit Herder, Lévi-Strauss und Geertz feststellen, dass dies eben der blutige Preis der Persistenz kultureller Identitäten sei.

Selbst in weniger extremen Varianten als der soeben skizzierten, kommen primordialistische Ethnizitätsvorstellungen ob ihres expliziten Kulturdeterminismus nicht umhin, Migration und Prozessen des kulturellen Wandels automatisch mit Konzepten des *Kulturkonflikts* und der *Identitätskrise* zu begegnen:

> »Die ungleiche Bildungsbeteiligung, ungleicher Bildungserfolg und abweichendes Verhalten der Kinder von Arbeitsmigranten werden z. B. häufig als Folge ihrer Situation ›zwischen zwei Kulturen‹ erklärt. Wie die Menschen in der sog. 3. Welt werden die Arbeitsmigranten als ›Opfer‹ ihrer für die ›Moderne‹ unangemessenen Kultur dargestellt, unfähig als Subjekte mit ihren Lebensumständen aktiv umzugehen.« (Lentz 1995: 27)

Selbst gemäßigtere essenzialistische Modelle à la Smith, mit ihrer expliziten Betonung der historischen Wandelbarkeit und der symbolischen Konstruktion des kulturellen Materials, neigen dazu, die kulturellen Differenzen, aus denen Individuen ihre ethnische Identität ableiten, als objektive Gegebenheiten zu verstehen. Doch als Produkte menschlicher Bedeutungszuweisung lassen sich die subjektiv wahrgenommenen Differenzen nicht von der Bestimmung als soziale Konstruktionen ausnehmen.

In einem Punkt ist Geertz und seinen Zitierern freilich recht zu geben: Es gibt sie in der Tat, jene Bindungen, die eher als Produkt *natürlicher*, ja *spiritueller* Affinitäten denn sozialer Interaktion scheinen. Jenes angeblich irreduzible Substrat, das sich einer kausalen und ideologiekritischen Bestimmung durch Ressourcenwettbewerb, strukturelle Ungleichheit und andere politische, soziale oder ökonomische Faktoren entzieht, diese aber nachhaltig mitbestimmt. Sie haben dieses vermeintlich arationale (i. e. nicht zweckgebundene) Substrat richtig erkannt, es lässt sich nicht wegleugnen, doch ihr wissenschaftliches Instrumentarium reichte zur bloßen Deskription, und ihre weltanschaulichen Positionen ließen sie dieses schützenswerte Substrat oft vor weiterer analytischer Reduktion abschirmen.

Anthony Smith mit seiner Trennung von Form und Inhalt beim *myth-symbol-complex*, oder Fredrik Barth mit seiner Betonung der sozialen Konstruktion von Ethnizität haben bereits wesentlich dazu beigetragen, dieses Substrat seines mythischen Schleiers zu berauben. Dessen Entmystifizierung und analytische Ergründung wurde von Abner Cohen und, weitaus elaborierter, von Pierre Bourdieu mit dem Habituskonzept vorangetrieben.

Ist der historisch variable und sozial konstruierte Charakter der primordialen Bindungen einmal eingestanden, können sie sich also sowohl auf regionale, religiöse, sprachliche, tribale, nationale etc. Achsen beziehen, wie Geertz ausdrücklich betont (vgl. Heinz 1993: 272), verlieren sie als analytische Kategorien an Sinn. Sie postulieren nicht mehr als die Macht der frühkindlichen Sozialisation. Primordial und ethnisch, ob in Bezug zueinander oder nicht, teilen sich dann ihre begriffliche Schwammigkeit.

Der Bauer, der weniger aus finanzieller Not denn aus Nostalgie nicht auf den modernen Steyr-40-Traktor umsattelte, sondern dem guten alten Steyr 15 die Treue hielt, da dieser als landwirtschaftliches Statussymbol der unmittelbaren Nachkriegsgeneration einen unverwechselbaren Bestandteil seiner dörflichen *basic identity* darstellte, erfüllt ebenso die Vorgaben des Primordialismus wie das rituelle Zusammenrücken am Stammtisch inklusive der argwöhnischen Blicke zum Ortsfremden am Nebentisch. Wieso nicht überhaupt gleich Alkoholismus als Ausdruck kultureller Basisidentität? Clifford Geertz macht's möglich. In seinem Essay *The Uses of Diversity* gibt er ein Bild der modernen Welt als riesengroßer kultureller Collage. Weltweite Migration und Integration der entferntesten Subsistenzen in ein globales Kommunikations- und Marktsystem hätten Kulturen, unterschiedliche kognitive Systeme und Weltbilder in unmittelbare Nachbarschaft zueinander gerückt. Kulturelle Grenzen könnten und sollten auch gar nicht eliminiert werden; bestenfalls Schadensbegrenzung durch Einsparen kultureller Missverständnisse sei machbar. Und hier treten die Ethnologen auf den Plan: Als Linienrichter der akademisch gezogenen Kulturgrenzen durften sie die dort installierten Checkpoints beziehen.

Unglücklicherweise untermauert Geertz seine Annahme der grundsätzlichen kulturellen Inkompatibilität und den an sich löblichen Aufruf zur wechselseitigen Empathie in das jeweils fremde kulturelle Selbstverständnis mit einem denkbar schlechten Beispiel, worüber sich die Gegner und Kritiker seiner Positionen besonders freuen mögen: Ein alkohol- und nierenkranker Navajo-Indianer erhält in einer Klinik in Santa Fe, New Mexico, einen hochdotierten Platz an einer Dialysemaschine. Er müsse jedoch – so versichern ihm die Ärzte – zu trinken aufhören, ansonsten hätte die Therapie wenig Sinn, und er würde bloß den vielen anderen Dialyse-Aspiranten die Wartezeit unnötig verlängern. Der Native American frönt weiter dem Alkohol **und** nimmt zugleich die Dialyse in Anspruch.

»Wenn das eines der Aufhänger ihres Bestiariums der *cultural clashs* ist, Mr. Geertz«, würden ihm die zuständigen Behörden vermutlich erwidern, »können wir auf das geplante Kontingent an Arbeitsplätzen für Cultural Anthropologists im öffentlichen Dienst getrost verzichten.« Mit sokratischer Einfalt frage ich: Was soll nun wirklich das spezifisch Kulturelle, das Ethnische an diesem Beispiel sein? Ist es die nativistische Missachtung der genuin westlichen aristotelischen Widerspruchslogik durch die Gleichzeitigkeit von (alkoholbedingter) Paralyse **und** Dialyse? Oder nimmt Geertz seine *spiritual affinities* doch allzu wörtlich und unterstellt Native Americans primordiale Bindungen zum »Feuerwasser«?

Mein Großvater war ein Südwaldviertler Bauer, Maurer und Wirt (welch kapitaler Kanditat für Identitätsdiffusion), und dem Alkohol weit über den Durst hinaus ergeben. Entweder bilden nun Alkoholiker eine distinkte ethnische Gruppe[86] und ihre nahezu unmögliche Assimilierbarkeit an Nicht-Alkoholiker scheint ein untrüglicher Beleg zu sein für die bruchlose Kontinuität primordialer Ethnizität, oder mein Großvater war – gegen mein Wissen – ein Navajo; was meinen ethnizitätskritischen Ausführungen nicht nur eine ganz neue Qualität der Autorität verschaffen, sondern auch meine persönlichen *spiritual affinities* als ethnische Revitalisierungsversuche in ihre Rechte setzen würde.

---

86 Eine distinkte ethnische Gruppe, die im Falle ihrer strukturellen Unterdrückung aus dem Untergrund als *Anonyme Alkoholiker* weiteragiert.

7. Objektivismus contra Subjektivismus

>»Von allen Gegensätzen, die die Sozialwissenschaften künstlich spalten, ist der grundlegendste und verderblichste der zwischen Subjektivismus und Objektivismus.«
>Pierre Bourdieu

Der Begriff der Ethnizität entstammt der amerikanischen Migrationssoziologie und tauchte irgendwann in den 1950er-Jahren auf (vielleicht auch schon früher). Er sollte ursprünglich das kulturelle Selbstverständnis und Erbe der Migranten beschreiben, die sich als voll integrierte Mitglieder der Aufnahmegesellschaft dieser alsbald assimilieren würden. Mit dem Begriff *ethnische Identität* hingegen operierte jener Zweig der anthropologischen Kultur- und Persönlichkeits-Forschung, der sich zur Aufgabe gestellt hatte, die Akkulturation von Native Americans zu beschreiben. Die Geschichte der Verschmelzung beider Begriffe reflektiert zugleich die allmähliche (und mittlerweile vollzogene) Annäherung zweier Disziplinen.

Bis dahin und auch danach blieben die Verwender dieser Termini häufig Definitionen schuldig. Leo Despres (vgl. 1975), Ronald Cohen (vgl. 1978: 380f.) und Wsevolod W. Isajiw untersuchten Mitte der 1970er-Jahre das bis dahin zur Verfügung stehende Inventar an Ethnizitätstheorien. Isajiw fand in 65 soziologischen und ethnologischen Studien zu den Thema bloß 13 Ethnizitätsdefinitionen und traf nach genauerer Überprüfung dieser als Erster die Unterscheidung zwischen objektivistischen und subjektivistischen Ethnizitätsansätzen (vgl. Heinz 1993: 261).

>»Im Gegensatz zum objektivistischen Ansatz, wobei ethnische Gruppen als real existierende, empirisch faßbare Phänomene angenommen werden, definiert der subjektivistische Ansatz Ethnizität als einen kognitiven Prozeß, durch den sich Individuen selbst als unterschiedlich von anderen wahrnehmen oder einer unterschiedlichen Gruppe zugehörig betrachten beziehungsweise von anderen als unterschiedlich identifiziert werden oder beides: Sie identifizieren sich selbst und werden von anderen als unterschiedlich identifiziert. Während die objektivistische Sichtweise [...] Ethnizität betrachtet als die Art, die Qualität und die Bedingungen für (1.) die Zugehörigkeit zu einer (wie auch immer gearteten) ethnischen Einheit und/oder (2.) die ethnische Einheit selbst (in diesem Sinne Ethnizität als Synonym für ethnische Gruppe gebrauchend), stellen die subjektivistischen Definitionen [...] hingegen die affektiven Bindungen an eine (reale oder eingebildete) ethnische Einheit in den Vordergrund oder stellen Ethnizität als reines Wahrnehmungsphänomen dar.« (Heinz 1993, 26)

Die Hinwendung zu subjektivistischen Bestimmungen von Ethnizität – Wolfgang Müller spricht auch von kognitiven im Gegensatz zu strukturellen Konzeptionen (Müller 1988: 126) – erwies sich in Anbetracht der Anforderungen, die *New Ethnicity* und die offensichtliche Persistenz ethnischer Verhaltens- und Vorstellungsmuster an die Sozialwissenschaften stellten, als unumgänglich. Besonders dann, wenn z. B. Nachkommen von Migranten ethnische Identifikationen geltend machten, obwohl dies auf der Handlungsebene keinerlei Niederschlag fand, und/ oder der Assimilierungsprozess bereits so fortgeschritten war, dass nur noch der Familienname an die ethnische Abkunft erinnerte. Hier drangen Probleme und Fragen an die Oberfläche, vor denen sich vorangehende Wissenschaftlergenerationen mit ihrer Imagination von Volk und Stamm als analytische Kategorien wirkungsvoll zu schützen wussten. Doch sobald empirische Befunde und vorrangig durch Arbeitsmigration bedingte Mobilität diese Kategorien relativierte, tauchte die Frage auf, ob so etwas wie Ethnizität auch ohne Bezug zur ethnischen Gruppe gedacht werden könne, und ob es sich bei dieser um eine tatsächliche *soziale Gruppe* (im Sinne Max Webers) oder bloß um eine Klassifikationskategorie handelte, und im Falle von Letzterem, was es rechtfertige, überhaupt von ethnischer Gruppe zu sprechen, wenn das Phänomen ohnehin durch die soziale Gruppe abgedeckt werden könne (vgl. Heinz 1993: 264ff.).

Dieses Dilemma, das im Ethnizitätsdiskurs bis heute keine befriedigende Lösung gefunden hat, spaltete die damit befassten Sozialwissenschaftler in zwei (sich oftmals feindlich gegenüberstehende) Lager. Das eine beschränkte sich für die analytische Umgrenzung von Ethnizität auf eine rein *etische* Analyseebene, im anderen Lager räumte man der *emischen* Ebene Priorität ein. In beiden Lagern legte man überlegenswerte Argumente vor. Innerhalb des Ethnizitätsdiskurses wurden von Anthropologen Kämpfe ausgefochten, welche die großen metatheoretischen Konfliktlinien der Sozialwissenschaften nachzogen: diejenigen zwischen kognitiven und strukturellen Positionen. Ein Antagonismus, den konstruktiv zu überwinden sich vor allem Anthony Giddens[87] in seiner *Theorie der Strukturation* und Pierre Bourdieu[88] mit seinen Theorien des *Habitus* und der *praxeologischen Erkenntnisweise* anschicken würden.

Unabhängig von und in etwa zeitgleich mit Bourdieu wird dieser scheinbare Widerspruch vor allem in Hinsicht auf die Ethnizitätsproblematik innerhalb der Sozialanthropologie gelöst werden; und keine Disziplin wäre eher in der Lage gewesen, dies zu bewerkstelligen als sie. Ethnologen von Fredrik Barth bis Thomas H. Eriksen würden sich darum verdient machen, Ethnizität als etische, und ethnische Identität als emische Repräsentanz ein und desselben Phänomens auszuweisen.

Barbara Herzog-Punzenberger weist zurecht auf zwei unterschiedliche, ja widersprüchliche Lesarten des emisch-kognitiven Aspekts von Ethnizität hin (vgl. Herzog-Punzenberger 1995: 25). Die eine Lesart zielt eher auf den

---

[87] Vgl. Anthony Giddens (1979): Central Problems in Social Theory. London (1984): The Constitution of Society. Cambridge. Vgl. hierzu auch Eriksen 1993: 57
[88] Vgl. Bourdieu 1979 und Kapitel 12 dieses Abschnitts

Gegensatz von *Kognition* und *Aktion* ab, will heißen: die Diskrepanz zwischen dem subjektiv wahrgenommenen Symbol- und Bedeutungsinventar, welches den Akteuren mehr oder minder *inkorporiert* ist, samt seinen »unbewußten und unfreiwilligen Aspekten« (ibid.) und ihrem objektiv beobachtbaren sozialen Handeln (vgl. Heinz 1993: 271). Ein anderes Verständnis des Kognitiven betont den »bewussten und freiwilligen« Charakter ethnischer Selbstzuschreibung in Kontrast zu den strukturellen und objektiven Zwängen, die das Individuum in dessen soziokulturellen Rollen festschreiben mögen. Es handelt sich also eher um eine Dichotomie von *situativer Wahlfreiheit und strukturellem Zwang* (vgl. Eriksen 1993: 56/57).

Nachdem die Gleichsetzung von Kultur und Gesellschaft nicht länger haltbar war, bot sich als einfachste Möglichkeit, die Ethnie als wissenschaftliche Kategorie zu erhalten, das subjektive Eigenverständnis an: »Nicht objektive und analytische Kriterien, die ein Forscher festlegt und die nur in den seltensten Fällen soziale Konfigurationen widerspiegeln, wurden zur Festlegung ethnischer Einheiten gewählt, sondern das Selbstverständnis der Akteure.« (Heinz 1993: 337) Die emische alias subjektive alias kognitive Ebene bleibt als einziger Garant, ethnische Gruppen dingfest zu machen.

Dahinter verbirgt sich aber nur allzu oft die wohlmeinende Solidarität mit den Definierten gegen die Definitionsmacht objektivistischer Theorie. Der relativistische Wunsch, den *Fremdbestimmten* eine eigene Stimme und damit Würde zu geben, und die diesem Wunsch zugrundeliegende Illusion, mit dieser Fleißaufgabe den Zirkel suggestiver Bevormundung verlassen zu können. Weiters die Option, näher an die Unmittelbarkeit und Authentizität der Forschungsobjekte zu gelangen. Ein romantischer Subjektivismus mit seinem phänomenologischen Blick stürmt in postmodernem Gewand den Laufsteg. Nach der *Dekonstruktion* der Vernunft als nichtideologischer Instanz und ihrer Internierung ins Multiweißgottwas der Diskurse schaffen sich soziologische und kulturanthropologische Ansätze Raum, die sich nicht nur in naivem Realismus auf die deskriptive Wiedergabe individueller Alltagserfahrung beschränken, sondern diese als Wissenschaft ausgeben und somit – wie Bourdieu (1979: 150) es in guter Adorno'scher Tradition ausdrückt – Gefahr laufen, »[...] die Wissenschaft von der Gesellschaft einer Bestandaufnahme des krud Gegebenen, kurz, der herrschenden Ordnung gleichzustellen.«

Der Nachteil kognitiver Untersuchungen liegt bereits darin, dass es individuell unterschiedliche Konstruktionen von Wirklichkeit gibt, die zudem situativ konditioniert sind. Vom ideologischen Charakter des Objektivismus brav emanzipiert, werfen sich diese Realisten dann den Ideologien ihrer Forschungsobjekte in die Arme. Doch sind sie keine besseren Sozialwissenschaftler, sondern – je nachdem – Vollzugsorgane oder Manipulateure komplexer ideologischer Systeme, deren Aufrechterhaltung stets auch – wenn auch noch so informell, unbewusst und indirekt – Machtbeziehungen legitimiert. Individuen wie Gruppen sind darauf bedacht, ihr strategisches Kalkül zu institutionalisieren, mit den Möglichkeiten des gemeinsamen Traditionspools zu akkordieren. Bourdieu (vgl. 1979: 100ff.)

demonstriert dies eindringlich anhand der Manipulierbarkeit der vermeintlich regelhaften patrilinearen Parallelcousinenheirat bei den Berbern der Kabylei.

Kurz, der rein emische Zugang birgt immer die Gefahr in sich, (1.) die objektive Analyse soziokultureller Konfigurationen durch die Auffassungen von Individuen zu ersetzen, und (2.) dem altmodischen Denken zu erliegen, die Akteure einer Gruppe fühlten, dächten und handelten in Bezug auf ihre Gemeinsamkeit gleich. So nimmt es nicht wunder, in der Literatur weitere Angaben zu finden, die die Anzahl der indianischen Bevölkerung Kanadas zwischen 365.000 und 1,5 Millionen Individuen, die der Roma und Sinti Deutschlands zwischen 20.000 und 200.000 schwanken lässt (vgl. Heinz 1993: 335/6).

Die Miteinbeziehung der kognitiven Konstruktionen sozialer Wirklichkeit sind für etische Analyse unerlässlich, nur sagen sie nichts über das faktische Handeln der Akteure aus. Und selbst bei scheinbar bruchloser Kontinuität der Formen, in denen sich diese Konstruktionen materialisieren, variieren ihre Inhalte in Zeit und Raum, sind vage, bruchstückhaft und im konventionellsten Sinn des Wortes ideologisch. Sehr eindrucksvoll schreibt Abner Cohen (1974: x/xi):

> »Our subjective life is not notoriously chaotic, whimsical, vague, shifty, and very largely unconscious. Most people are therefore only too happy, to be assisted by ›experts‹ or ›leaders‹, parents or teachers, or the culture they inherit, to find definite expressions for their uncertain ideas and feelings. When questioned, though, different men give different reasons for performing certain patterns of behaviour, and the same man may give different reasons for performing the same act at different times. Symbols are thus essentially objective, not subjective, forms. They may be originally the spontaneous creation of specific individuals going through specific subjective experiences, but they attain an objective existence when they are accepted by others in the course of social interaction within a collectivity. What was originally subjective and individual becomes objective and collective, developing a reality of its own. The symbols become obligatory and thus exercise constraint on the individual. In the field of ethnicity this is manifested, for example, in such common statements as ›My best personal friends are Jews (or Negroes, Yoruba, Bemba, Catholic) but [...]‹. Unlike signs, symbols are not purely cognitive constructs, but are always also emotive and conative. In situations where ethnicity is a relevant issue, labels such as ›Jews‹, ›Negroes‹ or ›Catholics‹ (as the case may be) are not neutral intellectual concepts but symbols that agitate strong feelings and emotions.«

Wenn Cohen die subjektiv erfahrene und wirklichkeitsstrukturierende Symbolwelt als kollektive Repräsentationen mit relativer Autonomie charakterisiert, dann befindet er sich in erstaunlicher Nähe zu Bourdieus Habituskonzept, mit dem dieser die Diskrepanz zwischen Subjektivismus und Objektivismus in Sozial- und Kulturwissenschaften auf originelle Weise überwindet. Unbewusst und selbstverständlich reproduzieren die Akteure über den jeweils schicht-, klassen- und kulturspezifischen Habitus die herrschende Ordnung. »Der Habitus funktioniert wie eine Handlungs-, Wahrnehmungs- und Denkmatrix« (Herzog-Punzenberger 1995: 42), über die objektive Strukturen und Herrschaftsverhältnisse Individuen symbolisch encodiert sind. Hiermit bietet Bourdieu ein Modell an, das es erlaubt, das subjektive Selbstverständnis der Akteure als Produkt objektiver Strukturen, und die Persistenz dieser zugleich als Produkt der subjektiven Selbstverständnisse zu sehen. Die Handlungs- und Habitusträger sind aber in der Regel keine rational abwägenden, in ihren Entscheidungen freien Individuen. »Weil die Handelnden nie ganz genau wissen, was sie tun, hat ihr Handeln mehr Sinn, als sie selber wissen.« Bourdieus Habitus deckt sich mit dem, was Abner Cohen als *patterns of normative behaviour* bezeichnet, wenngleich Cohen (1974: x) bezüglich seiner Definition von Ethnizität einen dezidiert objektivistischen Standpunkt einnimmt:

> »By patterns of normative behaviour I am referring to the symbolic formations and activities found in such contexts as kinship and marriage, friendship, ritual, and other types of ceremonial. Some anthropologists refer to these patterns as costums or simply as culture. These are not the idiosyncratic habits, hallucinations, or illusions of isolated individuals but largely collective representations even though they manifest themselves in individual behaviour. They are involved in psychic processes and thus can be subjectively experienced by the actors. They are nevertheless objective in the sense that the symbolic formations representing them, i. e. the stereotypes, mythologies, slogans, ›theories‹, ideologies, and ceremonials, are socially created and are internalized through continous socialization. Often it is objective symbolic forms that generate the subjective experience of ethnicity and not the other way round. In terms of observable and veriferable criteria, what matters sociologically is what people actually do, not what they subjectively think they think. The prophet Muhammed is said to have once remarked that what concerned him was that a good Moslem should go through the act of praying five times a day. As to what went on in the mind of the worshipper, that was between the worshipper and Allah.« (Cohen 1974: x)

8. Fredrik Barth

> »Kulturelle Unterschiede sind zwar von struktureller
> Bedeutung; aus der bloßen Tatsache aber, daß zwei Personengruppen
> unterschiedlichen Kulturen angehören, geht noch nicht zwingend
> hervor, daß sie zu gänzlich verschiedenen sozialen Systemen gehören;
> dies aber wird fast immer unterstellt. Ich nehme [...] das Gegenteil an.«
> Edmund Leach

Die theoretischen Positionen, die der norwegische Anthropologe Fredrik Barth im Vorwort des von ihm 1969 herausgegebenen Sammelbandes *Ethnic Groups and Boundaries* vorlegt, markieren nicht – wie häufig angenommen – den Beginn der ethnologischen Ethnizitätsforschung. Dennoch kann sein einflussreicher Aufsatz als Wendemarke innerhalb dieser betrachtet werden. Und das aus zwei Gründen: Erstens ersetzt Barth die *Kultur* als Definiens der ethnischen Gruppe durch den formalen Akt der Grenzziehung; und zweitens verschmelzen bei Barth wichtige Impulse der *Manchester School*, soziologischer Ethnizitätstheorien und sozialpsychologischer Identitätskonzeptionen, wie ich sie in den vorangegangenen Kapiteln grob charakterisiert habe, zu einem theoretischen Modell, das eine synonyme Verwendung der Begriffe *Ethnizität* und *ethnische Identität* erlaubt, wie sie mittlerweile zum ethnologischen Common Sense gehört. Obwohl Barth den Begriff Ethnizität nie erwähnt, macht er zumindest den Boden fruchtbar für die Verquickung beider Konzepte, die bis dato ein voneinander unabhängiges Dasein in unterschiedlichen Disziplinen gefristet hatten.

In einer Replik auf die orthodoxe Vorstellung der ethnischen Gruppe fasst Barth noch einmal zusammen, wie diese bislang vorgestellt wurde, nämlich als Bevölkerungseinheit,

> »1) which is largely biologically self-perpetuating,
> 2) shares fundamental cultural values, realized in overt unity in cultural forms,
> 3) makes up a field of communication and interaction,
> 4) has a membership which identifies itself, and is identified by others, as constituting a category distinguishable from other categories of the same order«. (Barth 1969a: 11/12)

Die ethnographische Erfahrung hat immer größere Zweifel am Idealtypus kulturell, politisch und territorial kohärenter Einheiten aufkommen lassen. Bereits Evans-Pritchard (1940) und Myer-Fortes (1945) waren sich in ihren klassischen Stammesmonographien des Umstandes wohl bewusst, dass es sich bei den Nuer und Tallensi um keine isolierten Gruppen handeln könne; dass sie ihre Stämme bloß zum Zweck einer leichteren Beschreibung von den umliegenden Nachbarn abgrenzten, und die von den Akteuren selbst beanspruchten Grenzziehungen weniger auf objektiven kulturellen Differenzen als auf kategorialen Zuschreibungen beruhten. Da nach wie vor das Zentrum der Kultur, der Sozialorganisation im Vordergrund stand, wurden die theoretischen Implikationen dieser Beobachtungen ignoriert. Bereits Max Gluckman und seine Schüler hatten den Brennpunkt ihrer wissenschaftlichen Tätigkeit vom *cultural unit* auf die Interaktion im interethnischen Setting verlegt.

Nachdem die Vorstellung von den kulturellen Unterschieden als dem definitorischen Merkmal ethnischer Gruppen sich als nicht mehr haltbar aus der Anthropologie verabschieden musste (was sie letzten Endes dann doch nicht tat), erweisen sich für Barth diejenigen Merkmale als distinktiv, die von den jeweiligen Akteuren als solche zur ethnischen Grenzziehung aktualisiert werden:

> »It is important to recognize that although ethnic categories take cultural differences into account, we can assume no simple one-to-one relationship between ethnic units and cultural similarities and differences. The features that are taken into account are not the sum of ›objective differences‹, but only those which the actors themselves regard as significant. Not only do ecological variations mark and exaggerate differences; some cultural features are used by the actors as signals and emblems of differences, others are ignored, and in some relationships radical differences are played down and denied.« (Barth 1969a: 14)

In dem Ausmaß, in dem Akteure ethnische Identitäten benutzen, um sich selbst und andere zum Zweck der Interaktion zu kategorisieren, bilden sie ethnische Gruppen in einem organisatorischen Sinn. Die formale Grenzziehung stellt also den gemeinsamen Nenner zur definitorischen Bestimmung ethnischer Gruppen dar. Die Grenzen zwischen diesen erhalten sich durch die Wechselseitigkeit von Fremd- und Selbstzuschreibung. Die kulturellen Differenzen erlangen allein dadurch Relevanz, dass sie von Individuen als potenzielle Ressourcen zur Zementierung sozialer Gruppengrenzen bemüht werden.

Ethnisch ist ein Kategorisierungsprozess dann, »when it classifies a person in terms of his basic, most general identity, presumptively determined by his origin and background« (Barth 1969a: 13). Dieser scheinbare Rückzug auf die subjektive, kognitive Ebene hat Barth den Vorwurf des Subjektivismus, von Abner Cohen sogar den des Primordialismus (vgl. Cohen 1974: xii) eingetragen. Oberflächlich betrachtet drängen sich tatsächlich Vergleiche mit kulturalistischen Modellen der ethnischen Basispersönlichkeit auf, wie sie - um nur die extremsten Varianten zu nennen - von De Vos und Romanucci-Ross, die sich auch wie viele andere *Subjektivisten* missverständlicherweise auf die entsprechende Passage bei Barth beziehen, formuliert wurden. Doch meint Barth mit der *basic, most general identity* lediglich diejenige subjektive (emische) Kategorisierung eines Individuums, die ihre Entsprechung auf der sozialen (etischen) Ebene besitzt. Ansonsten wäre soziale Identität, die hier im Sinne des Mead'schen Sozialen Interaktionismus verstanden wird, gar nicht möglich.

Ethnische Identitäten (i. e. Statuszuschreibungen) funktionieren demnach als Kategorien der In- und Exklusivität sowie der Interaktion, über die sich Akteure im interethnischen Kontakt einig sein müssen, damit ihr Verhalten Bedeutung erlangt: »Cultural differences relate to ethnicity if and only if such differences are made relevant in social interaction« (Eriksen 1993: 47).

Ethnizität wird daher als Regelset begriffen, innerhalb dessen Vertreter verschiedener Gruppen durch Mobilisierung einzelner kultureller Elemente zur Aufrechterhaltung ethnischer Grenzen Konsens erzeugen. Die Persistenz kultureller Unterschiede wird durch die Interaktion nicht beeinträchtigt. Für Barth bedeutet die Kultivierung der Differenz kein, wie vielfach angenommen, auf gegenseitiger Exklusion basierendes Konfliktpotenzial, sondern unabdingliche Voraussetzung für das Funktionieren des interethnischen Kontaktes in komplexen multiethnischen Systemen. Jeder Akteur muss über Position und kulturellen Hintergrund des Interaktionspartners Bescheid wissen. Je mehr Situationen ethnischen Kontaktes auftreten, desto elaborierter muss das System der Grenzziehung sein, damit weiterhin Kontakt auf Basis askriptiver und angenommener ethnischer Identität gewährleistet bleibt.

Dieses harmonische Modell setzt quasi symbiotische, komplementäre Sozialbeziehungen zwischen sich auf gleicher Ebene entgegenstehenden Gruppen voraus und wurde zu Recht wegen seiner Blauäugigkeit gegenüber Konflikt und sozialer Ungleichheit kritisiert.[89] Es ist anzunehmen, dass sich Barth hierbei hauptsächlich von seinen eigenen Feldforschungserfahrungen bei den paschtusprechenden Stämmen Afghanistans inspirieren ließ.

Eine der wichtigsten Thesen Barths ist die relative Unveränderlichkeit der ethnischen Grenze: »When defined as an ascriptive and exclusive group, the nature of continuity is clear; it depends on the maintenance of a boundary« (Barth 1969a: 14). Ethnische Grenzen[90] bleiben auch bestehen, wenn sich die kulturellen Muster, die zu ihrer Aufrechterhaltung aktualisiert wurden, längst gewandelt haben.

> »The cultural features that signal the boundary may change, and the cultural characteristics may likewise be transformed [...]. They may be of great relevance to behaviour, but they need not to, they may pervade all social life, or they may be relevant only in limited sectors of activity.« (Ibid.)

Ein sehr eindringliches Beispiel hierfür erwähnt Georg Elwert (1989: 25): Die Chinesen Jamaikas würden nach Aufgabe ihrer Sprache und Religion nun den neuerworbenen Katholizismus als *ethnic boundary* (zu den protestantischen und

---

89 Vgl. hierzu Banks 1996: 12ff.
90 Aber: Ethnische Grenzen »do not isolate groups entirely from each other; rather, there is a continuous flow of information, interaction, exchange and sometimes even people across them.« (Eriksen 1993: 39)

anglikanischen Afro-Amerikanern) geltend machen. Ein weiteres Beispiel liefert mit der ihm eigenen Ironie Ernest Gellner[91]: Das essenziellste kulturelle Distinktionskriterium zwischen bosnischen Kroaten, Serben und Muslimen liege darin, dass die einen nicht mehr an einen christlichen Gott, die anderen nicht mehr an Allah glaubten. Dieser in Anbetracht des fortgeschrittenen Säkularisierungsniveaus der bosnischen Gesellschaft vor dem Bürgerkrieg, welche im Singular heute nicht mehr existiert, gar nicht mehr so ironisch anmutende Aphorismus bestätigt Barths Annahme, dass sich Grenzen selbst dann erhalten mögen, wenn »the cultural stuff the boundary contains« im Reich der Historie zurückbleibt (jedoch jederzeit reaktiviert werden kann); und demonstriert im Übrigen, dass die These der *boundary maintenance* auch in einem weniger harmonischen und komplementären Umfeld, als es uns Barth vor Augen hält, Gültigkeit besitzt.

Der Einfluss ökologischer Bedingungen auf die Diversifizierung kultureller Muster und institutioneller Einrichtungen kann (muss aber nicht) relevant sein. Nach Barth würde er zuungunsten sozialer Faktoren überbewertet. Die Tschuktschen Nordost-Sibiriens hätten sich den ökologischen Anforderungen gemäß in *inland and coastal Chuckchee*, die Sami (Lappen) in *reindeer, river and coastal Lapps* aufgegliedert, ohne dass dies die subjektive Vorstellung der ethnischkulturellen Einheit beeinträchtigte.

Die Paschtunen West-Pakistans leben in diversen ökonomischen und ökologischen Nischen als Hirtennomaden, Bauern, Handwerker, Arbeiter, Händler, Angestellte etc. Das Gros dieser Bevölkerung unterscheidet sich von den benachbarten Belutschen in geringerem Ausmaß als von den nomadischen Segmenten der eigenen ethnischen Gruppe; und dennoch bleibt die Grenze zu den Belutschen stabil (vgl Barth 1969b: 118/19). Paschtusprechende Pathanen, die innerhalb der eigenen Kategorie Statusverluste erlitten, ordnen sich nicht selten den politischen Institutionen der benachbarten Belutschen unter, ohne die Selbstzuschreibung als Pathanen aufzugeben, währenddessen ackerbauende Fur im westlichen Sudan aus ökonomischen Gründen einen vollständigen Identitätswechsel (*Passing*) vollziehen und sich kulturell wie politisch den arabisierten, nomadischen Baggara assimilieren, d. h. in ihren politischen Institutionen aufgehen und deren Genealogien übernehmen. »By the same token one might expect nomadisation among the Fur to lead to the emergence of a nomadic section of the Fur, similar in subsistence to the Baggara but different from them in other cultural features, and in ethnic label« (Barth 1969a: 24). Barth räumt ein, dass *Passing* wahrscheinlich häufiger vorkommt, als bisher angenommen wurde. Ökonomische und politische Faktoren

---

91 »In Bosnien erlangte die einstmals moslemische Bevölkerung endlich und ohne große Anstrengung das Recht, sich selbst als Moslems zu bezeichnen, wenn sie ihre ›Nationalität‹ angeben mußte. Das bedeutet keinesfalls, daß sie auch heute noch aus gläubigen und praktizierenden Moslems bestünde, und noch weniger bedeutet es, daß sie sich als Nationalität mit anderen Moslems oder Ex-Moslems in Jugoslawien identifiziert, etwa den Albanern in Kosovo. Sie sprechen serbokroatisch und sind slawischen Herkunft mit moslemisch geprägtem kulturellen Hintergrund. Sie wollten zum Ausdruck bringen, daß sie sich nicht als Serben oder Kroaten bezeichnen konnten (obwohl sie mit diesen die Sprache teilten), weil zu dieser Identifikation die Implikation gehört, *ehemals* orthodoxen oder katholischen Glaubens gewesen zu sein; und sich selbst als Jugoslawe zu bezeichnen, wäre zu abstrakt, zu allgemein und blutarm.« (Gellner 1995: 110)

mögen territoriale Verschiebungen, Veränderungen der Subsistenzformen und soziopolitischer Loyalitäten bewirken (z. B. bei den Pathanen), aber: »This still does not fully explain why such changes lead to categorial changes of ethnic identity, leaving the dichotomized ethnic groups unaffected (other than in numbers) by the interchange of personnel« (ibid.). Oder anders gefragt: Wieso nimmt der Pathane keine Belutschi-Identität an, wie der Fur die eines Baggara?

Das partielle Beibehalten der Pathan-Identität dient dem Zweck, nach bekräftigtem Abhängigkeitsverhältnis zu Belutschihäuptlingen innerhalb des neuen Umfeldes einen pathanischen Sonderstatus zu bewirken, der sie vom vergleichbaren Status eines Belutschi-Klienten, dessen Rechte eingeschränkter sind, dispensiert (vgl Barth 1969a: 25), währenddessen aus dem *Passing* vom Fur zum Baggara, deren interethnisches Verhältnis zueinander ein komplementäres, ja symbiotisches ist, mit einem nur geringen Grad an innerethnischer Stratifizierung, keinerlei soziale und politische Nachteile zu erwachsen scheinen.

In Ansätzen liegen hier Bruchstücke ethnizitätsrelevanter Theorien der sozialen Ungleichheit und des Ressourcenwettbewerbs vor. Barth belässt es jedoch bei dem Idealtypus ethnischer Interaktion, wie es ihm seine Felderfahrungen an der afghanisch-pakistanischen Grenze eingegeben haben mögen. Zwar schneidet er die Problematik stratifizierter und kulturell diversifizierter Systeme an und betont deren Determination durch ungleiche Zugangs- und Kontrollmöglichkeiten zu begehrten Ressourcen und Produktionsmitteln (vgl. Barth 1969a: 27), dennoch behandelt er diesen Aspekt in Anbetracht seiner konstitutiven Bedeutung für die ethnische Grenzziehung stiefmütterlich.

9. Die Formalisten

Barth modifizierend, erweiternd und teilweise widerlegend begreifen auch formalistische Theorien Ethnizität als einen sozialen Prozess, durch den kulturelle Differenzen kommuniziert werden. Und wie bei Barth münden auch ins Œuvre der formalistischen Anthropologen die verschiedenen wissenschaftsgeschichtlichen Stränge der Manchester-Schule (Netzwerkanalysen)[92] und der Sozialpsychologie (soziale Dynamik und Aushandelbarkeit von Identität). Wie bei den in den folgenden Kapiteln noch zu besprechenden instrumentalistischen und neo-marxistischen Ansätzen ist für sie die Ablehnung kultureller Determiniertheit sozialer Muster sowie des Stammes bzw. des Volkes als zu untersuchende Einheiten konstitutiv.

Nachhaltig von G. H. Meads Identitätskonzept beeinflusst, bleibt auch die zentrale These bestehen, dass Ethnizität nur als Produkt interethnischer Interaktion im sozialen Raum existieren könne. Ethnizität bezeichnet hier ein Regelset, mithilfe dessen per wechselseitigen Kategorisierungen soziale Beziehungen geordnet werden. Somit trägt der formalistische Ansatz der kognitiven Ebene und den subjektiven Interessen der Akteure weitgehend Rechnung, ohne aber auf die objektive Analyse ihrer Einbettung ins jeweilige soziale und politische Umfeld zu verzichten.

Als einflussreiche Vertreter dieser Richtung will ich Leo Despres (1975 a+b) und Ronald Cohen (1978) hervorheben. Cohen schlägt folgende Definition vor: Ethnizität sei eine Serie ineinandergreifender Dichotomisierungen der In- und Exklusivität.[93] Der Prozess der wechselseitigen Kategorisierung funktioniere ähnlich einer sozialen Distanzskala, wie sie die *Chicago School* erstmals verwendet habe (Bogardus-Skala): Die subjektiv empfundene Nähe der Akteure nehme mit Anzahl der diakritischen Merkmale zu, und diese nähmen reziprok zur Skala der Inklusivität ab. D. h.: Diakritika – im ethnischen Kontext zumeist kulturelle –, die eine möglichst große Anzahl von Menschen miteinander teilen, entsprächen auf der Distanzskala dem höchsten Inklusivitätsgrad et vice versa. Cohen (1978: 387) fügt weiter hinzu:

> »[...] ethnicity is an historically derived lumping of sets of diacritics at varying distances outward from the person, so that each of these lumpings acts as potential boundary or a nameable grouping that can be identified or referred to in ethnic terms, given the proper conditions.«

Bezugnehmend auf Weber weist Cohen darauf hin, dass die Diakritika, die den In- bzw. Exklusivitätslevel bestimmen, stets mit der Aura der gemeinsamen Deszendenz behaftet werden. Und das macht den zentralen Unterschied zu anderen Identifikationsachsen aus (und in der Folge auch deren Effizienz). Selbst der

---

92 In der Person A. L. Epsteins verschmelzen späte Manchester School und Formalismus sogar.
93 »[...] series of nesting dichotomizations of inclusiveness and exclusiveness.« (Cohen 1978: 387)

rezente Erwerb dieser Diakritika durch Akkulturation bzw. Assimilation würde sie u. U. nicht daran hindern, von Individuen, Familien oder Gruppen als Eckpfeiler ihres kulturellen Erbes adaptiert zu werden: »Once aquired by whatever process, such identity is then passed down the generations for as long as the grouping has some viable significance to members and nonmembers.«

Bislang sind sich Cohen und andere Formalisten mit Barth einig. Im vorigen Kapitel wurde bereits erwähnt, dass Barth ethnische Identität nicht im kategorialen Zuschreibungsprozess festschraubt, sondern – wie seine formalistischen Schüler dem Mead'schen (und Goffman'schen) Identitätsmodell verpflichtet – dem Individuum die Flexibilität zugesteht, seine Identität zu wechseln (*Passing*), im Bedarfsfall die ethnische Grenze zu übertreten und sie möglicherweise mit neuen Identitätsmarkern einer anderen Gruppe von der anderen Seite her zu bestreiten; nicht aber ohne die alte Identität hinter sich zu lassen. Ein Fur kann zum Baggara konvertieren, er kann sich theoretisch auch innerhalb eines ethnisch distinkten Fur-Segments den ökonomischen, sozialen und politischen Strukturen der Baggara-Gesellschaft inkorporieren. Aber eines kann er nach Barths Modell nicht: sich gleichzeitig als Fur und Baggara bezeichnen, geschweige denn diese Doppelidentität von den jeweiligen ethnischen Gruppen absegnen zu lassen. Das verbietet die inhärente Logik von Barths Modell. Die stabilen Grenzen, welche stabile Gruppen umschließen, die sich vom traditionellen Stamm bloß durch ihre kulturelle Nicht-Determiniertheit unterscheiden, begrenzen ebenso stabil sein gesamtes Modell und damit die Wahlmöglichkeiten seiner Akteure. Bestimmt man aber Ethnizität und deren emische Repräsentanz, die ethnische Identität, als flexibel, manipulierbar, interessegeleitet und – vor allem – *situational*, beginnt die ethnische Grenze in ihrer Unumstößlichkeit und mit ihr die ethnische Gruppe zu wanken.

> »The important point is that ethnic boundaries are not, as Barth implies, stable and continuing. They maybe in some cases and maybe not in others. They are multiple and include overlapping sets of ascriptive loyalties that make for multiple identities.« (Cohen 1978: 387)

Aus diesem Grund wird die ethnische Gruppe von den Formalisten auch hintangestellt bzw. erweist sich lediglich in Bezug auf das soziale Handeln des Individuums als relevant. Ethnizität ist »first and foremost situational«.[94] Die interaktive Situation ist die Hauptdeterminante des Inklusivitätslevels, dessen die Akteure sich zur Selbst- und Fremdzuschreibung bedienen. »The same person can be categorized according to different criteria of relevance in different situations«, wie Don Handleman[95] feststellt; und dieselbe Person vermag ja nach Situation verschiedene Identitäten geltend zu machen.

---

94   Cohen 1978: 388
95   Zit. Nach Cohen 1978: 388

Stanford Lyman und William Douglas[96] prägten (neben Judith Nagata)[97] in Anlehnung an das *code-switching* der Sozialpsychologen den Terminus *identity switching*; Ronald Cohen (aber auch Clyde Mitchell) sprechen von situativer (bzw. situationaler) Ethnizität. Diese ist demnach nicht verbindlich, ethnische Identität eine Möglichkeit unter anderen wie Beruf, Bildung, Freizeit- und Konsumverhalten, sie kann in der sozialen Interaktion stets aufs Neue ausgehandelt und je nach Bedarf und Bedürftigkeit primär geltend gemacht werden.

»Thus from a social organizational point of view, ethnic identities may vary according to the variety of social situations in which they may be appropriately expressed.« (Depres 1975b: 193)

Daraus folgt: (1.) dass Individuen zur Aufrechterhaltung poly-ethnischer Systeme nicht immer ethnische Rollen spielen müssen, (2.) dass diese ethnischen Identitäten, welche Bevölkerungsaggregaten zugeschrieben werden, aus diesen noch keine korporativ und politisch organisierten Gruppen machen, und dass (3.) korporativ organisierte ethnische Gruppen nicht die einzigen politisch bedeutsamen Gruppen sein müssen, denen Individuen in einer poly-ethnischen Gesellschaft angehören (vgl. Despres 1975b: 193).

Weiters – so Despres – könne die Bedeutung von Ethnizität für das Verhalten (*behavioural significance*) von Gruppen und die sie konstituierenden Individuen nicht ohne eine umfassendere Analyse des gesamten sozialen und politischen Umfelds ermessen werden. Ethnizität erweist sich als Variable. Formalistische Ethnizitätsforschung untersucht Ursachen und Determinanten des jeweiligen Ausmaßes, in dem Ethnizität an Bedeutung gewinnt. Marco Heinz (1993: 287) konstatiert den Formalisten Folgendes:

»Wie auch Barths Modell selbst entwerfen die meisten Formalisten ein zu harmonisches, symbiotisches Weltbild, nur selten werden Machtbeziehungen berücksichtigt. Der Hinweis, Ethnizität könne nur im Zusammenspiel verschiedener ethnischer Kategorien in einem multiethnischen Setting entstehen und das Individuum habe die Möglichkeit, zwischen bestimmten Alternativen zu wählen, reicht nicht aus. Impliziert wird dadurch nämlich, daß Menschen, die in einer gegebenen Situation verschiedene Ethnizitäten zur Schau stellen, sich als ebenbürtige Partner gegenüberstehen. Dies mag im afrikanischen Kontext mitunter der Fall sein, darf aber nicht als die Regel interethnischer Beziehungen postuliert werden. Ein Blick auf den amerikanischen Kontinent belegt, daß die Regel anders aussehen kann. Thomas Eriksen hat dieses Problem erkannt und berücksichtigt, andere tun sich schwer und weisen – wie

---

96   Vgl. Stanford Lyman & Williem Douglass (1973): Ethnicity: Strategies of Collective and Individual Impression Management. In: *Social Research* 40: 344-365. Vgl. auch Heinz 1993: 281/2
97   Vgl. Judith Nagata: The Status of Ethnicity and the Ethnicity of Status. In: *International Journal of Comparative Sociology* 17: 242-260. Vgl. auch Heinz 1993: 280

Leo Despres und Ronald Cohen – lediglich darauf hin, daß machtpolitische Konstellationen bestehen können, die Menschen in eine bestimmte ethnische Kategorie hineinzwängen.«

Diese Kritik ist in ihrer Tendenz richtig, und man könnte ihr enthusiastisch beipflichten, würde sie nicht die Falschen treffen. Marco Heinz schlägt im Übereifer vor, die genannten Formalisten fein säuberlich von Instrumentalisten und Neo-Marxisten zu trennen, von all denen also, die sich der Analyse von Macht, Wettbewerb um Ressourcen und sozialer Ungleichheit als determinierende Faktoren ethnischer Phänomene verschrieben haben. Von Thomas Eriksen ließe sich sagen, dass er *dieses Problem nicht nur erkannt und berücksichtigt,* sondern in seinem *postformalistischen* Ansatz Macht- und Konflikttheorien in einen überaus vielversprechenden hermeneutischen Ansatz integriert hat. Darüber hinaus liegt die heißeste Phase des Wettbewerbs ethnologischer Ethnizitätsdiskurse bereits Jahrzehnte zurück. Diverse Schulen haben es in gemeinsamer Ablehnung der Essenzialisierung und Kulturalisierung von Ethnizität ihren einstigen Ethnien gleichgetan und die Stammesgrenzen gelüftet. Und gerade solch wichtigen Wortführern der Ethnizitätsdebatten der 1970er-Jahre wie Leo Despres und – mehr noch – Ronald Cohen soll an dieser Stelle Gerechtigkeit widerfahren; denn sie haben ethnizitätsrelevante Macht- und Wettbewerbsdiskurse antizipiert und mitbestimmt. Der lediglige Hinweis, »daß machtpolitische Konstellationen bestehen können, die Menschen in ethnische Kategorien hineinzwängen«, wie Marco Heinz ihnen einräumt, beläuft sich bei Despres auf sieben Seiten, bei Cohen auf doppelt so viele.

Es stimmt, dass Despres sich mit der Determination ethnischer Phänomene durch Ressourcenwettbewerb nur schwer anfreunden kann und es mit Harmannus Hoeting[98] vorzieht, umgekehrt den Ressourcenwettbewerb durch ethnische Kategorien determinieren zu lassen; und dennoch gesteht er diesen Faktoren, neben sozialer Stratifikation und politischer Repression, nicht nur wichtige identitätsbildende Funktion zu, sondern gibt ihnen einen theoretischen Rahmen. Weit davon entfernt, lediglich darauf hinzuweisen, widmen sich alle Beiträge seines von ihm herausgegebenen Buches *Ethnicity and Resource Competition in Plural Societies* inklusive seiner eigenen theoretischen Conclusio der ökonomisch und machtpolitisch motivierten Instrumentalisierung von Ethnizität: Norman Whitten beschreibt, wie die Canelos Quechua zu Beginn der 1970er-Jahre eine *Nativo-* bzw. *Indio*-Identität kreieren, um in Konkurrenz mit den Blanco-Mestizos Landrechte einzufordern. Onigo Otite zeigt auf, wie Ikale und Urkobo mittels ethnischer Statusansprüche um das Monopol auf die Palmölindustrie konkurrieren. Und Regina Holloman beschreibt den Fall der San Blas Cuna, die zwecks Monopolisierung des Kokosnussanbaus ethnische Grenzen revitalisieren.

---

[98] Hoeting hat diese These bereits 1964 in seinem Buch *The Two Variants of Caribbean Race Relations* (London. Oxford University Press) formuliert. Vgl. hierzu Despres 1975b: 199

In einem abschließenden Statement betont Despres (1975b: 204) die Priorität von Macht- und Stratifikationsstheorien zur Erklärung ethnischer Phänomene als methodisches Fundament einer umfassenden Ethnizitätstheorie; gibt aber zu bedenken, dass der Wettbewerb um materielle Ressourcen nicht auf die ethnische Dimension reduziert werden dürfe.[99]

Ronald Cohen kritisiert ausdrücklich die Darstellung eines interethnischen Netzwerkes als Equilibrium, innerhalb dessen gleichberechtigte Partner im Rahmen eines gegenseitigen Zuschreibungsprozesses interagieren. Allzuoft würde dieses – so Cohen – als zeit- und bruchloses System imaginiert, zu dessen Aufrechterhaltung als Ganzes alle Teile sich als funktionabel gebärden müssten.[100] Man könnte hier die Metapher des Marktes bemühen, welcher bei oberflächlicher Betrachtung gleichfalls den Eindruck symbiotischer Tauschverhältnisse erweckt, doch – so Cohen – sage der Austausch von Gütern und Dienstleistungen allein noch gar nichts über reale Machtverhältnisse aus. Zudem bezögen sich Darstellungen tatsächlicher komplementärer Beziehungen zwischen Gruppen auf Momentaufnahmen historischer Prozesse. Winzige Verschiebungen im Machtgefüge, durch welche Faktoren auch immer ausgelöst, könnten relative Komplementarität binnen kürzester Zeit in offenen Konflikt transformieren.

Cohen belegt dies anhand des Verhältnisses zwischen Haussa und Fulani, von der ethnologischen Literatur gemeinhin als Musterbeispiel eines symbiotischen, konfliktfreien Nebeneinanders von Ackerbauern und Viehzüchtern beschrieben. Zunehmendes demographisches Ungleichgewicht zwischen beiden Gruppen führte letztlich zu kriegerischen Auseinandersetzungen.

Welche primären Faktoren bestimmen also Machtungleichgewicht zwischen ethnischen Gruppen und stimulieren ergo die ethnische Schließung und Identitätsbildung? Cohen (1978: 391/2) beantwortet diese Frage sehr kompakt und legt zudem den Entwurf einer Definition dessen, was genau unter gesellschaftlichen Ressourcen zu verstehen ist, vor:

»By far the most commented upon relations between ethnic groups are those based on differential power. Unequal relations between ethnic groups occurs when membership helps significantly to determine access to scarce resources. By resources, I mean any and all instrumentalities used to satisfy culturally defined needs and desires. Examples would be means of subsistence, means of social mobility such as jobs, education, or offices, medical, judicial, and other government services, land, wealth, i. e. all of the goods, services and social statuses defined as socially desirable in a multiethnic society.«

---

99 »The conceptual framework that emerges suggests that these phenomena might best be understood from the point of view of stratification theory or perhaps more general theories of power. Admittedly, this conceptual framework is in need of further discussion and refinement. However, notwithstanding such discussion, it has been shown that this approach is particulary productive of hypotheses relating various dimensions of ethnic phenomena to a wide range of objective, and presumabely independent, factors affecting the competition for material resources. The comparative validity of this hypotheses remains to be established.«

100 Solche Annahmen transformieren das funktionalistische Dogma von der Ethnie bzw. der Statusgruppe auf polymorphe Interaktionsnetzwerke.

Das folgende ethnographische Fallbeispiel der Ndendeuli soll weniger den Wust an Exempeln für ethnische Schließung und Identitätsbildung, in Hinblick auf machtpolitisches Gefälle, um ein weiteres (afrikanisches) ergänzen, als den allmählichen Übergang von formalistischen zu instrumentalistischen Ethnizitätskonzeptionen festhalten (vgl. Cohen 1978: 393f.).

Die Ethnogenese der Ndendeuli als distinkte Gruppe nahm ihren Anfang, als Ngoni sprechende Scharen in den 40er-Jahren des 19. Jahrhunderts im Südwesten des heutigen Tansania einfielen, sich bislang unter verschiedenen Namen bekannte Lokalgruppen einverleibten und mit dem Label Ndendeuli bedachten. Spätere Ngoni-Einwanderungswellen drängten einen Teil der Ersteren samt deren subordinierten Ndendeuli-Segmenten ins Gebiet des heutigen Malawi ab. Der Rest wurde unterworfen. Und so erlangte die Bezeichnung Ndendeuli, mit welcher einst politisch, aber kaum kulturell voneinander getrennte Gruppen einem ethnischen Homogenisierungsprozess unterworfen wurden, die allgemeine Bedeutung von Untertanen. Das unterprivilegierte Ndendeuli-Segment wurde durch Gefangene aus umliegenden Kollektiven aufgestockt, sodass heute nur wenige Ndendeuli in der Lage sind, ihre Deszendenz von der *originalen* Gruppe herzuleiten.

Die deutsche und später die britische Kolonialverwaltung forcierten den Differenzierungsprozess, der zur Herausbildung eines östlichen Ndendeuli-Aggregats führte und deren interne Kohäsion durch Islamisierung sprunghaft zunahm, währenddessen die verbliebenen westlichen Ndendeuli den sogenannten Mashope Ngoni sich nahezu vollständig assimilierten und gemeinsam mit diesen zum Christentum konvertierten. Missionare trugen zur Marginalisierung der islamisierten Gruppe durch forcierte Stützkäufe der landwirtschaftlichen Produkte ihrer christianisierten Klienten bei. Die östlichen Ndendeuli bezogen die ökonomische Nische des Tabakanbaus. Der religiöse und wirtschaftliche Differenzierungsprozess trug zu ihrem zunehmend minderprivilegierten Minoritätenstatus bei, der wiederum die Herausbildung einer durch äußeren Druck geformten ethnischen Einheit mit starkem historischem Bewusstsein, politischer Solidarität und kulturellem Antagonismus gegenüber den Ngoni evozierte. Dieser ideologische Einheitsgedanke scheint in den 1930er-Jahren noch nicht genug ausgereift zu sein, als ethnische Führer die Ndendeuli-Bevölkerung vergeblich für ihre separatistischen Ziele zu mobilisieren versuchen. Der separate und gleichberechtigte administrative Status, den sie beanspruchen, wird ihnen erst 1952 gegen die Machtinteressen der Mashope Ngoni gewährleistet. »Today Ndendeuli are a recognized entity.«[101]

Wir haben es hier mit einem Präzedenzfall ethnischer Inkorporierung zu tun, wie er symptomatisch ist nicht nur für die Machtverteilung in Kolonien und deren Nachfolgestaaten, sondern auch für ethnische Minoritätensituationen im Allgemeinen. Die Kategorie Ndendeuli wurde durch Eroberung und Fremdzuschreibung seitens der Zulu-*Overlords* geschaffen. Für die so Etikettierten ergaben sich zwei Alternativen: Assimilation mit mehr oder minder geringem sozialem Status oder eine Besinnung auf die eigene kulturelle Kollektividentität

---

101 Cohen 1978: 394

mit kulturell vermittelter Abgrenzung zur Ngoni-Oberschicht. »Presented with the choice between being an underclass or an ethnic minority, many groups apt for the latter.«[102] Im Falle der Ndendeuli geschah beides.

Bestimmte separate ökonomische, kulturelle, religiöse (oder auch sprachliche) und ökologische Einflüsse begünstigen ethnische Differenzierung, ein Allgemeinplatz auch der klassischen Anthropologie. Politische und soziale Subordination mag interne kulturelle Homogenität und Kollektividentität fördern, doch es bedarf ethnischer Führer, *broker* (E. Wolf) bzw. *entrepreneurs*, um aus diesen vagen Entitäten politisch geschlossene Korporationen zu machen.

> »[...] ethnic stratification may lead to increased differentiation culturally and socially in which a lower strata ethnic group unites and secedes to become an equal political segment among the politically organized group of the area.« (Cohen 1978: 374)

Hierin weist Cohen über die herkömmlichen formalistischen Ansätze hinaus, hebt sich aber noch deutlich von rein instrumentalistischen Modellen (wie etwa das seines Namensvetters Abner Cohen) ab, welche dem Wettbewerb um rare Ressourcen als Determinante ethnischer Gruppenbildung Ausschließlichkeitscharakter attestieren.

Dass sich die Ndendeuli für ihren Anspruch, ein autonomer Stamm zu sein, eines fiktionalen und sehr funktionalen Ursprungsmythos bedienen, der den Glanz vorkolonialer politischer Eigenständigkeit besingt, ist allgemein übliche ideologische Praxis und nicht nur dem Nationalismus eigen.

Die moderne Ethnizitätsforschung – allen voran Barth – hat die allgemeine Vorstellung relativiert, der Bezug auf die eigene Ethnizität sei per se Saat von Konflikt und Krieg, sondern sie als für die Interaktion in polyethnischen Settings unerlässliches symbolisches und normatives Zuordnungssystem charakterisiert. Bei den Formalisten wird die ethnische Grenze samt der sie umschließenden Gruppe gelockert. Sie betonen den kontinuierlichen Aushandelsprozess von ethnischer Identität. Konflikthafte Antagonismen werden als Konsequenz von Machtungleichgewicht und sozialer Stratifizierung erkannt und finden ihren Hauptantrieb im Wettbewerb um knappe Ressourcen. Selbst Leo Despres (1975b: 199) kapituliert vor der faktischen Evidenz des ethnographischen Datenmaterials und räumt ein, dass das Bemühen ethnischer Statusansprüche dem Wettbewerbsvorteil diene; sobald diese Ansprüche keinen unmittelbaren Vorteil versprächen, würden ethnische Grenzen geschwächt und ethnische Identitäten an Bedeutung verlieren.

Thomas Eriksen[103] trägt den beiden hypothetischen Extremen interethnischer Beziehungsmodi Rechnung, indem er zwischen *komplementärer* und *dichotomischer* Ethnizität unterscheidet, bzw. zwischen *analogischer* und *binärer* (oder *digitalischer*).

---

102 Eriksen 1993: 125
103 Eriksen 1993: 67. Vgl. auch Herzog-Punzenberger 1995: 37/8

Zuletzt wollen wir uns der Frage zuwenden, ob Ethnizität nun eher eine Konfliktvermehrungs- oder vermeidungsstrategie darstellt. Die Antwort fällt kurz aus: beides. Das hängt nicht zuletzt auch von der Perspektive ab, aus der man Ethnizität betrachten will. Gerade Barths stabile Grenzen und exklusive Identitäten tragen den Keim des Konflikts in sich, auch wenn Barth uns vom Gegenteil überzeugen will. Fasst man allerdings Ethnizität eher als individuellen Prozess, der sich als polymorph und ethnische Grenzen überschreitend geriert, wie es die Formalisten tun, offenbart sie sich gleichzeitig als potenzieller Katalysator ethnischer Antagonismen; durch ein manipulatives und diplomatisches Handlungsmuster, wie es wohl seit Menschengedenken gebräuchlich ist und sich z. B. in der Heiratspolitik der Königs- und Fürstenhäuser manifestiert: die Neutralisierung potenzieller Konflikte durch den *double bind* konfligierender Loyalitäten.

Evans-Pritchard hat in seiner berühmten Stammesmonographie der Nuer den segmentären Charakter der Loyalitäten und Identitäten hervorgestrichen: Das Ego als Zentrum verschiedener modellhaft in konzentrischen Kreisen angelegter Kollektividentitäten mit der patrilinearen Lineage als deren Herzstück. So weit das klassische funktionalistische Modell der segmentären Gesellschaft. Evans-Pritchard machte jedoch den für die künftige Ethnizitätsforschung bedeutsamen Schritt, diese segmentären Identitäten um die Möglichkeit multipler und jene überkreuzende Identitäten – zumindest auf Kinship bezogen – zu erweitern. Er weist explizit darauf hin, dass konfligierende verwandtschaftliche Loyalitäten, im konkreten Fall Affinitäten durch Heirat zwischen patrilinearen Lineages, Spannungen zwischen auf Kinship basierenden Subgruppen mildern und Konflikte zwischen traditionell kriegsanfälligen Sektionen reduzieren und vorbeugen helfen.

Max Gluckman erweiterte diese an sich simple Grundannahme von verwandtschaftlichen auf allgemeinere, kulturelle, politische, soziale und ökonomische Loyalitäten und Identitäten. Zentrale diesbezügliche Kategorie sind die *cleavages*, Bruch- und Trennlinien. Je mehr sich solche kulturellen oder politischen *cleavages* innerhalb einer Bevölkerungsgruppe parallelisieren, also nicht quer zu Gruppengrenzen und durch Individuen verlaufen, desto konfliktanfälliger werden sie.

Für Ronald Cohen vermag das kontinuierliche Manipulieren und Multiplizieren ethnischer und anderer Identitäten, vollzogen in einem wechselseitigen Aushandelsprozess, interethnische Systeme durch die daraus entstehenden Loyalitätskonflikte zu stabilisieren. Die Wahlmöglichkeiten des Individuums sind jedoch nie uneingeschränkt, sondern stoßen an askriptive Grenzen, die sich wiederum durch Stratifikation und Ungleichheit bestimmen mögen.

Trotzdem können wir davon ausgehen, dass Menschen Interesse bekunden an der Manipulation und Flexibilisierung ihres Handlungsspielraumes, so eingeschränkt dieser auch sein mag. Die Empirie hat gezeigt, dass sich Individuen nicht nur unter bestimmten Umständen gleichzeitig verschiedenen ethnischen

Bevor die Völker wussten, dass sie welche sind

Kategorien zuordnen und zuordnen lassen, sondern – und das ist vor allem an die Adresse der Primordialisten gerichtet – die ethnische Identität nur eine unter vielen möglichen Identitäten darstellt, derer sich Individuen ganz nach Maßgabe der jeweiligen Situation und des jeweiligen Handlungsspielraumes bedienen.

10. Die Zirkumstantialisten

> »One need not be a Marxist in order to recognize the fact that the earning of livelihood, the struggle for a larger share of income from the economic system, including the struggle for housing, for higher education, and for other benefits, and similar issues constitute an important variable significantly related to ethnicity.«
>
> Abner Cohen

Die Zirkumstantialisten, wie die ethnologischen Vertreter instrumentalistischer Theorien genannt werden[104], fokussieren den Ethnizitätsdiskurs auf politische *pressure groups*. Der Zugang zu und Wettbewerb um knappe Ressourcen[105] generiere demnach die Herausbildung ethnischer Gruppen, wobei Ethnizität als genuin *modernes* Phänomen untersucht wird. Kultur erlangt nur insofern Bedeutung, als sie sich ideologisch instrumentalisieren lässt.

Seinen schillerndsten und widersprüchlichsten Protagonisten findet dieser Ansatz im britischen Anthropologen und Afrikanisten Abner Cohen, der – wie man zu ihm auch stehen mag – ein dialektischer Stachel im ethnologischen Ethnizitätsdiskurs bleibt.[106] Cohen, der in Manchester promovierte, stand unter dem Einfluss Max Gluckmans, welcher mit seinen Schülern und Schülerinnen auch die Erforschung ethnischer Netzwerke im urbanen Kontext stimuliert hatte. Cohens eigene Publikationen stehen für jene späte Phase der Manchester School, in der nicht nur der amerikanische Ethnizitätsbegriff übernommen, sondern zudem die *Urban Anthropology* als eigene Forschungsrichtung etabliert wurde.[107]

Cohens Modell stützt sich auf eine scharfe Kritik Barths. Dieser hatte ethnische Kategorien als »organisational vessels« (1969a: 14) bezeichnet: »They may be of great relevance to behaviour, but they need not to be; they may provide all social life; or they may be relevant only in limited sectors of activity.« Dies sage jedoch alles und nichts, meint Cohen. Obwohl Barth sicher kein Subjektivist oder gar Primordialist ist, als welchen Cohen ihn denunziert, sondern eindeutig einer kulturmaterialistischen Ethnologie zuzuordnen ist, werfe sein zentraler Ausgangspunkt – so Cohen – einige logische und methodologische Probleme auf: Dieser sei rein deskriptiv und argumentiere

---

104 Bzw. wie Marco Heinz (1993: 288-306) sie in seinem Standardwerk *Ethnizität und ethnische Identität* nennt. Woher er diese Bezeichnung hat, verrät er dem Leser nicht. Doch in der Annahme, dass es sich dabei um mehr als eine willkürliche Setzung handelt und der Begriff nicht nur von ihm verwendet wird, werde auch ich Gebrauch davon machen.
105 Der Begriff Ressourcen im Sinne von Ronald Cohens umfassender Definition (siehe voriges Kapitel).
106 Vgl. zu Cohen auch Banks 1996: 32ff.
107 1971 fand in London ein Symposium zum Thema *Urban Ethnicity* mit Beiträgen von C. Mitchell, P. C. Lloyd, Edward Bruner u. a. statt, zu dem Abner Cohen das Eingangsreferat hielt. Darin nahm er teilweise seine späteren Positionen vorweg, die er im 1974 von ihm herausgegebenen Sammelband *Urban Ethnicity* modifizierte. Vgl. auch Heinz 1993: 292

mit Zirkelschlüssen. Menschen würden als Mitglieder ethnischer Kategorien handeln, weil sie sich mit diesen identifizierten oder von anderen identifiziert würden (vgl. A. Cohen 1974: xii).

> »Such statements and arguments will not become more analytical if we attribute identification and categorization to so-called cognition and begin to construct ›cognitive maps‹ to ›explain‹ them. At most, what we are establishing by this procedure is the simple fact that ethnic categories exist. This is of course legitimate if it is taken as the starting point of an investigation, not as its conclusion. For, by itself it generates no hypotheses and leads to no further analysis. This is why nearly all the anthropologists who approach ethnicity from this angle seek to proceed further beyond this starting point.« (A. Cohen 1974: xiii)

Auch formalistische Ansätze vermögen es selten, über diese Tautologie hinauszugehen. Ethnizität wird hierbei trotz all der zugestandenen Manipulier- und Instrumentalisierbarkeit als gegeben vorausgesetzt. Zwar legen die Formalisten all ihr intellektuelles Gewicht auf die Beschreibung, wie und warum Ethnizität benutzt wird, welche strukturellen Bedingungen ihr aber zugrunde liegen, sparen sie (mit Ausnahme R. Cohens und Leo Despres') zumeist aus. Der formalistischen Monierung des Individuums als Kreator und Aushändler von Ethnizität hält Cohen entgegen, dass eine derartige Einseitigkeit die normative Macht symbolischer Strukturen unterschätze, derer sich Individuen zur Maximierung ihres Handlungsspielraumes bedienten. Diese Strukturen erlangten immer nur als kollektive Repräsentationen ihre Bedeutung. In der Reifikation der Gruppe als Träger von Ethnizität nähert sich Cohen wieder dem Barth'schen Modell.

> »An ethnic group is not simply the sum total of its individual members, and its culture is not the sum total of the strategies adopted by independent individuals. Norms, beliefs, and values are effective and have their own constraining power only because they are collective representations of a group and are backed by the pressure of that group.« (Ibid.)

Individuen vermögen zwar die normativen symbolischen Strukturen zu beeinflussen, nicht aber ohne bereit zu sein, sich ihrerseits diesen zu unterwerfen. »He must pay the price of membership by participating in the group's symbolic activities and by a measure of adherence to the group's aims.«[108]

Cohen stellt den emisch-subjektiven Faktor hintan. Dieser erlange nur in seinen objektiven Manifestationen Bedeutung. Cohen »both widens and narrows the scope of ethnic studies« (Eriksen 1993: 55), indem er aus dem heterogenen Pool an möglichen definitorischen Kriterien für Ethnizität einzig die interessegeleitete Gruppe als analytisch dingbar zu machendes Definiens heraussiebt; und zwar wirkliche Gruppen in soziologisch korrekter Verwendung (siehe Weber) des

---

108   A. Cohen 1974: xiii

Begriffs, welche in modernen Staatszusammenhängen um begehrte Ressourcen wetteifern. Diese definitorische Einengung der Ethnizitätsbegriffs kann auch als Versuch gewertet werden, seiner Inflationierung einen Riegel vorzuschieben.

Gewachsene traditionelle Strukturen erleichtern die Vergemeinschaftung; sie versprechen dem Individuum emotionelle Wärme und Identität; dennoch ist Ethnizität, und hierin folgt Cohen Weber nicht, kein vormodernes Relikt, sondern die Begleiterscheinung eines allumfassendem Modernisierungsprozesses, der durch Industrialisierung, marktwirtschaftliche Produktion, eine immer ausdifferenziertere Arbeitsteilung und Wettbewerb um größere Anteile am gesamtgesellschaftlichen Einkommen geprägt ist. Dieser Modernisierungsprozess hat ein Aufkommen von Interessensverbänden evoziert. Ethnizität stelle eine mögliche Form dar, durch den Appell an kulturelle Identität und Kontinuität korporative Gemeinschaften zu mobilisieren, welche zumeist auf Klientelschaft zu ethnopolitischen Führern beruhen.

Cohen untersuchte die Sozialstruktur von Arbeitsmigranten in westafrikanischen Städten und kam – wie vor ihm die Vertreter der *Manchester School* in Bezug auf die Detribalisierungsdebatte – zu dem Schluss, dass sich ethnische Identitäten nicht auflösten, sondern entlang existierender und bewährter Grenzen sogar verstärkten. Jedoch erlangten sie im neuen Kontext völlig neue Funktionen. Die bruchlose Kontinuität zwischen den ethnischen Kulturen im rural-ländlichen und im urbanen Kontext besteht demnach nur scheinbar.

Bereits 1960 war Immanuel Wallerstein[109] im selben ethnographischen Umfeld zu ähnlichen Ergebnissen gekommen. Die ethnischen Assoziationen, die sich als effiziente Netzwerke zur gemeinsamen Durchsetzung gemeinsamer Interessen etablierten, leiteten sich weniger von althergebrachten *Stammestraditionen* her, sondern gehorchten im urbanen Kontext völlig neuen Bedingungen, was eine Modifizierung und Neucodifizierung der ethnischen Muster, die – so Wallerstein – so traditional nicht waren, als sie gerne von Anthropologen und natürlich den Akteuren selbst beschrieben würden[110], erforderte.

> »The role of the ethnic group in providing food and shelter to the unemployed, marriage and burial expenses, assistance in locating a job has been widely noted. West African governments are not yet in a position to offer a really effective network of such services, because a lack of resources and personal. Yet if these services would not be provided, widespread social unrest could be expected.«[111]

Hier haben wir wieder jene Janusköpfigkeit des modernen *ethnic network,* wie es überall in urbanen Zentren auftrat und auftritt und nicht selten erst ethnisches Bewusstsein wenn schon nicht erzeugt, so zumindest verstärkt: Auf der

---

109 I. Wallerstein (1960): Ethnicity and National Integration. In: *Cahiers d'Etudes Africaines* 1 (N3): 129-139
110 »Thus we see that ethnic groups are defined in terms that are not necessarily traditional but are rather a function of the urban social condition. By ethnicity, we mean the feeling of loyalty to this new ethnic group of the towns.« (Wallerstein 1960: 133. Zit. nach Heinz 1993: 294)
111 Ibid.

einen Seite die Funktion, für Migranten die sozialen Härten der neuen Umwelt abzufedern, Dienstleistungen und Identitäten bereitzustellen, andererseits die Funktion, den sozialen Status quo moderner Staaten zu affirmieren, indem sozialstaatliche Strukturen, falls vorhanden, durch jene ethnische Variante von *Mutual-aid*-Organisationen entlastet oder überhaupt substituiert werden. Um erfolgreich operieren zu können, müssen diese Korporationen nach Ansicht Cohens (vgl. 1974: xvi/xvii) grundlegende organisatorische Funtionen erfüllen: (1.) Distinktion von anderen Interessensgruppen (*boundary*), (2.) Kommunikation, (3.) Autoritätsstrukturen, (4.) Entscheidungsfindungsmechanismen, (5.) eine entsprechende Ideologie und (6.) die kontinuierliche Sozialisation neuer Mitglieder.

Cohen (vgl. 1974: xvii) trifft die Unterscheidung zwischen formellen und informellen Interessensgruppen und stützt sich dabei auf Max Weber. Erstere stellten diesem zufolge den effizientesten und gebräuchlichsten Typus innerhalb moderner Industriegesellschaften dar. Dieser Typus verfolge klar umrissene Ziele und zeichne sich durch rationale und bürokratische Planung aus (Gewerkschaften, politische Parteien, *peer groups* etc.). Oder aber Menschen formierten sich in informellen Verbänden, deren wesentlichstes Diakritikum zu den formellen darin besteht, dass sie das gesamte Individuum (z. B. anhand seiner ethnischen Zugehörigkeit) inkorporieren, während jene das Individuum nur partikulär, nur in Hinblick auf das zu erreichende Ziel (Verbesserung der Arbeitsbedingungen etc.) beanspruchen. Werden solche formellen bzw. assoziativen Organisationen in ihrer Formierung von der Staatsgewalt oder anderen Machtfaktoren behindert, biete sich als Ausweichstrategie die Organisierung auf informeller bzw. kommunaler Basis an, wie sie sich in Semantiken der Verwandtschaft, Freundschaft, in Ritualen und Zeremonien und anderen symbolischen Aktivitäten ausdrücken mag, »that are implicit in what is known as style of life«. Diese Form der Ethnisierung meint Cohen bei den urbanisierten Haussa in Ibadan, Nigeria, beobachtet zu haben, und mag für den spezifischen Fall auch zutreffen. Diese These lässt sich in ihrer Allgemeinheit leicht anhand *multikultureller* administrativer Förderungsprogramme widerlegen, die ethnische Assoziationen geradezu heraufbeschwören, wie dies der amerikanische Kontext zeigte.

Parallel zu den Zirkumstantialisten der britischen Sozialanthropologie bildete sich auch in den Vereinigten Staaten eine instrumentalistische Soziologenschule heraus, die zu fast identischen Ergebnissen kam. Auch diese stellt Machtungleichgewicht und Ressourcenwettbewerb als entscheidende Determinanten heraus, die Ethnizität im modernen Rechtsstaat wirksam werden lassen. Kernpunkt dieser Theorien ist die ethnische Stratifizierung; also strukturelle soziale Ungleichheit bezüglich des unterschiedlichen Zugangs zu Macht, Prestige und ökonomischen Ressourcen; der von der (meist askriptiven) Zugehörigkeit zu *ethnischen* (oder religiösen, rassischen) Gruppen festgeschrieben wird.[112]

---

112 Zu instrumentalistischen Ansätzen in der Soziologie vgl. Heinz 1993: 298

Ein Großteil der amerikanischen Wettbewerbstheorien steht allerdings in bürgerlich-liberaler Tradition und bedient sich bei der Untersuchung von Gruppenmigration und Bevölkerungskonzentration in Städten demographischer und ökologischer Argumentationsmuster. Die Märkte, auf denen Vertreter ethnischer Gruppen konkurrieren, werden gemäß liberaler Ideologie als freie Wettbewerbsmärkte imaginiert. Doch »ethnische Immigrantengruppen konkurrieren nicht auf einem ebenen Sportplatz miteinander«, wie das Joe Feagin (1990: 100) treffend metaphorisiert. So stehen derartige Theorien in explizitem Gegensatz zu Machtkonflikttheorien, welche Diskriminierung, Chancenungleichheit und ökonomische Ausbeutung thematisieren und analysieren.

Das gruppenspezifische Ethnizitätsmodell Cohens erfreute sich insofern großer Beliebtheit, als es universale Gültigkeit für sich zu beanspruchen schien. Denn die Ausweitung kapitalistischer Produktionsbedingungen und infolgedessen Migration schufen weltweit strukturelle Bedingungen für die korporative Mobilisierung auf Basis realer und vorgestellter kultureller Bande. Als Beispiel für die Übertragung des Cohen'schen Modells auf ethnische Großstadtstrukturen Nordamerikas will ich Ulf Hannerz' Analyse der italienischen *Cosa Nostra* in den USA heranziehen. Unter expliziter Berufung auf Cohens Ergebnisse aus Westafrika untersucht Hannerz (1974: 50ff.), wie spezifisch italienische Ethnizität[113] in den ersten Jahrzehnten unseres Jahrhunderts von der *Cosa Nostra* als einem Spezialfall einer ethnischen Gruppe im Cohen'schen Sinn[114] instrumentalisiert wurde. Er stellt vier Funktionen heraus, die Ethnizität im Rahmen dieser kriminellen Organisation erfüllt:

1. **Ethnizität als Mittel zur Beschaffung extraterritorialer Ressourcen.** Die *Entrepreneurs* der italienischen Mafia zogen unschätzbaren Vorteil aus dem Kontakt zur Herkunftsregion. Der Drogenhandel profitierte von einem stabilen Netzwerk an Kontakten, die durch *Kinship* und jene *primordialen Bindungen*, von denen Geertz schwärmt, aufrechterhalten wurden. Allerdings – ich wiederhole den Hauptkritikpunkt an Geertz' Konzept – mochte sich die US-Mafia traditioneller Verwandtschaftsbande und Symbolkodizes bedienen, im industriekapitalistischen Amerika erlangten sie einen völlig neuen funktionalen und strukturellen Stellenwert als etwa im halb- und neofeudalen, agrarischen Sizilien.

2. **Ethnizität als Basis interner Kohäsion.** Fiktive Verwandtschaftsbande, ausgedrückt in der Hierarchisierung von *Familien* zementieren die Exklusivität

---
113 Selbstverständlich handelt es sich bei *italienischer Identität* im amerikanischen Kontext um eine soziale Konstruktion, deren Kohäsion durch Stereotypisierung seitens der amerikanischen Mehrheitsgesellschaft geradezu erzwungen wurde. Relativ wohlhabende norditalienische Immigranten, zumeist in früheren Einwanderungswellen gekommen, nahmen nur deshalb eine gemeinsame Identität mit den ungeliebten *peasani* des Südens an, weil es ihnen nicht gelungen war, die US-Majorität von einer separaten Identität zu überzeugen. Analoges gilt für Juden, Iren u. a. (vgl. Hannerz 1974: 64ff). So geschah es nicht selten, dass nationales Wir-Gefühl sich eher in den Ghettos der Auswanderungsländer konstituierte als in den nationalstaatlichen Herkunftsländern.
114 Für Cohen würden erst Organisationen wie die Mafia die Vorgaben erfüllen, die den Begriff *italienische Ethnizität* rechtfertigten.

und interne Kohäsion. Findet Heirat nicht innerhalb der Organisation statt, besteht zumindest eine starke Tendenz, innerhalb der italienischen *Community* zu heiraten, »so that the organisation maintains the ethnic boundarys more generally[115]«.

3. **Ethnizität als Rekrutierungsbasis.** Mitglieder der kriminellen Organisationen stehen in engem *Face-to-Face*-Kontakt zu den übrigen Mitgliedern der Community, die eine unerschöpfliche Ressource für neue Mitglieder darstellt. Semikriminelle jugendliche Straßengangs werden protegiert und allmählich den Strukturen der Organisation integriert; für viele Jugendliche die einzige, aber umso prestigeträchtigere Aufstiegschance.[116]

4. **Ethnizität als Schutzfunktion.** Dieser Punkt spricht sowohl die reale Protektion an, die die Organisation leisten muss, um ihre Ziele mit dem Einverständnis der Gruppenbasis in Angriff nehmen zu können, als auch den subjektiven Faktor der psychischen Bedürfnisse dieser Basis, die befriedigt werden müssen. Der Ehrenkodex der *Cosa Nostra* ist tief in der mediterranen Dorfkultur verwurzelt; in extremen Situationen gesellschaftlicher Isolation und Deprivation schafft er Zusammengehörigkeits-, Selbstwert- und Überlegenheitsgefühl gegenüber der restlichen Welt.

»The Italian-American criminal organisation thus seems to have been able to use ethnicity to ensure solidarity, to organize recruitment, to win the assistance of a wider group in warding off attacks and maintaining a non-criminal front, and to build up a system for the supply of resources. In such ways, it seems to be the most extreme case of an entrepreneural interest group operating as an effective basis in the United States.« (Hannerz 1974: 53)

Altmodischeren Lesern mag der Gedanke, dass diese »Qualität Ethnizität«, die man vorrangig der unzerstörbaren Welt der Stämme, Völker, Ethnien zugedacht hätte, im zeitgenössischen sozial- und kulturwissenschaftlichen Diskurs nun auch schon von modernen Verbrecherorganisationen okkupiert wird, ein flaues Gefühl im Magen bereiten. Doch kaum, dass sie sich zu der Bereitschaft durchgerungen haben, das als wirklich *most extreme case*

---

115 Hannerz 1974: 52. In weiterer Folge wurde die Inklusionsschranke auf die Konfessionalität erweitert, d. h. es kamen katholische Iren oder Polen als Heiratspartner in Frage.
116 Bei üblicher Missachtung der gesamtgesellschaftlichen ökonomischen Bedingungen versuchte die US-Unterhaltungsindustrie solchen Tendenzen mit Moral entgegenzusteuern. In den entsprechenden Genrefilmen dieser Zeit entlarvt sich das System, indem es – wie hoffnungslos – als einzige Alternative zur Kriminalität Priesterposten ausschreibt. Diese werden meistens von Spencer Tracy monopolisiert, der einen irischen Gangster (meistens von James Cagney monopolisiert), mit dem er selbst in Kindertagen Fensterscheiben eingeschossen hat, vom linken Weg abbringen will. Das gelingt nicht, und deshalb muss James Cagney sterben und – noch viel schlimmer – kurz zuvor in Spencer Tracys Armen Buße tun. Dass diese moralinsaure Propaganda, das Argument des guten Herzens, im Verteilungskampf leidlich überzeugend gewesen sein muss, beweist u. a. der Umstand, dass es heute noch in den USA mehr Gangster als Priester, dafür aber viele Priester als Gangster gibt.

mit einem Augenzwinkern zu akzeptieren, mögen sie eventuell auf Abner Cohens Vorwort zu *Urban Ethnicity* stoßen und damit vom Regen in die Traufe geraten. Mit Schrecken würden sie feststellen, dass Cohen noch eine Spur dicker aufträgt, sein Modell so weit treibt, die Londoner Börsenmakler (sic!) seiner Zeit als aktuelles Beispiel einer ethnischen Gruppe zu präsentieren. Doch bevor man nun etwas voreilig daran geht, ihn als Ghostwriter des Monty Python's Flying Circus zu decouvrieren, folge man seiner Argumentation (Cohen 1974: xix–xxi):

Transaktionen im Wert von Millionen Pfunden würden täglich ohne schriftlich fixierte Dokumente getätigt, also mündlich, *Face-to-Face* oder telefonisch. In Anbetracht der unvorstellbaren Risiken, die hiermit verbunden sind, liegt der Gedanke nahe, dass sich *Big Business* in der City von London auf einen erlesenen Kreis von Menschen beschränkt, die einander kennen und vertrauen, dieselben Werte und Normen teilen, denselben *Argot* sprechen, die in ein feinmaschiges Netz aus Beziehungen involviert sind, das von denselben symbolischen Verhaltensmustern durchdrungen ist.[117] Sowohl distinkte symbolische Codes als auch das Gefühl lebenslanger elitärer Verbundenheit würde den künftigen *top hatters* bereits in den fast nur für Mitglieder der britischen Alt- und Neuaristokratie zugänglichen Privatschulen ansozialisiert, ihren Körpern eingeschrieben, wie Bourdieu sagen würde, dessen Habitus-Konzept hier in sehr elaborierter Weise antizipiert wird. Ein weiterer Aspekt (Cohen 1974: xix/xx): »The City is thus said to be a village – barely one square mile in territory – in which everyone of importance knows everyone of importance. Who you know is more important than what you know.«

Pierre van den Berghe[118] hat als sicheres Kriterium zur Identifizierung einer ethnischen Gruppe die erweiterte Verwandtschaft herausgestrichen. Doch auch dieser Prüfung hält Cohen stand und zitiert eine Studie[119], worin die Genealogien von über zwanzig durch Heirat verbundene Londoner Elite-Familien rekonstruiert und die auf Kinship und Affinalverwandtschaft basierende Verfilzung politischer und wirtschaftlicher *decision makers* demonstriert wird.

---

117 »Ferris [...] gives a dramatic description of the odd and highly stylized manner in which the stockbrokers – known in the City as top-hatters because they still wear top hats – make their daily rounds in the City. They queue at a bank sitting on a hard bench, their striped trousers tugged up, exchanging a copy of *The Times* for the *Telegraph*. When they talk to the bank offical, they pull up a chair and discuss cricket, television, and politics before mentioning money. This business of ›how-do-you-do‹, Ferris was told, is to acknowledge: ›we accept the normal rules of the society, and we can now start exchanging ideas‹. ›If you go to the bank with a top hat they say: ›Oh, it's one of the brokers‹, and you walk right in. If you went in in a homburg there'd be an awful business of ›Good gracious me, Mr –, where's your hat this morning?‹ There'd be a *thing*, which of course you want to avoid at all costs.‹ For if you behave in an ›abnormal‹ manner, your bank offical will think that there is something ›fishy‹ about your behaviour, and unless there is an obvious explanation your creditworthiness may suffer – and without unblemished trustworthiness a broker cannot operate.« (Cohen 1974: xx)

118 Stellvertretend für Van den Berghes ethnizitätsrelevante Publikationen sei hier *The Ethnic Phenomenon* erwähnt (1981. New York).

119 Lupton & Wilson (1959): Background and Connections of Top Decision-makers. *Manchester University School*.

»This network is governed by archaic norms, values and codes that are derived from the City's ›tribal past‹ [...]. It is held together by a complex body of costums that are to an outsider as esoteric and bizarre as those in any foreign culture.« (Cohen 1974: xx)

Nun verhielten sich die Haussa-Händler in Ibadan – wie Cohen in Verteidigung seines Affronts gegen die anthropologische Allgemeinauffassung fortfährt – sehr ähnlich, von den unterschiedlichen strukturellen Bedingungen einmal abgesehen. Haussa-Händler aus dem Norden Nigerias würden Besitzungen und Werte im Süden des Landes nur dort ansässigen Haussa-Maklern anvertrauen. Sowohl *top-hatters* als auch Haussa-Händler instrumentalisierten zur Abwicklung ihrer Geschäfte bestimmte symbolische und kulturelle Muster[120], die historische Kontinuität und exklusives Wir-Bewusstsein signalisieren. Beide Gruppen wiesen teils formelle, teils informelle Eigenschaften auf.

Man könnte nun einwenden, Londoner Börsenmakler stellten eine sozioprofessionelle Gruppe innerhalb einer umfassenderen ethnisch-nationalen Kategorie dar, nämlich der Engländer, währenddessen Haussa-Geschäftsleute aus Ibadan und anderen Großstädten Nigerias ein vergleichbares Segment der größeren Kategorie Haussa innerhalb eines von der Kategorie Yoruba dominierten Staates stellen. Wir wissen mittlerweile, dass der überaus schwammige Begriff Ethnizität – wollen wir mit seiner Verwendung nicht in kulturellen Essenzialismus zurückfallen – nur dann Sinn erlangt, wenn er auf interaktive Situationen angewandt wird. Genau dies ist in Ibadan gegeben, wo Haussa in einem umfassenden System der Arbeitsteilung eine ökonomische Nische belegen und im Wettbewerb um gesellschaftliche Ressourcen mit einer Mehrheitsbevölkerung konkurrieren, die ihren Zusammenhalt mit einer rezenten und protonationalen Yoruba-Kultur[121] rechtfertigt. Solche Verhältnisse treffen für die *top-hatters* nicht zu, aber »they are socio-culturally as distinct within British society as are the Hausa within Yoruba society«.[122]

Nun könnte man es auf das Experiment ankommen lassen, die vermeintliche *Ethnizität* der *top-hatters* an den klassischen Definitionen für Ethnien und ethnische Gruppen zu messen, wie wir sie im Einleitungskapitel dieses Abschnittes gegen die ethnographische Realität antreten ließen. Stellvertretend dafür wollen wir noch einmal Raoul Narrolls meines Erachtens charakteristischen Kriterien bemühen, die da wären: territoriale Nähe, politische Organisation, Verteilung distinkter Kulturmerkmale, eine lokale Gemeinschaftsstruktur und eine gemeinsame Sprache. Hinzufügen wollen wir noch den Glauben an eine gemeinsame historische Kontinuität. Ironischerweise werden diese Kriterien (mit Ausnahme der Sprache) von den Börsenmaklern teilweise ganz, teilweise in Ansätzen erfüllt; sicherlich in schwächerem Ausmaß als von den Navajos in New Mexico, allerdings

---

120 »[...] costums that are implicit in the life-style of the City men are sovereign in their constraining power, as are the costums implicit in Hausa culture.« (Cohen 1974: xxi)
121 Zu Genese und *Erfindung* der Yoruba-Kultur siehe Eriksen, 1993: 94ff.
122 Cohen 1974: xxi

eher als von den Kärntner Slowenen, sieht man, wie gesagt, vom Kriterium der Sprache großzügig ab. Und hätte Narroll dieses fallen lassen, entblößten sich die restlichen ihrer ganzen Dürftigkeit. Jede zweite Dorfgemeinschaft dieser Welt würde ihnen dann genügen.

Sobald historische Kontinuität – und wichtiger: der subjektive Glaube daran – den Kanon der Determinanten ethnischer Gruppen bereichert, könnten wir den *top-hatters* möglicherweise attestieren, dass deren Kontinuität und subjektiver *sense of exclusiveness* bis ans Ende des 17. Jahrhunderts zurückreicht, 1697 etwa, das Jahr der Gründung der Bank of England, und wir in William Hogarths Grimassen auch ihre vielleicht leiblichen Ahnherren wiederfinden, während sich etwa die der Ndendeuli nicht weiter als bis zur Mitte des vorigen Jahrhunderts zurückverfolgen lässt, wenngleich die nationale Mythologie – wie gehabt und wie gewohnt – den Flaum statt einen langen, weißen Bart für sich beansprucht.

Zu sagen bleibt, dass – egal ob man Cohens Standpunkt nun teilt oder nicht (und das müssen die Kritiker mit ihrer jeweiligen theoretischen Position ausmachen, sofern sie eine vorzuweisen haben) – die Londoner Börsenmakler von 1974 eine ethnische Gruppe darstellen; dies aber nur innerhalb Abner Cohens theoretischer und definitorischer Vorgaben. Wer diese übernimmt, muss sie – wie Cohen selbst es löblicherweise getan hat – konsequenterweise an ihre Grenzen denken, dann affirmieren, fallen lassen oder weiterentwickeln. Cohen hat sich für Ersteres entschieden.

Eriksen (vgl. 1993: 55ff.) kritisiert die Willkürlichkeit, mit welcher kulturelle Muster bei Cohen ihre einzige *Raison d'Être* in der politischen Funktionabilität ethnischer Organisationen erhalten würden. Ethnizität bedürfe hierbei keiner kulturellen und historischen Erklärungen. Sie sei zugunsten gegenwärtiger sozialer und ökonomischer Bedingungen von ephemerer Bedeutung. Bezugnehmend auf die historische Dimension, die Cohen zu stiefmütterlich behandeln würde, stellt Eriksen die Frage, wieso sich bestimmte Symbolsets und ethnische Konfigurationen als effizient erwiesen und andere nicht. Würden ethnische Identitäten tatsächlich primär durch politische Prozesse kreiert, wäre zur Erreichung spezifischer Ziele jede beliebige Identität denkbar; bestehe die Möglichkeit, Mitglieder der ethnischen Kategorie Massai davon zu überzeugen, in Wirklichkeit Kikuyus zu sein.

Eriksen übersieht, dass die *ethnische Konversion*, ob freiwillig, halb freiwillig oder gezwungen, immer schon erfolgt ist und auch immer wieder geschehen wird; dass sie eine der zentralen Praktiken der nationalistischen Homogenisierung bedeutet. Oder denken wir an die bewusste Genealogiefälschung oder etwa an Gellners Beispiel der Tunesier, die für sich in Anspruch nahmen, türkische Mitglieder der türkischen Herrschaftsschicht zu sein. Ähnliches berichtet Arens (vgl. 1979: 218/9) von Ostafrikanern diverser ethnischer Herkunft, die vor und während der Kolonialzeit prestigeträchtige arabische Identitäten in einem Ausmaß annahmen, dass sich die wohlhabenden und distinguierten arabischen Communities der Ostküste dieser Konvertiten bald erwehrten. Kulturelle Identität ist Individuen in der Regel nicht solch ein Heiligtum, dass sie nicht für ökonomische, politische u. a. Vorteile manipuliert und im Extremfall geopfert werden könnte, ganz gleich, wie viel struktureller Zwang dabei im Spiel ist. Die Übernahme neuer kultureller Identitäten infolge des Wechsels der Subsistenzgrundlage wurde bereits anhand der Fur und Baggara behandelt. Nichtsdestoweniger ist Eriksen darin zuzustimmen, dass Ethnizität eine *nicht-instrumentelle* und *nicht-politische* Ebene beinhaltet. Zudem lässt sich ein Szenario, bei dem ganze ethnische Gruppen aus politischer bzw. ökonomischer Motivation in einer anderen ethnischen Kategorie spurlos aufgehen, schwer vorstellen. Einzig die moderne nationale Homogenisierungspraxis brächte dies unter Aufbringung aller ihr zu Verfügung stehenden ideologischen Mittel fertig. Ansonsten bleibt die ethnische Konversion, das sogenannte *Passing*, ein individueller Akt.

A. L. Epstein[123] wirft zirkumstantialistischen Theorien vor, mit der Reduktion von Ethnizität auf politische Phänomene den gleichen methodologischen Fehler zu begehen, den früher kulturalistische Ansätze begangen haben; nämlich einen Aspekt eines Phänomens mit dem Phänomen selber zu verwechseln: »The consequence of this is not only that one is likely to misunderstand various aspects of ethnic behaviour, but that one may also led to exclude from the field of investigation many of the fascinating problems that ethnic behaviour poses.« [124] Epstein gesteht ökonomischen Interessen wichtige ethnizitätsbildende Funktionen zu, meint aber, dass Ethnizität als Selbstzweck auch weiterbestehen könne, wenn die Ziele besagter Interessen längst erreicht wären. See & Wilson[125] kritisieren, allen Mitgliedern einer Gruppe eine Interessenslage zu unterstellen. Auch Epstein weist darauf hin, dass besonders innerhalb ethnischer Gruppen Individuen nicht rational, sondern von Emotionen geleitet handeln.

Cohens Konzept weist diese Vorwürfe implizit zurück; nie hat er behauptet, dass ethnische Führer bzw. *Entrepreneurs* und die mobilisierte Gruppenbasis die gleichen Interessen aufweisen. Idealtypisch liegt die gemeinsame Interessenslage in Kohäsion und Persistenz der Gruppe als politische Handlungseinheit, die die Durchsetzung durchaus unterschiedlicher Interessen der Mitglieder (z. B. Machtakkumulation der ethnischen Führer und soziale Verbesserungen für die Basis) verfolgt. Außerdem bezieht sich rationales Handeln hierbei in erster Linie auf die Mobilisierung von Ethnizität durch politische Führer. Aus welchen Gründen sich Menschen aber mobilisieren lassen, steht auf einem anderen Blatt. Gerade Cohen unterzieht die symbolischen Strukturen, mit welchen ethnische Loyalitäten gebunden werden, einer scharfsinnigen Analyse, die sich besonders geeignet dafür zeigt, die Aporien rein subjektivistischer, aber auch objektivistischer Positionen zu transzendieren. Dazu Eriksen (1993: 56): »This point is elegantly driven home by Cohen in his *Two-Dimensional Man* [...], where the main argument is that ethnic organisation must simultaneously serve political ends *and* satisfy psy-

---

123 In Epstein, A. L. (1978): Ethos and Identity. Three Studies in Ethnicity. London. Siehe auch Heinz 1993: 299
124 Epstein 1978: 95/6. Zit. nach Heinz 1993: 299. Zu Epsteins Kritik an A. Cohen vgl. auch Banks 1996: 36-38
125 See, Katherine O'Sullivan & Wilson, William J. (1988): Race and Ethnicity. In: Neil J. Smelser (ed.): *Handbook of Sociology*. Newbury Park. 223242. Siehe auch Heinz 1993: 200ff.

chological needs for belongingness and meaning.« Bestimmte emotionale und psychologische Bedürfnisse können zu ihrer Befriedigung gelangen, auch wenn die Teilnahme an der Gruppe zu Subordination, Ausbeutung und Identitäten führt, die quer zu *objektiven Klasseninteressen* stehen.

Trotz einiger Fragwürdigkeiten und Simplifizierungen ist es Abner Cohens Verdienst, die Aporien des Ethnizitätsdiskurses auf die Spitze getrieben zu haben.

»There is ethnicity and ethnicity [...]. I think that it is common sense that the ethnicity of a collectivity that manifests itself in the form of an annual gathering of a few of its numbers to perform a dance or a ceremonial is different from the ethnicity manifested, say, the Catholics in Northern Ireland.« (Cohen 1974: xiv)

In Anbetracht der konfusen Heterogenität von Phänomenen, die allesamt der Einfachheit halber mit dem Label Ethnizität etikettiert werden, erscheint die Frage nicht mehr ganz so unberechtigt, wieso etwa die Gemeinsamkeit zwischen einander persönlich unbekannten afroamerikanischen Immobilienberaterinnen und Obdachlosen oder Chicagoer Iren, die am St. Patrick's Day gemeinsam grüne Farbe in den Michigan River schütten und sich hernach mit grünem Bier betrinken, *mehr ethnisch* sein soll als die sozialen Beziehungen zwischen Londoner Börsenmaklern, die im Vergleich zumindest über so etwas wie eine intakte *Stammeskultur* verfügen.

Abner Cohen versuchte dieses logische Problem zu lösen, indem er den Objektbereich auf intentionale Gruppen im Weber'schen Sinn reduzierte, was außer der Gruppenbildung aus Kosten-Nutzen-Abwägung allen bis dato als ethnisch beschriebenen Phänomenen die wissenschaftliche Kategorie Ethnizität vorenthielt. Die Formalisten versuchten dieses Problem zu lösen, indem sie das Individuum in den Vordergrund ihrer Analyse stellten und ihm ebenfalls die Möglichkeit rationaler Wahlentscheidung einräumten (z. B. zwischen verschiedenen ethnischen und nicht-ethnischen Identitäten hin- und herpendeln zu können, je nachdem, welche sich als nützlich, angemessen und vor allem in Anbetracht gesellschaftlicher Repression und Askription als *realisierbar* erwiesen). Die Zirkumstantialisten widersprechen diesen Grundannahmen nicht explizit, doch analysieren sie vorrangig Gruppenprozesse, bei denen affinale Bindungen, kulturelle Übereinstimmungen nicht nur als Ethnizität kollektiv mobilisiert werden, sondern erst durch die Mobilisierung zu Ethnizität gerinnen. Das Individuum mag multiple Identitäten aufrechterhalten; allerdings erlangen in bestimmten Interaktionszusammenhängen erst jene Partikuläridentitäten imperativen Status, die ein Wir-Gruppen-Gefühl in Hinblick auf politische, ökonomische und/oder soziale Interessen konstituieren und durch dieses rekonstituiert werden.

11. Wer vom Kapitalismus schweigt, soll nicht über Ethnizität reden – Ethnizität aus neomarxistischer Perspektive

»Racial antagonism is part of this class struggle, because it developed within the capitalist system as one of its fundamental traits.«
Oliver C. Cox

Was der afroamerikanische Theoretiker Oliver Cox, der diese Position bereits in den 1940er-Jahren formulierte, von den rassischen Antagonismen sagt, könnte ebenso als Leitsatz der neueren marxistisch beeinflussten Auseinandersetzung mit Ethnizität gelten. Die orthodoxe Theorie, die nicht ungleich der bürgerlichen Modernisierungstheorie vor der Folie der Tradition-Moderne-Dichotomie ethnische Differenzierung als *afunktionales* präkapitalistisches Relikt abtut, in der Hoffnung, dass dieses von der Geschichte überholt würde und der Kategorie der Klasse weiche, bestimmt die Ungleichheit von Lebenschancen als Ausdruck der fundamentalen Spaltung der Gesellschaft in zwei antagonistische Klassen, deren Position sich objektiv durch ihr Verhältnis zu den Produktionsmitteln bestimmt.

Neomarxistische Theoretiker haben die Aufgabe, die ihnen das sogenannte *ethnic revival* bzw. die Aufrechterhaltung und Neuziehung ethnischer Grenzen stellte, angenommen und Ethnizität auf ihre Rolle im Widerspruch zwischen Kapital und Arbeit untersucht. Ethnizität ist ihnen nicht etwa hartnäckige, aber kontingente Nebenerscheinung, sondern fundamentaler Aspekt des modernen Kapitalismus. Wissenschaftlerinnen und Wissenschaftler, die Ethnizität unter dem Aspekt ökonomisch motivierter Stratifizierung untersuchen, legen keine allumfassende Ethnizitätstheorie vor und sind weit davon entfernt, ethnische Phänomene allgemein als Funktion kapitalistischer Markt- und/oder Produktionsmechanismen zu interpretieren. Dafür sind sie – im Gegensatz zu eher deskriptiven Ethnizitätsmodellen – in der Lage, innerhalb ihres eingeschränkten Objektbereiches die Ursachen und Bedingungen analytisch zu bestimmen.

Neomarxistische (bzw. machtkonflikttheoretische) und zirkumstantialistische (bzw. instrumentalistische) Ansätze verhalten sich zueinander im Großen und Ganzen komplementär und überschneiden sich in zahlreichen Aspekten sogar (insbesondere wenn Zugangschancen zum Arbeitsmarkt als knappe Ressource thematisiert werden). Neomarxistische und ihnen nahestehende Theorien untersuchen u. a. den Klassencharakter, der sich nicht selten hinter ethnischen Phänomenen verbirgt, und verstehen sich daher auch als Reaktion auf soziologische Ansätze, welche die Kategorie Ethnizität auf Immigranten in den Metropolen Nordamerikas und Europas beschränkten und nur allzu oft deren *kulturelles Anderssein* als Kriterium für ihre strukturelle Benachteiligung postulierten.

Am aufschlussreichsten erweisen sich solche Theorien dann, wenn die Beziehung zwischen Ethnizität und kapitalistischen Produktions- und Marktbedingungen im globalen Kontext analysiert wird. Als einen herausragenden Vertreter lassen wir uns von Eric Wolf noch einmal einen für die zu erörternde Problematik zentralen Punkt der marxistischen Theorie zusammenfassen:

> »Das Wesen des Kapitals liegt in seiner Fähigkeit, durch den Kauf und den Einsatz von Arbeitskraft gesellschaftliche Arbeit zu mobilisieren. Voraussetzung dafür ist ein Markt, auf dem die Arbeitskraft von Menschen gekauft und verkauft werden kann wie jede andere Ware auch: Die Ankäufer von Arbeitskraft bieten Löhne, welche die Verkäufer als Gegenleistung für eine Ware, nämlich ihre eigene Arbeitskraft entgegennehmen. Der Markt bringt die Fiktion hervor, daß es sich bei diesem Ankauf bzw. Verkauf um einen symmetrischen Tausch zwischen gleichberechtigten Partnern handele; in Wirklichkeit schreibt die Markttransaktion lediglich eine asymmetrische Beziehung zwischen den Klassen fest. Über diese Transaktion wird den Arbeitern ein Teil des Produkts ihrer eigenen Arbeit in Form von Löhnen zurückgezahlt, der Rest bleibt als Mehrwert der Kapitalistenklasse überlassen.« (Wolf 1986: 489)

Dieser Mythos des symmetrischen Tausches kehrt auch in der Theorie der *Push-und-Pull*-Faktoren wieder (vgl. Parnreiter 1994: 25/6). Hierin halten sich Arbeitslosigkeit und Verelendung als Migrationsmotoren und größeres Arbeitsangebot sowie höhere Löhne als »Lockfaktoren« die Waagschale. Tatsache ist, dass Verelendung und Arbeitslosigkeit in den Peripherien selbst das Resultat einer umfassenden Globalisierung der kapitalistischen Marktwirtschaft darstellt, welche nichtkapitalistische, regionale Wirtschaftsabläufe destabilisierte, zerstörte und einen riesigen Fluss von Menschen zwischen den Zentren und Peripherien freisetzte. Dieser Prozess setzte bereits mit dem Beginn der Industrialisierung ein. Zentrale Bedingung für die neomarxistische Bestimmung des Ethnischen unter modernen Bedingungen ist die Existenz eines internationalen Arbeitsmarktes. Nach neueren Schätzungen sind derzeit etwa 50 Millionen Menschen als *freischwebende proletarische Reservearmee* in Bewegung (vgl. Parnreiter 1994: 26).

Jeder Mensch stellt eine potenzielle Arbeitskraft dar. In dieser Hinsicht ist der Kapitalismus *ex negativo* vorurteilsfrei; seine Conditio sine qua non ist die ungebändigte Verschlingung von Produkten und Menschen. Er ist weder genuin rassistisch noch eurozentristisch, schon gar nicht frauenfeindlich oder sexistisch, sondern bedient sich geschickt aller möglichen, ethnischen, rassischen, geschlechtlichen, religiösen etc. Differenzierungen. Die Universalisierung des Kapitalismus korreliert mit einer Hierarchisierung der sozialen und politischen Rechte zwischen Zentrum und Peripherie sowie zwischen privilegierten nationalen Arbeiterschaften und am untersten Stratum der Arbeitsmärkte angesiedelten Arbeitsmigranten.

Die ökonomische und rechtliche Verwundbarkeit der Arbeitsmigranten machen sich die jeweiligen kapitalistischen Staatsökonomien zunutze. Bereits die staatsrechtliche Kategorie *Ausländer* impliziert deren strukturelle Benachteiligung. Diese Reservearmee dient als ökonomischer Puffer, schwächt die Verhandlungsposition der privilegierten Arbeiter im Lohnkonflikt und senkt die durchschnittlichen Lohnkosten insgesamt (vgl. Lentz 1995). Während sich die nationalen Arbeiterklassen ausbedingen konnten, dass das Kapital die Produktionskosten der Ware Arbeitskraft weitgehend übernimmt, fällt dieser Nachteil für die migrierte Arbeitskraft weg, bei welcher sich das Kapital die Kosten für Erziehung, Ausbildung und Altersversorgung weitgehend erspart. Mittels staatsrechtlicher Herrschaftsinstrumente wie Aufenthaltsgesetz, Fremdenbeschäftigungsgesetz, Asyl- und Fremdengesetz (in Österreich) wird die Versorgung des Marktes mit billiger Arbeitskraft geregelt, die im Falle eines sinkenden Arbeitskräftebedarfs nicht versorgt werden muss und in ihre Herkunftsländer zurückgeschickt werden kann. Mussten zur Zeit des Sklavenhandels noch die Kapitaleigner Transports-, Unterkunfts- und Verpflegungskosten berappen, also die Kosten der Reproduktionsfähigkeit der Arbeitskraft ihrer Sklaven, werden diese Kosten heutzutage zumeist auf die Migranten abgewälzt: Sie migrieren zum Selbstbehalt (vgl. hierzu Parnreiter 1994).

Demnach definiert Parnreiter (1994: 27) Migration »als Mechanismus, der dem Kapitalismus Arbeitskräfte 1. in ausreichender Zahl, 2. am richtigen Ort und 3. zur größtmöglichen Rechtlosigkeit und damit zu den ökonomisch günstigsten Bedingungen zur Verfügung stellt«.

Welche Bedeutung aber kommt der Ethnizität in diesen Prozessen zu? Der Arbeitsmarkt ist – *inter alia* – nach ethnischen Kriterien segmentiert, mit der Funktion, verschiedene Rechts- und Entlohnungsstufen zu konstruieren; durch die Spaltung in eine mit allen Bürger- und Sozialrechten ausgestattete heimische Arbeitskraft und ein ethnisch markiertes, rechtlich benachteiligtes Subproletariat, über welches je nach Konjunkturlage frei verfügt werden kann und, da einmal mit dem reduktionistischen Stigma des kulturell bzw. rassisch Differenten gebrandmarkt, in Krisenzeiten zum klar umrissenen Objekt ausländerfeindlicher oder rassistischer Projektionen avanciert.

> »Die kapitalistische Produktionsweise bringt erstens die Gruppen und Abteilungen der Arbeitskraft in eine hierarchische Rangfolge; und sie produziert zweitens fortwährend symbolisch überhöhte ›kulturelle‹ Merkmale, durch die sich die einzelnen Gruppen voneinander unterscheiden.« (Wolf 1986: 524/5)

Jeder einzelnen ethnischen oder rassischen Kategorie werde – so Wolf – ein fester Platz in der Hierarchie des Arbeitsmarktes zugewiesen, wobei die stigmatisierten ethnischen Gruppen auf die niedrigen Ränge verwiesen und die höheren Ränge von der Konkurrenz von unten abgeschirmt würden. Nicht unbedingt auf den niedrigsten Rängen, so doch im intermediären Bereich sind die sogenannten

Middleman Minorities angesiedelt; ethnische Minderheiten, die Edna Bonacich (1973) zufolge, da ihnen der sozioökonomische Aufstieg verwehrt wurde, als Adaptivstrategie bestimmte ökonomische Nischen in den »Gastländern« belegen bzw. diesen zugeordnet wurden:[126]

> »One of the principal peculiarities of these groups is the economic role they play. In contrast to most ethnic minorities, they occupy an intermediate rather than low-status position. They tend to concentrate in certain occupations, notably trade and commerce, but also other ›middleman‹ lines such as agent, labor contractor, rent collector, money lender, and broker. They play the role of middleman between producer and consumer, employer and employee, owner and renter, elite and masses.« (Bonacich 1973: 583)

Diese *Middleman Minorities* erfüllten u. a. die ideologische Funktion, soziale Spannungen zwischen Eliten und Massen abzupuffern. Ihre (zumeist überzeichnete) Affinität zum monetären Sektor sowie kulturelle oder phänotypische (in Kriterien der Rasse wahrgenommene) *Fremdheit*, und es besteht oft ein vitales Interesse, sie darin zu belassen, erleichtert den kulturell legitimierten Schulterschluss zwischen Elite und Massen.[127] Der Archetyp einer *Middleman Minority* sind die Juden, welche erst im mittelalterlichen Europa per staatsrassistischer Gesetzgebung in eine solche transformiert wurden. Keine ethnische Gruppe bekam je die einzigartige Kombination aus antikapitalistischem (und antikommunistischen) Ressentiment und kulturalistischen und rassistischen Projektionen bestialischer zu spüren.[128]

1972 hatte Edna Bonacich ihren richtungsweisenden Artikel *Theory of Eth-*

---

126 Der srilankesisch-britische Anthropologe Stanley T. Tambiah belegt Bonacichs *Split-Labor-* und *Middleman-Minority*-Ansätze besonders für die britischen und holländischen Kolonien sowie für deren Nachfolgestaaten (1994: 438): »In these societies certain ethnic groups may occupy special economic and social niches as merchants and traders (Lebanese and Syrians in West Africa, Indians in Uganda, Chinese in Malaya and Indonesia, Indians in Fiji), as plantation labor (indentured Indian labor in Guyana and Sri Lanka), or as ›bankers‹ and financiers (Nattukottai Chettiars in Burma and Ceylon). Again, especially in colonial capitals, there could be more complex mosaics: certain trades, certain crafts, certain local ›banking‹ and credit activities being the monopoly of both indigenous and foreign communities. The occupation of niches and specialization in certain activities tend to create a segmented labor market, and militate against social class solidarities that cut across ethnic lines. Ethnic division of labor stunts working-class action and middle-class associational links.

127 »A second theme stresses the nature of the societies in which middleman groups are found. These are characterized by a ›status gap‹ or marked division between elites and masses [...]. Examples include feudal societies with a gap between peasantry and landed aristocracy, or colonial societies with a gap between representatives of the imperial power and the ›natives‹. Distinct ethnic minorities are seen to serve a number of functions in such societies. First, since they are not involved in the status hang-ups of the surrounding society, they are free to trade or deal with anyone. In contrast, elites may feel that they lose status by dealing with the ›masses‹ [...]. Second, their foreignness enables them to be ›objective‹ in the marketplace; they do not have familistic ties with the rest of the society which can intrude on, and destroy business [...]. And third, they act as buffer for elites, bearing the brunt of mass hostility because they deal directly with the latter. In a word, middleman minorities plug the status gap between elites and masses, acting as middlemen between the two.« (Bonacich 1973: 583/4)

128 Stanley Tambiah erwähnt das aktuellere Beispiel der staatlich verordneten Vertreibung der indischen Händler aus Uganda: »Foreign specialized minorities are thus vulnerable to the policies of forcible ejection and/or dispossession by governments promoting the interests of ›indigenous‹ majorities.« (Tambiah 1994: 438/9)

nic Antagonism. The Split Labor Market veröffentlicht, worin sie die klassisch marxistische Vorstellung zweier antagonistischer Klassen durch die Hypothese erweiterte, dass sich in Wirklichkeit mehrere Arbeiterklassen im Verteilungskampf gegenüberstünden. Acht Jahre später nahm Bonacich zu dem von ihr mitinitiierten Diskurs Stellung und unterschied dabei zwischen zwei Erklärungsmustern, die ethnische Differenzierung in je unterschiedlicher Manier in Beziehung zum Klassenantagonismus setzen. Die von ihr unter dem Überbegriff *Superexploitation* zusammengefassten Ansätze betrachten Ethnizität primär unter dem Aspekt ihrer Funktion für die kapitalistische Produktionsweise. *Split-Labor-Market*-Ansätze rücken demgegenüber den Aspekt des Verhältnisses dominanter und ethnisch segregierter Arbeiterklassen in den Vordergrund. Jenen ist die ethnische Segmentierung intentionale Handlung der Kapitalistenklasse, während das *Split-Labor-Market*-Modell die heimischen Arbeiterklassen als diskriminierendes Subjekt dazwischenschiebt. *Superexploitation*-Ansätze gehen a priori von der Annahme aus, dass die Konkurrenz zu den ethnisch diskriminierten Billigarbeitskräften den eigenen Interessen auf lange Zeit objektiv schade und nur einem mangelnden Klassenbewusstsein, also *falschem Bewusstsein* entspringe. Rassistische und fremdenfeindliche Ideologien würden von der herrschenden Klasse geschürt, um – wie Astrid Lentz ausführt –

»1) die verstärkte Ausbeutung ethnischer Minoritäten und der Menschen in den ›Entwicklungsländern‹ zu rechtfertigen, 2) um ethnische Minoritäten als Sündenböcke für Defizite des Kapitalismus zu präsentieren und 3) die Spaltung der Arbeiterklasse und die Schwächung ihres Klassenbewusstseins zu fördern.«

So verdienstvoll die Analysen der Vertreter solcher Ansätze im Einzelfall auch gewesen sein mögen, reproduzieren sie auf reduktionistische Weise die Mythen der orthodoxen Kapitalismuskritik. Erstens wird hier die Existenz einer konspirativ handelnden Kapitalistenklasse vorausgesetzt und verallgemeinert, zweitens die Wunschvorstellung hypostasiert, dass alle unter kapitalistischen Markt- und Produktionsbedingungen ihre Arbeitskraft Feilbietenden nicht nur dieselben Interessen, sondern auch dasselbe Bewusstsein teilen müssten. Hinter der für sich beanspruchten Wissenschaftlichkeit solcher Theorien lässt sich nicht selten das simplifizierende Säkularisat einer Gut-Böse-Metaphysik erkennen, die in undialektischer Manier komplexe Prozesse personifiziert. Löst die Utopie sich in Wirklichkeit nicht ein, verhalten sich die proletarischen Rennhunde der Geschichte nicht wie gewünscht, sondern fallen übereinander her, flüchtet man sich zu der moralisch und literarisch brauchbaren, aber analytisch schwer fassbaren Kategorie des *falschen Bewusstseins*.

Gesetzt den Fall, die herrschenden Klassen verfügten vermöge ihrer kulturellen Hegemonie tatsächlich über die Möglichkeit fremdenfeindlicher und rassistischer Indoktrination, sagt das immer noch nichts darüber aus, warum welche Inhalte bei wem Anklang finden. Die Verzahnung politisch-ideologischer und sozial-gesellschaftlicher Phänomene (z. B. Ethnizität) mit den Interessen der kapitalistischen Ökonomie, war und bleibt vordringlichste Aufgabe eines linken ideologiekritischen Diskurses; doch monokausale Herleitungen der einen von der anderen Ebene sollten als überwunden gelten.

Nun muss aber zur Verteidigung der Überausbeutungstheorie hinzugefügt werden, dass der Kapitalist als konspirativ handelndes Ausbeutungssubjekt, das kraft politischer Herrschaftsinstrumente und kultureller Hegemonie Arbeiterschichten gegeneinander ausspielt und per ideologiam für die Stabilisierung des hierarchisch gegliederten Arbeitsmarktes, für niedrige Löhne, geschwächte Verhandlungspositionen etc. sorgt, in der Geschichte des Kapitalismus immer wieder handlungsmächtig in Erscheinung tritt. Die Geschichte der USA belegt anhand unzähliger Beispiele, wie Unternehmer die transethnische Organisierung von alteingesessenen weißen Arbeitern, Immigranten und Afroamerikanern bewusst hintertrieben. Die Gefahr für die eigene Position, welche die strukturelle Rechtlosigkeit ausländischer Arbeiter bedeutete, wurde etwa vom Deutschen Gewerkschaftsbund früh erkannt. Bereits 1955, also am Vorabend der systematischen Anwerbung von *Gastarbeitern* aus Südosteuropa und Kleinasien, vermochte er es, die arbeits- und sozialrechtliche Gleichstellung ausländischer Arbeiter durchzusetzen.

Von Städten wie Bulawayo, den Minen und Zuckerplantagen Sambias, berichtet Terence Ranger, dass dort komplexe Hierarchien ethnischer Arbeitsteilung und komplizierte Hierarchien *angeborener* Fähigkeiten, die den jeweiligen *Stamm* angeblich für seine besondere Arbeit prädestinierten, aufgebaut wurden.

> »Solche Hierarchien dienten ganz offensichtlich europäischen Interessen und halfen, den gemeinsamen Protest von Arbeitern zu verhindern. Zusammenstöße zwischen verschiedenen Arbeitergruppen in den Städten und Minen konnten als ›traditionale‹ Stammesfehden erklärt werden, während sie tatsächlich aus den Spannungen der Arbeitsteilung resultierten.« (Ranger 1981: 29)

Ranger fügt hinzu, dass die Arbeiter selbst an ihren Stammesmythologien bastelten, mithilfe derer man günstigere Positionen in der Arbeiterhierarchie geltend zu machen hoffte.

Edna Bonacich geht in ihrer *Split-Labor-Market*-Theorie davon aus, dass privilegierte im primären Sektor des Arbeitsmarktes angesiedelte Arbeiter ein rationales Interesse an der Diskriminierung unterprivilegierter, dem sekundären Sektor zugeordneter, ethnisch und/oder rassisch stigmatisierter Arbeiter nehmen würden. Die Unternehmerklasse bräuchte gar keine Ideologien verbreiten, deren Formulierung und Exekutierung übernähmen bereits die um ihren privilegierten Status bangenden alteingesessenen Arbeiter. Also werden die verschiedenen Segmente des Arbeitsmarktes nicht nur gegeneinander ausgespielt, sondern tun dies zum Teil aus freien Stücken. Und das aus gutem Grund, wie Bonacich feststellt. Die Bereitschaft strukturell benachteiligter Arbeiterschichten, ihre Arbeitskraft billig zu verkaufen, schwächt objektiv die Position der angestammten Arbeiterschaft, die den in nationalstaatlichem Rahmen erkämpften Level an Sozialleistungen und Arbeitsbedingungen bedroht sieht durch *Sojourner*, Migranten mit der Option der Rückkehr in ihre Herkunftsländer und geringem Interesse an der Partizipation an den gewerkschaftlichen Organisationen der Majoritätsgesellschaft. So gehörte (und tut es nach wie vor) zu den Praktiken von Gewerkschaften in Industrieländern, die Unternehmerklasse an Import und Einstellung billiger »ethnischer« Arbeiter zu hindern: »In Australia, for instance, a group of white workers was able to prevent capitalists from importing cheaper labor from India, China, Japan and the Pacific Islands. Attempts at importation were met with strikes, boycotts, petitions and deputations.«[129]

Die sozioökonomisch gesteuerte Dialektik von Fremd- und Selbstzuschreibung revitalisiert und kreiert per Diskriminierung und Depravation ethnische Identitäten, wo diese längst anderen Identitäten den Vortritt gelassen hätten. Dass dieser Mechanismus vom Typus der ethnischen Schließung mittels ausgewählter (oft zugeschriebener und angenommener) kultureller Marker auch bei Gruppen zum Tragen kommen kann, die auf gar keine kollektive kulturelle Kontinuität zurückblicken können (d. h. diese im wahrsten Sinne des Wortes erst erfinden müssen), wird anschaulich von Terence Ranger (vgl. 1983: 212/3) belegt. Zu Beginn des Jahrhunderts haben britische Minenarbeiter in Südafrika, um ihre soziale, ökonomische und moralische Vorrangstellung gegenüber ihren afrikanischen *Arbeitskollegen* zu betonen, Zunftgeist und Handwerkerrituale entwickelt, die zwar traditionslos waren, aber ihre Funktion zur symbolischen Schließung erfüllten. John X. Merriman, der damalige Premierminister der Kapkolonie, stellte 1908 ebenso amüsiert wie scharfsichtig fest, »that white workmen who had been regarded in Europe as the ›lower classes‹ were delighted on arrival here to find themselves in a position of an aristocracy of colour.«[130] Analoges gilt für weiße Bauern, die in Distinguierung zu ihren schwarzen Nachbarn einen quasi aristokratischen Habitus annahmen und sich als *gentlemen farmers* verstanden.

Der Kapitalismus ist – wie bereits erwähnt – per se weder rassistisch, fremdenfeindlich noch eurozentristisch. Gemäß seiner inneren Logik versucht er sich jedoch alle erdenklichen gesellschaftlichen Spaltungen der Kapitalakkumulation zunutze zu machen. Dies gilt nicht allein für ethnische oder rassische Antagonismen, sondern auch Frauen, Behinderte, alte Menschen, Jugendliche und Unqualifizierte werden dem sekundären Segment zugeordnet.[131] Der Kapitalismus

---

129 Bonacich 1972: 555. 1908 erzwangen die kalifornischen Gewerkschaften ein *Gentlemen's Agreement* der Regierung der Vereinigten Staaten mit der Regierung Japans über sofortigen Immigrationsstop für japanische Arbeiter (ibid.)
130 Ranger 1983: 213
131 »Conversely, a split labor force does not only stem from ethnic diffrences. For example, prison and female labor have often been cheaper than free male labor in western societies. Prison labor has been cheap because prisoners lack political resources, while women often labor for supplementary incomes.« (Bonacich 1972: 552). Sind keine ethnische Gruppen in Greifnähe, die gemäß der Logik der ethnischen Segmentierung von Arbeitsmärkten diskriminierbar wären, kann es vorkommen, daß deren Funktion als *Scapegoats* Mitglieder der eigenen ethnischen Kategorie übernehmen, wie dies Carey McWilliams anhand des Exodus enteigneter Farmer aus Oklahoma nach Kalifornien in den 1930er-Jahren demonstriert. Die *Okies* waren – obgleich von alter protestantisch-angel-

hat ein reges Interesse daran, unter Ausnützung struktureller Ungleichheit allgemein und ethnischer Stratifizierung im Speziellen, Menschen aus den untersten Strata des Arbeitsmarktes in Bereiche aufsteigen zu lassen, die von den oberen Rängen der Arbeiterklasse bitter verteidigt werden. Auch hier liegt die Funktionalität ethnischer oder rassischer Markierung offen zutage. Es war die liberale britischstämmige *Business Class*, die in dem Wissen, welch Opfer und Ehrgeiz aufstiegswillige schwarze *White Collar Workers* an den Tag legen würden, bereit war, das südafrikanische Apartheidssystem hinter sich zu lassen; ganz im Gegensatz zu den mittelständischen Afrikaanern und den weißen Arbeitnehmervertretungen, die eisern daran festhielten. In diesem Sinne erwies sich das Pochen der weißen Minenarbeiter auf eine kulturell ausgeschmückte Standesidentität, wie es Ranger beschrieben hat, als ängstliche Mahnung an die Minenbesitzer, sich ihrer *primordialen* Bindungen zu entsinnen, die jenen ihre privilegierten und qualifizierten Positionen gewährleisteten, und nicht von der dem Kapitalismus inhärenten *Laissez-faire*-Logik Gebrauch zu machen. Und dass diese Bindungen immer stärker sind als jede nationale Bande, zeigt das Beispiel der *Rand Revolt*, als sich weiße, zumeist qualifizierte Minenarbeiter vom Witwatersrand in den 1920er-Jahren gegen ihre Substituierung durch billigere schwarze Arbeiter zur Wehr setzten. Der Aufstand wurde unter Ausrufung des Kriegsrechts militärisch niedergeschlagen, was zur Folge hatte, dass die englischsprachige Labour Party mit den ultranationalistischen Afrikaanern koalierte.

Und dass sich Afroamerikaner nach wie vor am untersten Segment des US-Arbeitsmarktes wiederfinden, ist nicht unwesentlich der Tatsache geschuldet, dass weiße Gewerkschaften seit Mitte des vorigen Jahrhunderts effektiv deren Aufstieg in für weiße reservierte Segmente verhindern konnten.[132]

Für eine abschließende Zusammenfassung des Objektbereiches, über den der neomarxistische Ansatz einige unschätzbare Aufschlüsse über Genese und Instrumentalisierung von Ethnizität zu geben vermag, wollen wir Eric Wolf das Wort erteilen:

> »Die kapitalistische Produktion bringt also laufend neue Arbeiterklassen in weit auseinanderliegenden Regionen der Erde hervor. Diese Arbeiterklassen werden aus sehr verschiedenartigen gesellschaftlichen und kulturellen Zusammenhängen herausgelöst und in fluktuierende politische und ökonomische Hierarchien hineingestellt. Die neuen Arbeiterklassen verändern diese Hierarchien durch ihre

---

sächsischer Herkunft – ähnlicher Diskriminierung ausgesetzt, die Jahrzehnte zuvor Japaner und Chinesen zu spüren bekamen. »[...] they were ›duly‹, they had ›enormous families‹; they engaged in unfair competition; they threatened to ›invade‹ the state and to ›undermine‹ its institutions [...]. The prejudice against the Okies was obviously not ›race‹ prejudice; yet it functioned in much the same manner.« In: Carey McWilliams (1945): Prejudice. Japanese-Americans. 82/3. Zit. nach Bonacich 1972: 557

132 Vgl. Feagin 1990: 108. Ob *Superexploitation* oder *Split Labor Market*, die Konsequenz bleibt für Joe Feagin dieselbe: »Die Folge für die weißen Arbeiter ist, daß sie durch den Rassismus gewinnen und verlieren: Kurzfristig gewinnen sie, weil durch den Ausschluß der Nicht-Weißen weniger Konkurrenz für bevorzugte Stellen vorhanden ist. Langfristig verlieren sie jedoch, weil der abgesperrte Sektor der Nicht-Weißen von den kapitalistischen Arbeitgebern dazu benutzt werden kann, auch die Möglichkeiten der weißen Arbeiter zu beschneiden.« (Ibid.)

bloße Anwesenheit, sie werden aber auch selbst durch die auf sie einwirkenden Einflüsse verändert. Auf der einen Ebene erzeugt die kapitalistische Produktionsweise also allenthalben eine umfassendere Vereinheitlichung, indem sie die für sie charakteristische Beziehung zwischen Kapital und Arbeit ständig aufs neue wiederherstellt. Auf einer anderen Ebene führt derselbe Prozeß hingegen zur Betonung der Verschiedenheit, indem er noch in der Vereinheitlichung die gesellschaftliche Gegensätzlichkeit und gegenseitige Abschottung verstärkt. Wir sind also Zeugen einer Entwicklung, wie sich innerhalb einer immer stärker zu einer Einheit zusammenwachsenden Welt zugleich immer disparatere ethnische Gruppen einer proletarischen Diaspora ausbreiten.« (Wolf 1986: 530)

TEIL II: ETHNIZITÄT VOR UND NACH FREDRIK BARTH

12. Bourdieus Habitus und die Macht des Symbolischen

>»Although habitus is unconscious it can change, particularly from generation to generation. Habitus changes when the ›objective conditions‹ of life change, that is, when material and economic conditions change. As people strive to accomodate their understanding of the world and their position in it in changed circumstances, they generate a new habitus, one which may make more sense to their children than to themselves.«
>Marcus Banks

Obwohl der französische Soziologe und Ethnologe Pierre Bourdieu keine explizite Ethnizitätstheorie entwickelt hat, erweisen sich einige zentrale Aspekte seines breiten *Œuvres* als theoretisches Flickwerk für die behandelnde Thematik brauchbar.[133] Weniger die definitorische Bestimmung von Gruppen als Fragen nach Wandel und Kontinuität, nach objektiver Determiniertheit und subjektiver Wahlfreiheit, und schließlich nach materieller und symbolischer Sphäre, könnten durch Bourdieus theoretische Vorschläge beantwortet werden.

Sein Habituskonzept haben wir schon einige Kapitel zuvor beim Zwist der Subjektivisten und Objektivisten ein Machtwort sprechen lassen. Nun wollen wir es in aller gebotenen Kürze zu folgenden Topoi in Bezug setzen: seine potenzielle Bedeutung bei der Relation Ethnizität-Klasse sowie von Situativität und Kontinuität ethnischer Identität.

Wie bereits erwähnt, sind Habitusformen »Systeme dauerhafter Dispositionen, strukturierte Strukturen, die geeignet sind, als strukturierende Strukturen zu wirken, mit anderen Worten: als Erzeugungs- und Strukturierungsprinzip von Praxisformen und Repräsentationen.« (Bourdieu 1979: 165) Strukturiert und strukturierend: Mit dem Habituskonzept löst Bourdieu den althergebrachten Widerspruch zwischen objektiven Strukturen und gelebter Praxis auf. Als den Individuen verinnerlichtes Denk-, Wahrnehmungs- und Handlungsmuster reproduziert der Habitus die objektiven Bedingungen, deren Produkt er selbst ist. Somit kann jeglicher Vorstellung von der sozialen, kulturellen und symbolischen Praxis als bloßem Reflex der materiell-ökonomischen Sphäre eine klare Absage erteilt werden, ohne die tendenzielle Dominanz des Ökonomischen innerhalb der funktional ausdifferenzierten Industriegesellschaft(en) leugnen zu müssen.

Da sich das Gros gesellschaftlicher Austauschverhältnisse im marxistischen und wirtschaftswissenschaftlichen Diskurs auf den bloßen Warenaustausch reduziere und durch den ökonomischen Eigennutz bestimme, würde – so

---

[133] Der einzige mir bekannte Versuch, Bourdieus Habitustheorie explizit für den Ethnizitätsdiskurs aufzubereiten wird von G. Carter Bentley in seinem Artikel *Ethnicity and practice (in: Comparative studies in society and history* 29.1: 24–55, 1987) unternommen. Vgl. hierzu auch Banks 1996: 45/6

Bourdieu – anderen Formen des sozialen Austauschs implizit ihr ökonomischer und eigennütziger Charakter abgesprochen werden (vgl. Bourdieu 50f.). Doch nirgends existieren interesselose Beziehungen, weder innerhalb noch außerhalb der ökonomischen Sphäre. Überall sei das ökonomische Prinzip der Kapitalakkumulierung präsent. Nun stockt aber der Soziologe Bourdieu das ökonomische Kapital durch kulturelles, soziales und symbolisches Kapital auf:

> »Ökonomisches Kapital umfaßt nicht nur die Verfügungsgewalt über Produktionsmittel, sondern über jede Art von individuell verfügbarem materiellen Reichtum in der Gesellschaft. Eine zunehmende Bedeutung gewinnt das kulturelle Kapital. Sein besonderes Merkmal ist, daß es grundsätzlich körpergebunden ist und Verinnerlichungsarbeit, die persönlich erbracht werden muß, voraussetzt. In seinem objektivierten Zustand, in Form von Zeugnissen für kulturelle Kompetenz, verleiht kulturelles Kapital seinem Inhaber einen dauerhaften und rechtlich garantierten konventionellen Wert. Kulturelles Kapital kann auch in Form kultureller Güter existieren, die zwar Gegenstand materieller Aneignung sind, deren Gebrauch aber Verfügung über inkorporiertes Kulturkapital voraussetzt. Dritte grundlegende Ressource im gesellschaftlichen Konkurrenzkampf um materielle und symbolische Güter ist das soziale Kapital: ›[...] die Gesamtheit der aktuellen und potentiellen Ressourcen, die auf der Zugehörigkeit zu einer Gruppe beruhen‹ (Bourdieu 1983: 190f.) Wesentliches Merkmal des sozialen Kapitals ist, daß es auf materiellen und/oder symbolischen Tauschbeziehungen beruht und permanente Beziehungsarbeit, das heißt Verausgabung von ökonomischen Kapital in Form von Zeit und Geld, erfordert.« (Lentz 1995: 120/121)

Besagte Kapitalformen gehorchen spezifischen Eigenlogiken; sie sind ineinander transformierbar, aber nicht aufeinander reduzierbar. Symbolisches Kapital stellt in seiner Struktur eine eigenständige Kapitalform dar. Dieses wird von Bourdieu verstanden als »legitim anerkannte Form der drei vorgenannten Kapitalien (gemeinhin als Prestige, Renommee usw. bezeichnet)«.[134] Kulturelles Kapital präsentiert sich vor allem in seiner institutionalisierten Form (durch Zeugnisse, Titel etc. legitimiert) als symbolisches Kapital. Soziales Kapital erweist sich immer zugleich als symbolisches. In sogenannten traditionalen Gesellschaften tritt es am stärksten in einer durch Semantiken der Ehre ausgedrückten reziproken sozialen Anerkennung hervor; in jeder Gesellschaft ist es allgegenwärtig. Innerhalb der von Bourdieu als multidimensionaler Raum konzipierten sozialen Welt bestimmen sich die gesellschaftlichen Positionen von Individuen durch die Verfügungsmacht und (Ungleich-) Verteilung von Kapitalien. Diesbezüglich hält Bourdieu am Klassenbegriff fest:

> »Ausgehend von den Stellungen im Raum lassen sich Klassen im Sinne der Logik herauspräparieren, das heißt, Ensembles von Akteuren mit ähnlichen Stellungen

---

[134] P. Bourdieu (1985): Sozialer Raum und »Klassen«. *Leçon* sur la *leçon*. Frankfurt, p. 11.

im Raum, und die, da ähnlichen Konditionen und ähnlichen Konditionierungen unterworfen, aller Voraussicht nach ähnliche Dispositionen und Interessen aufweisen, folglich auch ähnliche Praktiken und politisch-ideologische Positionen.«[135]

Nun besteht aber zwischen den objektiven Bedingungen und den Teilungsprinzipien, nach denen die soziale Welt von den Akteuren konstituiert wird, keine notwendige Entsprechung. Und da die sozialen Akteure in der Regel keine Sozialwissenschaftler sind, sondern zumeist mittels einer den Grenzen ihrer engen Handlungsspielräume genügenden *Rationalität der Praxis* denken, fühlen und agieren, mag für diese der Klassencharakter erst in seiner symbolischen Übersetzung sichtbar werden.

Die sozialen Akteure schaffen ihre Wirklichkeit samt deren Wahrnehmung per Habitus. Ungleiche Verfügungsgewalt über Kapital im sozialen Raum wird über symbolische Codes kommuniziert und tendenziell festgeschrieben. In modifizierter Form kehrt hier das marxistische Ideologieschema wieder mit dem wesentlichen Unterschied, dass (1.) Ideologisierung nicht über diskursive, direkte Indoktrination erfolgt, sondern sich durch die verinnerlichten Strukturen des Habitus verselbständigt und die objektiven Bedingungen tendenziell reproduziert, und (2.) die objektiven Kräfteverhältnisse, welche sich durch den Zugang zu sozialen, kulturellen und wirtschaftlichen Ressourcen bestimmen, durch die Macht der symbolischen Ordnung, die den Individuen qua Habitus inkorporiert ist, gestützt, legitimiert und perpetuiert werden. Und dennoch ist diese symbolische Ordnung keine unmittelbare Funktion der objektiven Verhältnisse, sondern besitzt eine relative Eigendynamik. Es ist »der Einsatz der symbolischen, sanften, unsichtbaren, verkannten und gleichermaßen frei gewählten wie aufgezwungenen Gewalt des Glaubens, des Vertrauens, der Verpflichtung, der persönlichen Treue, der Gastfreundschaft, der Geschenke, der Schuld, der Anerkennung, des Mitleids [...]« (Bourdieu 1979: 370), der symbolische Gewalt legitimiert und ihren Gewaltcharakter verschleiert.

Wenn Shibutani & Kwan (1965) etwas oberflächlich postulieren, dass die gesellschaftliche Hierarchisierung in den USA lediglich nach ethnischen und rassischen Kriterien erfolge (vgl. Heinz 1993: 171f.), dann beschreiben sie einen *Prozess*, der sich stets aufs Neue durch die Macht des Symbolischen als unwandelbarer *Zustand* Legitimation verschafft. Und noch einmal sei betont, dass gesellschaftliche Differenzierung anhand ethnischer Askriptionskriterien nicht (bzw. nicht nur) unmittelbare Funktion des modernen Kapitalismus darstellt, sondern ein Musterbeispiel dafür, wie in symbolische Distinktionsmerkmale transformierte *objektive* Unterschiede ethnische Kategorien am Leben erhalten bzw. neudefinieren.

Noch einmal: Die Hartnäckigkeit der per Habitus im Bewusstsein der Akteure verankerten symbolischen Strukturen mag sich für die objektiven Machtverhältnisse als funktional erweisen, ohne bloße ideologische Funktion dieser zu sein.

---

135 Ibid.: p. 12. Zit. nach Lentz 1995: 121

Die Aktionen, die den sozialen Status quo reproduzieren und modifizieren, sind nicht unmittelbar aus den objektiven Erfordernissen ableitbar. Objektive Differenzen existieren für die Akteure nur dann, wenn sie in symbolisch bedeutsame (d. h. legitime) Distinktionsmerkmale transformiert werden können. So nimmt es nicht wunder, dass das habituelle Alltagsverständnis nicht nur ethnische Kategorien synonym für Spaltungen der Klasse oder Schicht oder die Stereotypisierung sozioprofessioneller Gruppen setzt, sondern diese auch empirisch evidente Realität werden lässt, innerhalb derer sich Stereotypisierende und Stereotypisierte Legitimität verschaffen.

Bourdieu äußert sich nur am Rande zu Fragen der Ethnizität. In *Sozialer Raum und Klassen* bezeichnet er ethnische Kategorien als von »ökonomischen Merkmalen relativ unabhängige Gliederungsprinzipien«. und meint des Weiteren: »Ethnie läßt sich mithin anhand der folgenden Merkmale definieren: soziale Position ihrer Angehörigen, Dispersionsgrad dieser Positionen, Grad der sozialen Integration trotz Dispersion [...]«.[136]

Doch unabhängig von jedem Ökonomizismus ist es ist gerade die Verkennung und Verschleierung genuin ökonomischer Beziehungen, die der kognitiven Wahrnehmung des Ethnischen immer wieder wesenhaft zu sein scheint. Astrid Lentz (1995: 124/5) hebt diesen Aspekt bei der Transformation solcher Beziehungen in scheinbar *interesselose* Freundschaften hervor und bestätigt zugleich Abner Cohens Modell der *informellen Korporationen*. Ethnische Gruppen könnten ihres Erachtens als *gelungene Objektivierungen* und Institutionalisierungen zur Bindung sozialen Kapitals verstanden werden. Dieses sei zur Güterakkumulation unabdingbar, berge aber ein hohes Schwundrisiko (z. B. asymmetrische Reziprozität, Undankbarkeit etc.) in sich. Und doch erweisen sich ethnische Netzwerke zur Akkumulierung und Distribution von Kapital, die sich gemeinsamer kulturellsymbolischer Codes und einer Ideologie imaginärer oder – noch besser – realer gemeinsamer Kontinuität (in der Realität meistens einer Kombination beider) bedienen, als effizienter denn Lobbys, Trusts und soziale Korporationen, die nicht auf derlei Gemeinsamkeiten zurückblicken können, will heißen, ein Mehr an Beziehungsarbeit aufwenden müssen, ihr Sozialkapital zu reproduzieren. Die Kategorie der *Staatszugehörigkeit* stellt eine solche Objektivierung größerer Ordnung dar. Soziale bzw. ethnische Außengrenzen werden institutionalisiert und festgeschrieben, entlasten die Akteure weitgehend von dem kontinuierlichen Aushandelsprozess, mittels dessen die Grenzen stets neu gezogen werden mussten.

Nun aber einige Worte zum Kontinuitätsaspekt des Habitus. Barbara Herzog-Punzenberger (1995) bemüht in ihrer Apologie der ethnischen Verwurzeltheit Bourdieus Habitus als Zeugen der Anklage. Auf der Anklagebank sitzt das *naive Kosmopolitinnentum*, das mit seiner Imagination des freien, traditionsentbundenen Individuums die Bedeutung von Primärerfahrungen, Sozialisation und kultureller Prägung vernachlässige und – darin liegt das eigentliche Delikt – diese programmatisch zu überwinden suche:

---

136 Ibid.: p.42/3. Zit. nach Lentz 1995: 124/5

»Inwieweit aber dieser unfreiwillige Teil seiner Lebensgeschichte die Wahlfreiheit des Individuums beeinflußt, beschneidet, ihr Grenzen setzt, darüber gibt es die größtmögliche Uneinigkeit, und von den libertären Individualistinnen auch eine große Unwilligkeit, darüber bloß nachzudenken. Die aufklärerische Befreiung von Geschichte und Tradition soll in den Augen der NAIVEN, wenn auch wohlmeinenden, Kosmopolitinnen möglichst endgültig sein.« (Herzog-Punzenberger 1995: 43)

Noch größer kann man *naiv* wohl nicht schreiben. Die aufklärerische Befreiung setzt aber mehr als bloßes Nachdenken über, sondern die akribische Auseinandersetzung *mit* Geschichte und Tradition voraus; andernfalls verdient sie das Attribut *naiv*. Doch scheint der Klägerin weniger der Sinn danach zu stehen, die *Kosmopolitinnen* von ihrer Naivität zu kurieren, als die Naiven vor der Option des Kosmopolitismus zu bewahren.

Die evaluative Verwendung des Habituskonzeptes ist durchaus legitim, wird sie als solche expliziert, doch sollte sich die Anklägerin der universellen Vernunft überlegen, wen sie sich da als Konspirateur ausgesucht hat. Denn Bourdieu weist den Habitus unmissverständlich als ideologische Figur aus, sobald dieser die kulturelle Wahrnehmung politischer, sozialer und ökonomischer Ungleichheit substanzialisiert und ontologisiert, wenn kontingente, historisch gewachsene Strukturen qua Habitus zur »zweiten Natur«[137] werden. Nüchtern und illusionslos analysiert Bourdieu also den herrschaftslegitimierenden Charakter des Habitus.

Und in seinen Beiträgen zur gesellschaftlichen Rolle des Intellektuellen lässt Bourdieu auch keinen Zweifel offen, dass er trotz seiner unerbittlichen Kritik an den logozentristischen Verallgemeinerungen des soziologischen Weltbildes am »politisch-moralischen Universalitätsanspruch der Intellektuellen, wie er in der modernen Tradition der Aufklärung erhoben wird« (Schwingel 1995: 138), festhält.

Da der Habitus ein Produkt der Geschichte ist, erweist er sich auch als wandelbar wie diese. Denn die habituellen Strukturierungsschemata sind nur so lange in der Lage, die objektiven Verhältnisse in praxi zu reproduzieren – und das entlastet Bourdieu (teilweise) von dem Vorwurf, seine Akteure in Form eines sanfteren Strukturdeterminismus zu Anhängseln der Sozialstruktur zu machen –, so sie mit den Bedingungen ihrer Entstehung übereinstimmen.

Die eigenständige Logik der Praxis lässt Individuen nicht in Kategorien von wissenschaftlicher Objektivität und Wahrheit denken, sondern in denen der Praktikabilität. Und solange die Abstimmung von sozialem Feld und Habitus, von Objekt und Subjekt funktioniert, d. h. solange der soziale Akteur auf unmittelbare gesellschaftliche Bedingungen trifft, die ihm seine Denk-, Wahrnehmungs- und Handlungsschemata konsistent und praktikabel erscheinen lassen, und der Habitus – das ist die »List der pädagogischen Vernunft«[138] – sorgt dafür, dass dem

---

137 In: Bourdieu (1992): Rede und Antwort. Frankfurt/Main, p. 84.
138 In: Bourdieu (1987): Sozialer Sinn. Kritik der theoretischen Vernunft. Frankfurt/Main, p. 128.

auch so sei, bleibt der zirkuläre Prozess der Stabilisierung gesellschaftlicher (Herrschafts-)Verhältnisse konstant; da der Akteur wenig Anlass sieht, bewährte Muster in Frage zu stellen.

Das mag besonders in sozialstrukturell weniger differenzierten Gesellschaften wie etwa der kabylischen der Fall sein. Je größer allerdings die soziale Mobilität und funktionale Differenzierung, je größer die Wahrscheinlichkeit, dass Individuen zwischen sozialen Klassen, Kulturen und – um mit Bourdieu zu sprechen – sozialen Feldern hin- und herwechseln, desto eher werden die *doxae*, jene selbstverständlichen, selten expliziten und habituell internalisierten Traditionen in Frage gestellt werden. Dazu der englische Soziologe und Literaturwissenschaftler Terry Eagleton (1993: 183):

> »Jede Herausforderung einer solchen doxa ist dann eine Heterodoxie, gegen die sich die alte Ordnung durch eine neue Orthodoxie behaupten muß. Eine solche Orthodoxie unterscheidet sich von der doxa dadurch, daß die Wächter der Tradition und des Selbstverständlichen nur dazu gezwungen sind, sich zu ihrer Verteidigung zu äußern und sich daher implizit auch als eine von mehreren möglichen Positionen zu präsentieren.«

Der Habitus gebärdet sich nicht als geschlossenes System, sondern bietet den Akteuren Modi an, fortlaufend neue Strategien zur Bewältigung neuer Situationen zu entwickeln. Bourdieu negiert mit seinem Habituskonzept die Prämissen eines subjektivistischen Handlungsvoluntarismus, demzufolge sich die soziale Praxis in freien Entscheidungen rational abwägender Individuen begründe. Bei oberflächlicher Betrachtung scheint sich das mit der Konzeption ethnischer Situationalität, wie sie von den Formalisten erkannt und formuliert wurde, zu spießen. Doch erstens setzen die Protagonisten der Situationalität innerhalb des Ethnizitätsdiskurses die Wahlfreiheit des Individuums nicht absolut, schon gar nicht in Gesellschaften, in welchen nichtökonomische Kapitalformen über eine größere Kohäsionskraft verfügen als in westlichen Industriegesellschaften. Und zweitens ist der Mensch bei Bourdieu nur bedingt Gefangener seiner Partikular-Kultur. Die jeweilige Dialektik von Habitus und sozialem Feld schränkt in dem Maße die Handlungs-, Denk- und Wahrnehmungsalternativen der Individuen ein, wie sie auf makrogesellschaftlicher Ebene objektiv von der Verfügungsmacht über Kapital eingeschränkt wird. Doch wird dabei dem Individuum nicht die Freiheit abgesprochen, unterschiedlichen sozialen Anforderungen mit einem breiten Spektrum an Rollen zu begegnen. Bourdieu (1979: 179) spricht hier von »geregelter Improvisation«.

Es drängt sich jedoch die Frage auf, inwieweit Bourdieu seine unerbittliche Ablehnung strategischen und rational kalkulierten Handelns übertreibt. Er ist angetreten, um den universalen Anspruch einer utilitaristischen oder gar kritischen Rationalität zu enttrohnen. Die Akteure handelten nicht irrational, sondern einer »universell vorlogischen Logik der Praxis«[139] gemäß. Diese sei implizit und nicht

---
139 Ibid.: p. 40.

reflexiv. Daraus ergibt sich jedoch eine neue Gefahr, die Gefahr, beim Versuch, das soziale Alltagsbewusstsein vor der Universalisierung eines partikulär intellektualistischen Zugriffs in Schutz zu nehmen, diesem zugleich die Möglichkeit expliziten, protowissenschaftlichen, selbstreflexiven und kalkulatorischen Handelns abzusprechen. Doch Individuen vermögen es durchaus, implizite Dispositionen zu explizieren, zu ihrem Habitus in Distanz zu treten, ihn bewusst anzueignen, zu interpretieren und zu überwinden. Intellektuelle Reflexionsformen sind nicht auf westliche akademische Zentren beschränkt. Und Bourdieu räumt auch ein, dass in Krisenzeiten habituelle Bewusstseinsdispositionen, die ihre Funktionabilität eingebüßt haben, durch reflektierende Chancenabwägung ersetzt werden können

»Bourdieus Gesamtwerk«, konstatiert ihm Terry Eagleton (1993: 184), »stellt einen originellen Beitrag zu dem dar, was man als ›Mikrostruktur‹ von Ideologie bezeichnen könnte und ergänzt die allgemeinen Darstellungen der marxistischen Tradition durch empirisch detaillierte Darstellungen der Ideologie des ›Alltagslebens‹.«

13. Stanley J. Tambiah und die Politik der Ethnizität

> »Something has gone gravely awry with the centerperiphery relations throughout the world, and a manifestation of this malaise is the occurence of widespread ethnic conflict accompanied in many instances by collective violence amongst people who are not aliens but enemies intimately known.«
> Stanley J. Tambiah

Einen kleinen, aber bedeutsamen Schritt über die herkömmlichen instrumentalistischen und wettbewerbstheoretischen Ethnizitätsansätze hinaus geht der srilankesische Anthropologe Stanley J. Tambiah, indem er in seinem luziden Essay *The Politics of Ethnicity* eine Typologie ethnischer Konfliktszenarien entwirft. Der zu Beginn der 1990er-Jahre verfasste Essay könnte als Antipode zu Clifford Geertz' einflussreichem Artikel *The Integrative Revolution* aus dem Jahr 1963 (vgl. Teil II, Kapitel 6) gelesen werden, vielleicht als notwendiges Korrektiv, das die allseits beobachtbare Hypertrophierung der Ethnizität nicht – wie Geertz es getan hat – als *Retribalisierung* auffasst, als Siegeszug der *primordial attachments*, sondern weitaus differenzierter die politische Ökonomie herausarbeitet, die Ethnizität als Politikum innerhalb moderner postkolonialer (National-)Staaten überhaupt erst möglich macht. Dass die Schlüsse, die beide Autoren aus diesen evidenten Phänomenen ziehen, so verschieden ausfallen, lässt sich nicht allein aus der zeitlichen Distanz erklären, die beide Artikel voneinander trennt, aus dem empirischen Vorsprung also, den sich Tambiah infolge der weltpolitischen Entwicklungen der letzten drei Jahrzehnte zugutehalten kann, sondern meines Erachtens aus den unterschiedlichen Perspektiven ihrer Autoren.

Tambiahs Position in der Ethnzitätsfrage ist zweifelsohne eine instrumentalistische, doch nur insofern instrumentalistisch, als die Funktion von Ethnizität im ethnischen Konflikt extrapoliert werden soll. Wohl ist er sich im Klaren, dass die Reduktion des Konfliktes, der weniger ethnisch motiviert als interpretiert ist, auf Polit-Lobbys im Wettkampf um (infolge weltweiter Konjunktureinbrüche zunehmend) knappe Ressourcen, um »symbolisches« Kapital, materielle Zuwendungen, Ämter und Würden[140], nicht Ethnizität an sich zu erklären vermag. Dennoch erweist

---

140 »For purposes of systematic discussion the different scenarios and trajectories pertaining to ethnic conflict should be brought within the ambit of an interpretive framework that addresses questions of how ethnic groups in an arena see themselves as acquiring, maintaining, and protecting their claimed-to-be-legitimate group entitlements (1) to capacities and ›symbolic capital‹ such as education and occupation, (2) to material rewards such as incomes and commodities, and sumptuary privileges that enable distinct styles of life, and (3) to ›honors‹ such as titles and offices, markers of ethnic or national pride, and religious and linguistic precedence and esteem. These honors are accorded by the state and/or other authorities who are the principal arbiters of rank. The quest for group worth, group honor, group equivalization, and so on are central foci in the policies of ethnicity, and are a critical ingredient in the spirals of intense sentiments and explosive violence that ensue.« (Tambiah 1994: 438)

sich der ideologiekritische, ressourcentheoretische Blick auf diese Ethnizität als der realitätskompatiblere. Die Anzahl der ethnischen Gruppen und deren demographische Größenverhältnisse beeinflussen wesentlich nicht nur die Prozesse, welche Konflikte erzeugen, sondern auch Strategien und Wirksamkeit von Koalitionen, welche in pluralen Gesellschaften (Furnivall) eingegangen werden, und die von beständigeren Allianzen bis hin zu kurzfristigen und zerbrechlichen Pakten reichen. Hier die staatspolitischen und demographischen Rahmenbedingungen der Ethnisierung von Politik bzw. der Politisierung von Ethnizität:

1. Länder, die in ihrer ethnischen Zusammensetzung praktisch homogen sind (90 bis 100 % der Bevölkerung), z. B. Japan, Korea, Bangladesch.

2. Länder mit einer einzigen, dominanten ethnischen Majorität (75 bis 89 % der Bevölkerung), z. B. Bhutan, Burma, Kambodscha, Taiwan, Vietnam, Türkei.

3. Staaten, in denen die größte ethnische Kategorie 50 bis 75 % der Bevölkerung stellt und es mehrere Minderheitengruppen gibt, z. B. Thailand, Sri Lanka, Laos, Iran, Afghanistan, Pakistan und (wahrscheinlich) Nepal.

4. Staaten, in denen sich zwei annähernd gleich große ethnische Gruppen gegenüberstehen (mit oder ohne kleinere Minderheitenenklaven in deren Mitte). Das wären z. B. Malaysia, Guyana, Fidschi oder Guatemala.

5. Pluralistische Staaten im eigentlichen Sinn des Wortes, die sich aus vielen ethnischen Gruppen zusammensetzen, wobei keine von ihnen wirklich dominant ist und nicht alle Gruppen aktiv in »Ethnopolitik« involviert sind, z. B. Nigeria (mit Ibo, Yoruba, Haussa und Fulani) oder Indonesien, Philippinen und Indien.

Natur und Dynamik ethnischer Konfliktbildung werde nicht unwesentlich davon beeinflusst – so Tambiah, der sich hier auf eine Unterscheidung von Horowitz[141] beruft –, ob fragliche Gruppen sich in gesellschaftlicher Stratifikation zueinander formieren oder ob es sich um »parallele« Gruppen handelt, die durch eine senkrechte Spaltung getrennt sind (vgl. Tambiah 1994: 433).

Der Keim der meisten ethnischen Konflikte war – wie in vorangegangenen Kapiteln ausführlicher herausgearbeitet – bereits durch die kolonialen Verwaltungen gepflanzt worden, nicht zuletzt durch die verwaltungstechnische Installierung politischer Einheiten auf Basis angenommener und/oder realer ethnischer Grenzen, in geschlossenen Körperschaften also, deren Politisierung – das sei hier in aller Schlichtheit einmal so hingestellt – in vorkolonialen Zeiten aufgrund konfligierender Loyalitäten und mehrdeutiger Zuordnungen nicht so einfach vonstatten gegangen wäre.

---

[141] Donald L. Horowitz (1985): *Ethnic Groups in Conflict.* Berkeley, University of California Press; p. 30-35

»While colonial powers, like the British, codified ›regional‹, ›tribal‹, ›caste‹, or ›communal‹ bodies of costums relating to marriage, inheritance, religious practices, and so on, for the most part not interfering with these sociocultural differences, they also introduced and standardized colony-wide commercial and criminal law codes and regulations. This standardizing and homogenzing process went hand in hand with imperial economic policies and ventures, which brought the colonies in their own dependant manner into the orbit of world capitalism. The policies related to taxation and preferential trade, and the ventures took the form of plantations, or business firms (agency houses), which in turn stimulated occupations such as those practiced by lawyers, engineers, doctors [...]. accountants, and so on.« (Tambiah 1994: 434)

Tambiah typologisiert infolgedessen die ethnischen Konflikte innerhalb der sogenannten Dritten Welt (und nicht nur dort) in drei sich potenziell überlappende Szenarien:

1. **Das Szenario der ethnisch segmentierten Arbeitsmärkte.** Besonders in den Nachfolgestaaten britischer und holländischer Kolonien kam es zu einer Ethnisierung ökonomischer Nischen (wie ich sie anhand Edna Bonacichs Theorie der *Middleman Minorities* bereits in einem vorangegangenen Kapitel ausführlicher dargestellt habe), zu einer ethnischen Segmentierung des sozioprofessionellen Spektrums also; ein Prozess, der schon seitens der Kolonialverwaltungen gezielt forciert wurde. Beispiele dafür wären die syrischen und libanesischen Händler in Westafrika, die Chinesen in Malaysia und die Inder in Fischi, Guyana und Ostafrika.[142]

2. **Das Szenario des Zentrum-Peripherie-Widerspruchs.** Durch die zunehmende Verstädterung in vornehmlich Tieflandgebieten ergibt sich ein Konfliktpotenzial zwischen den urbanen Zentren politischer und ökonomischer Macht und marginalisierten Gruppen der Peripherie, ein Konfliktpotenzial, das in erster Linie durch eine Modernisierungskluft gekennzeichnet ist und eine komplexere Fortführung der traditionellen Spaltung von schriftlicher und oraler Kultur, von verschrifteten und nichtschriftlichen Religionen darstellt, oder aber auf synchroner Ebene mit diesen einhergeht. Der Chauvinismus des Zentrums gegenüber Gruppen der Peripherie, der nicht selten und nicht nur metaphorisch einer der Talbewohner gegenüber den Berg- oder Hügelbewohnern ist, evoziert zumeist Widerstand und in der Folge Sezessionismus. Als Beispiele hierfür ließen sich die Karen und Shan anführen, welche den städ-

---

142 Die Verfolgung, Ermordung und Vertreibung indischer Händler und ihrer Familien aus Uganda durch Idi Amin verdeutlicht jenen ideologischen Prozess, für den emblemhaft und archetypisch der mittelalterliche und neuzeitliche Anti-Judaismus sowie dessen moderner Nachfolger, der Antisemitismus, steht, die Utilarisierung der Kongruenz von Ökonomie und Ethnizität durch einen indigenen Nationalismus, der interne Konflikte dadurch kompensiert, dass er als fremd stigmatisierte Gruppe, die bis dahin im intermediären Sektor belassen wurden, zum Abschuss freigibt und sich deren Kapital durch seine Eliten aneignen lässt.

tischen Machtzentren Burmas Widerstand leisten, die Moro auf den südlichen Philippinen, oder aber die Nagar und Minos in Nordostindien. »The largest number of secessionists«, zitiert Tambiah Donald Horowitz (1994: 439) ohne Wertung, »can be characterized as backward groups in backward regions.«[143]

3. **Das Szenario der asymmetrischen Inkorporation.** Ganz gleich ob ethnische Hierarchien bereits in der Kolonialzeit bestanden und in den unabhängigen Nationalstaaten fortwirkten oder die Karten der Macht nach der Unabhängigwerdung zwischen potenziell gleichrangigen Gruppen neu verteilt wurden, erfolgte zumeist eine ungleiche Einbindung in die Institutionen der neuen Nationalstaaten. Südafrika und Guatemala sind die wohl extremsten Beispiele dieser Art, doch ebenso der Konflikt zwischen Singhalesen und Tamilen in Sri Lanka, dem Herkunftsort Stanley J. Tambiahs, ist Resultat dieser Asymmetrie.

»Ethnic conflicts manifest and constitute a dialectic. On the one hand there is a universalizing and homogenizing trend that is making people in contemporary societies and countries more and more alike (whatever the actual fact of differential access to capacities, commodities, and honors) in wanting the same material and social benefits of modernization, whether they be income, material goods, housing, literacy and schooling, jobs, recreation, and social prestige. On the other hand these same people also claim to be different, and not necessarily equal, on the basis of their ascriptive identity, linguistic difference, ethnic membership, and rights to the soil. In this latter incarnation, they claim that these differences, and not those of technical competence or achievement, should be the basis for the distribution of modern benefits and rewards. These compose the particularizing and separating trend among the populations of modern polities.« (Tambiah 1994: 440)

---

143 Ein Großteil der europäischen Minoritätenkonflikte, besonders wenn sie durch den etatistischen Zentralismus Frankreichs und Spaniens evoziert wurden, ließe sich diesem Szenario zuordnen. Ebenso gebräuchlich jedoch ist die ethnisch ideologisierte Abkapselung wirtschaftlicher Zentren von einer strukturschwachen Peripherie, wie Umberto Bossis Traum von einem unabhängigen Padanien, das die Maastrichter Konvergenzkriterien eher zu erfüllen fähig wäre als der Staat Italien, oder aber die Sezessionen Sloweniens und Kroatiens, verdeutlicht haben.

14. Ethnizität – eine Bilanz

Die aus dem Selbstverwertungszwang resultierende Expansion des Weltmarktes, die Herausbildung postkolonialer Nationalstaaten, eine rapide zunehmende weltweite Arbeitsmigration und der unaufhaltsame Fortschritt moderner Kommunikationstechnologien haben ein gesellschaftliches Packeis geschaffen, das die sozial- und kulturwissenschaftlichen Eisinseln der Kultur als »bounded universe of shares ideas and costums« (Keesing 1994: 301), wie sie im 20. Jahrhundert vor allem die Boas'sche Schule propagierte, und Gesellschaft als »bounded universe of selfreproducing structures« (ibid.) zum Zerbersten brachte.

Der Ethnizitätsdiskurs hat seine Karriere in der Migrationssoziologie angetreten, die ihn zur Beschreibung der kulturellen Andersartigkeit vorrangig europäischer Einwanderer in den USA verwandte, die sich bestenfalls in Sprache, Konfession und geringfügigen alltagsweltlichen Disparitäten präsentierte und in keinem Verhältnis stand zu den gravierenden Differenzen zwischen westlicher Zivilisation und den Kulturen der traditionalistischen »Primitiven«, deren Erforschung und Konstruktion bis weit in unser Jahrhundert hinein des Selbstverständnis der Ethnologen befestigte.

Das signifikante Überhandnehmen ethnischer Semantiken, getragen von der verstärkten Aufmerksamkeit gegenüber indigenen Bewegungen und ethnischen Minoritäten, die Vielzahl als ethnisch auftretender Konflikte oder aber bloß Trends wie Aboriginal-Design auf T-Shirts, Männerparfums, die »Tribesman« heißen oder dergleichen, muss den Primordialisten unanzweifelbarer Beweis nicht nur für das von ihnen postulierte Primat ethnischer Identität, sondern auch für den Sieg einer Ideologie gewesen sein, die – mit Herder verkürzt (vgl. Teil I, Kapitel 4) – »das Zeitalter fremder Wunschwanderungen und ausländischer Hoffnungsfahrten schon Krankheit, Blähung, ungesunde Fülle, Ahnung des Todes« ist.

Auch die Ethnologie frohlockte. Stellen wir sie uns als Bank- und Kreditunternehmen vor, können wir mit einiger Berechtigung behaupten, dass die Ethnizität bzw. der sie thematisierende Diskurs bei ihr ein Konto eröffnet und sich gleich selbst drauf eingezahlt hat und mit diesem großzügigen Präsent den Untergang eines akademischen Stammes im letzten Augenblick abwenden konnte. Die Bank Ethnologie war kurz davor, von mächtigen Konkurrenten wie Soziologie und Geschichte übernommen zu werden und hatte sich das auch selbst eingebrockt. Das Beharren auf der künstlichen Trennlinie zwischen modernen und traditionalen Sozietäten sowie die Imagination letzterer als *cultunits* hatte sich als Fehlspekulation erwiesen. Der ethnologische Ethnizitätsdiskurs war wie kein anderer geeignet, den guten Leumund der Ethnologie wiederherzustellen, ihren Status zu zementieren, auch künftig bei der Dechiffrierung symbolischer und normativer Strukturen und deren Einbettung in soziale und ökonomische Kontexte ein Wörtchen mitzureden. Ob diese symbolischen Strukturen nun als der Urgrund menschlichen Bewusstseins oder aber vermittelt durch und eingeflochten in komplexe ideologische Felder gedacht werden, darüber klaffen auch in der Ethnologie die Ansichten auseinander. Ethnologie ist nicht per se konservativ oder kulturalistisch, in ihr räkelt sich wie in jedem anderen Fach auch das gesamte Spektrum ideologischer Positionen; sie ist genauso wenig homogen wie die Stämme und Ethnien, die sie einst interpretierte und mitkonstruierte. Dieser Umstand wird gerne von einem deutschen linken Ethnizitätsdiskurs bagatellisiert, der – meines Erachtens aus guten Gründen und mit einer geschichtlichen Sensibilität für die Sprengkraft dieses Themas – ethnologische Arbeiten aus seinen Zitierzirkeln verbannt oder gleich gar nicht beachtet; in dem Glauben (wenn schon nicht im Wissen), Ethnologie würde sich schon ihres Sujets wegen die Reifikation des Ethnischen aufs Banner heften, oder gar sich stark dafür machen, dass die eigenen wohlfahrtsstaatlichen Sozialstandards durch die Reziprozität der Sippe substituiert würden. Allein Fredrik Barth wird als Ehren-Soziologe hofiert und zitiert. Die Gründe dafür sind sicher nicht nur in der spezifisch deutschen Karriere des Völkischen zu suchen, wie sie im Nationalsozialismus ihren bisherigen Höhepunkt fand, sondern darin, dass die deutsche Ethnologie, mit Ausnahme Mühlmanns vielleicht, dessen Nahverhältnis zum Nationalsozialismus ihn wiederum desavouierte, bis vor einer Generation die Bastion der Reaktion hielt, und Elementargedanke und Kulturkreislehre noch immer nicht zur Gänze exorziert werden konnten.

Die Manchester-Schule hatte unter Führung Max Gluckmans begonnen, das funktionalistische Paradigma von den integralen, auf sich bezogenen Sozietäten, welche über ihre Institutionen die Bedürfnisse ihrer Mitglieder schon allein deshalb befriedigen würden, weil sie da waren, über Bord zu werfen, hingegen Wandel, Konflikt und Inkohärenz in interethnischen Interaktionszusammenhängen, mit besonderer Berücksichtigung ihrer politischen und ökonomischen Einbettung in Makrostrukturen (Kolonialgesellschaft), zu analysieren. Fredrik Barth (und zuvor schon Edmund Leach) hatte dem Postulat der Kongruenz von objektiver Gruppen- und Kulturgrenze endgültig den Todesstoß versetzt, indem er diejenige variable (aber nicht willkürliche) Bandbreite kultureller Artefakte als gruppenkonstitutiv auswies, mit der die Akteure selbst die ethnischen Grenzmauern befestigten und warteten. Diese Grenzwälle haben idealtypisch unzählige Schlupflöcher, dienen nicht von vorne herein der Abschottung; stellen wir sie uns eher als symbolische Zollgrenzen vor, an der Interaktionspartner die reziproken Wahrnehmungen ihrer Differenzen auspokern, eine unerlässliche Handlung zur symbolisch vermittelten Regelung des Zugangs zu kulturellen, sozialen und wirtschaftlichen Kapitalien. Sehr aufschlussreich ist dabei die Beobachtung, dass *the stuff the boundary contains* sich kontinuierlich verändern mag, die Grenzmarkierungen jedoch die Tendenz zeigen, diesen Wandlungen zu trotzen.

Auf beiden Seiten dieser zugleich imaginären (d. h. vorgestellten) und objektiven Grenzmauern wechseln sich im Laufe der Zeit Sprachen, Institutionen, Konfessionen, politische Loyalitäten und Subsistenzformen, aber auch Moden ab, Tänze, Musikrichtungen oder kulturanthropologische Theorien – die Grenze, so sie sich bewährt hat, bleibt bestehen. Es bestünde also die theoretische Möglichkeit, dass sich zwei ethnische Gruppen kulturell bis zur Unkenntlichkeit angeglichen hätten, das einzige Diakritikum aber, das die Grenze aufrechterhält, in dem Umstand läge, dass die eine Gruppe zum Verständnis ihrer Ethnizität der expressiv-emotiven Dimension, die andere hingegen der instrumentellen Dimension den Vorzug gebe. Eine sehr verzwickte, konfliktträchtige Situation! Man stellt sie sich am besten gleich gar nicht vor.

Dieser zentrale Barth'sche Gedanke liefert meines Erachtens einen dramatischen Beweis dafür, dass Kultur viel zu erklären vermag, jedoch nichts erklärt, wenn sie nicht selbst erklärt wird; und dass der expressiven Dimension von Ethnizität infolgedessen zwar unschätzbare Bedeutung für das Verstehen kognitiver Strukturen zukommt, sie sich in letzter Instanz aber der Analyse einer instrumentellen Dimension unterordnen muss.

Obzwar im klassisch ethnologischen Forschungsbereich gewonnen, bei afghanisch-pakistanischen Sozietäten, wo auch das Konzept des Stammes zu seinem Recht kommen dürfte, lässt sich Barths konstruktivistische Theorie der formalen Grenzziehung auf jede Statusgruppe (vielleicht auch auf die *Klasse für sich*, so sie sich zeigt) anwenden. Dass Barth mit seiner Emphase auf Homöostase und Funktionabilität interethnischer Systeme deren potenzielle Konflikthaftigkeit und stratifikatorischen Charakter missachtet, mag als letzter Reflex des funktionalistischen Paradigmas gedeutet werden.

Die Formalisten als legitime Nachfolger der Manchesterianer verhalfen der Fluidität und Verworrenheit sozialer Realität zu ihrem Recht, indem sie die instrumentelle Dimension von Ethnizität aus der Warte der betroffenen Individuen berücksichtigten, und – spät, aber gerade rechtzeitig – der Kulturanthropologie mit ihren postherderianischen Homogenisierungswünschen die faktische Evidenz der Situationalität ethnischer Selbstzuschreibungen und Loyalitäten, des Passings, des Identity-Switchings und der kreativen Manipulation von Kultur vor Augen hielten. Der springende Punkt ihrer Erwägungen lag darin, dass das Bewusstsein der eigenen Ethnizität und ethnischen Identität nicht in allen Lebenszusammenhängen virulent sei, eine Bezugsachse unter vielen darstelle, in ihrer Bedeutung und Aktualität von der Maßgabe der jeweiligen Situation und des jeweiligen Handlungsspielraumes abhänge.

Abner Cohen und die Zirkumstantialisten setzten diese Situationalität stillschweigend voraus und meinten, dass Ethnizität ein schwammiger Begriff bleibe, solange seine Bedeutung sich nicht durch reales Gruppenhandeln bestimme. Dieses als moderne Reaktion auf moderne Anforderungen, die Instrumentalisierung kulturell-ethnischer Gemeinsamkeiten im Verteilungskampf um begehrte Ressourcen und Revenuen untersucht Cohen. Im Vergleich zu liberalistischen soziologischen Wettbewerbstheorien bezieht sein Ansatz den Ungleichheitsaspekt mit ein und wird durch neo-marxistische bzw. nahestehende Ansätze komplementiert, welche die kulturell und rassisch vermittelte Zuordnung von Menschen in nationale und internationale Arbeitsmarkthierachien analysieren und darüber hinaus Aufschluss geben über das häufig zu beobachtende Phänomen der *reaktiven Ethnizität*, die als Reaktion auf Diskriminierungs- und Ausschließungspraxen erfolgt.

Nach längerem Herumwinden um die Beantwortung der Frage, was denn Ethnizität nun wirklich sei, wo ihre inhaltlichen Grenzen verlaufen, ist nun der Augenblick gekommen, reinen Tisch zu machen. Was ist Ethnizität? Naseweis ließe sich gegenfragen, wieso man sich überhaupt die Mühe geben solle, so doch seit 30 Jahren keine zufriedenstellende Definition vorgelegt werden konnte, und eine solche wahrscheinlich auch noch länger ausbleiben werde. Dem Begriff der Ethnizität geht es ähnlich dem der Kultur: Zu viele divergierende Aspirationen, Disziplinen, Konnotationen und Assoziationen knüpfen sich an ihn. Und in dieser Heterogenität und Ungenauigkeit liegt auch das Geheimnis seines Erfolges. »The more meanings a symbol signifies, the more ambiguous and flexible it becomes, the more intense the feelings that it evokes, the greater its potency, and the more functions it achieves.«[144] Als Symbol erfüllt sie für Wissenschaftler und die ihr zugeschriebenen Akteure ähnliche Funktionen.

Als kleinsten gemeinsamen brauchbaren Nenner all der Phänomene, die heute mit dem Terminus Ethnizität drapiert werden bzw. sich mit diesem drapieren, lässt sich Thomas Eriksens formalistische Bestimmung herauspellen: **Ethnizität bezeichne die sozialen Beziehungen von Gruppen, deren Mitglieder sich nach eigenem Dafürhalten kulturell voneinander unterscheiden.** Diese sehr allgemeine und daher umso treffsicherere Definition, mit der die symbolische Ethnizität des feiertäglichen Nationalhymnensingers ebenso ihr Auslangen findet wie der bewaffnete Konflikt zweier Sozietäten im Hochland von Neuguinea, besitzt bestenfalls Näherungswert, ist provisorisches Basislager, »starting point for further analysis«, wie Abner Cohen es ausdrückt. Das Netz dieser Ethnizitätsbestimmung ist dermaßen grobmaschig, dass – horribile dictu – auch Abner Cohens Börsenmakler schwer sich aussieben lassen.

Die Aporien des Ethnizitätsdiskurses sind nicht zuletzt eine Erblast der traditionellen Dichotomie von Tradition und Moderne. Da letztere selbst die abgelegenste Dschungelhütte mit ihrem Sog erfasst hat, und andererseits in den funktional ausdifferenziertesten Gesellschaften symbolische Strukturen in Verwendung sind, bei deren Erforschung ungeachtet ihres ursprünglichen Objektbereichs auch die Ethnologie einiges mitzureden hat, weist Ethnizität weit über den konkreten Bezug auf Ethnien hinaus. Die Grenze zwischen ethnisch und nicht-ethnisch verschwimmt.

Gehen wir einstweilen vage davon aus, dass Ethnizität ein überhistorisches Prinzip darstellt, das mittels kultureller Merkmale die soziale In- und Exklusivität von Menschen regelt, zu welchen konkreten Zwecken sei dahingestellt. Inhaltlich beschwören diese kulturellen Semantiken zumeist (nicht immer) eine gemeinsame kulturelle Vergangenheit und metaphorische verwandtschaftliche Bezogenheit. Ihre konkreten Bedeutungen und Gestalten, wer sie im Umgang mit wem zu welchem Zweck und wessen Nutzen gebraucht, das können nur

---

144   A. Cohen (1976): One Dimensional Man. Zit. nach Heinz 1993: 358

empirische Einzelanalysen zu Tage fördern. Eine der vordringlichsten Aufgaben derartiger Analysen ist die Klärung der Weber'schen Frage, ob sich die konkrete Ethnizität auf bloße *Gemeinsamkeiten* beschränkt, oder sich aber in einer objektiv handelnden Gruppe materialisiert. Die wohl brauchbarste Typologie wurde hier von Don Handelman entwickelt (vgl. Eriksen 1993: 41ff.): *Ethnische Kategorien, Netzwerke, Verbindungen (»associations«)* und *Gemeinschaften* markieren ein Kontinuum der Inkorporierung, angefangen bei unstrukturierten persönlichen Beziehungen bis hin zu straff organisierten finalen Gruppen, mit gemeinsamen Zielen und einem kollektiven Anspruch auf Territorialität. Nicht auszuschließen, möchte ich hinzufügen, ist das gleichzeitige Bestehen zweier oder mehrerer Inkorporierungsvarianten in Bezug auf ein- und dieselbe Ethnizität.

Als Kategorie schwebt Ethnizität vieldeutig und unstrukturiert frei im Raum. Abner Cohen hat so unrecht nicht, wenn er dafürhält, dass sie erst in gruppenspezifischer Manifestation Konturen erhalte. Und die gruppenspezifische Manifestationen, vermöge derer sich Ethnizität als allgegenwärtiges Ordnungsmodell im 20. Jahrhundert, in der unmittelbaren Gegenwart, Gehör verschafft, sind ebenso Produkte einer kapitalistischen Moderne wie der Nationalstaat, die Arbeiterklasse und das Pizza-Service. Ethnizität ist kein vormodernes Substrat, als was es sich oft ausgeben mag, nicht nur anomische Begleiterscheinung der Sinnentleerung und Entzauberung der Welt, sondern dem Kapitalismus strukturell eingeschrieben. Um ihre spezifische Bedeutung in Zeit und Raum zu erkennen, ist sie in den Händen instrumentalistischer und neo-marxistischer Theorienansätze weit besser aufgehoben als bei solchen, die ihrer subjektiven, identifikatorischen und expressiven Dimension zu sehr huldigen. Die bloße fußnotenhafte Ergänzung, dass Macht, Konflikt und Ressourcenungleichverteilung bei der Beschäftigung mit Ethnizität mitberücksichtigt gehören, unterschätzt diese Faktoren. Sie sind der unbestreitbare Motor moderner Ethnizitätsproduktion.

Natürlich, immer schon hätte es Ethnizität und ethnokulturelle Identitäten gegeben, keine Frage, ebenso wie es schon lange vor dem Kapitalismus Lohnarbeit gab, und mit etwas Augenzudrücken kann man auch der Auffassung zustimmen, es hätte schon vor der Bildung eines italienischen Nationalstaates so etwas ähnliches wie Italiener gegeben; auch richtig, aber beides eben nicht unter spezifisch kapitalistischen Markt- und Produktionsbedingungen, oder den spezifischen Bedingungen des modernen Nationalstaates. Und natürlich gab es schon lange vor der Entdeckung der Kernspaltung Uran. Thomas Eriksen bringt Funktion und Wesen moderner Ethnizität auf den Punkt:

> »Ethnic differentiation draws upon social, cultural and political ressources which presuppose a prior institutionalisation of the contacts between the groups and their integration into a single system in certain respects.«

Ethnizität kann selbst als Ressource verstanden werden, die nach außen der Monopolisierung symbolischen und materiellen Kapitals, der Organisation von

Interessen und der Legitimation exklusiver Ressourcenaneignung dient. Nach innen gerichtet stellt sie gleichzeitig Identitätsressourcen für die psychischen Bedürfnisse und ontologischen Orientierungen derer, die sie anruft, bereit.

> »Ethnizität ist ein mögliches kollektivistisches Kriterium der Schließung unter anderen. Die Klassifikation als ›ethnisch anderer‹ bedeutet zunächst die Ausschließung aus der symbolisch konstruierten Gemeinschaft, eine symbolische Exklusion. Diese stellt eine Ressource für die Beschränkung sozialer Teilhabe dar. Ethnische Grenzziehung konstituiert Ethnien, die als Resultat von Schließungsprozessen auf der symbolischen und materiellen Ebene Positionen des ungleichen Zugangs zu symbolischen und materiellen Ressourcen im sozialen Raum markieren.«
> (Lentz 1995: 188)

Ein diffus ethnischer Habitus macht noch kein kollektives Handeln aus. Diese Ethnizität *an sich* (John Rex) ist – wie spätestens die Formalisten gezeigt haben – schon allein wegen ihrer individuellen Interpretationsvarianz vage, heterogen und widersprüchlich. Es bedarf erst (1.) bestimmter exogener Faktoren wie Diskriminierung oder ungleicher Zugang zu Ressourcen und (2.) ethnischer Führer/Broker/Entrepreneurs, die den amorphen Teig kultureller Gemeinsamkeiten in kollektive Kuchenformen gießen, die unterschiedliche Interessen und Aspirationen in einem »gemeinsamen Willen« fokussieren und diesen mit spezifischen Varianten des Gemeinschaftsmythos fundieren.

Andererseits muss eine Bereitschaft seitens der Akteure bestehen, sich Ethnizität bewusst anzueignen, damit diese ihre Identifikations- und Sinnstiftungsfunktion wahrnehmen kann. Die Multivokalität der Ethnizität ist es, die die verschiedenen Aspirationen von Mobilisierern und Mobilisierten unter einen Hut bringt. Diese Hüte wechseln nach Bedingungen und Konjunkturlagen, und dennoch soll der Eindruck entstehen, als hätten sie schon immer die gleiche Größe und denselben Schnitt besessen. Dem oberflächlichen, und stets der Neigung des Essenzialisierens sich hingebenden Beobachter mag der Unterschied tatsächlich nicht auffallen, und es sollte eigentlich eine der vordringlichsten Aufgaben kritischer Kulturwissenschaft sein, nationale und ethnische Mythenbildungen mit der komplexen historischen Wirklichkeit zu kontrastieren, anstatt sie wissenschaftlich zu affirmieren.

Mit Astrid Lentz (1995: 188), die sich hier auf den Bourdieu'schen Begriffsapparat bezieht, wollen wir einen zentralen Gedanken dieses Abschnittes wiederholen:

> »Vermittelt über die soziale Praxis der Akteure haben sich Veränderungen der symbolischen Ordnung und der sozialen Strukturen wechselseitig gestaltet, so daß ein ethnisches Ordnungsmodell entstanden ist, das in zentralen Strukturen des Kapitalismus eine materielle Fundierung findet und ein kapitalistisches Weltsystem, dessen Strukturen ethnisch gestaltet sind.«

Die Bindekraft von Ethnizität besteht in ihrer Unklarheit und Polyvalenz. Nun haben jedoch nicht die beschriebenen Akteure sondern Sozialwissenschaftler den Begriff erfunden. Und es bestünde die Möglichkeit ihn als Synonym für die Kontextualität ethnischer Selbst- und Fremdzuschreibung zu setzen, um einmal fürs Erste den gröbsten Unfug, den die Essenzialisierungen in der Ethnologie angerichtet haben, wieder gut zu machen.

»There is a constantly changing terrain of human relations to be mapped out by anthropologists and others. Recognized for what it is – a collection of rather simplistic and obvious statements about boundaries, otherness, goals and achievements, being and identity, descent and classification, that has been constructed as much by the anthropologist as by the subject – there is no particular reason why ethnicity should not be the name given to at least part of this mapping enterprise.« (Banks 1996: 190)

Teil III:
Das Designing von Ethnizität und Kultur

Einleitende Worte. Die folgenden Ausführungen sind subjektiv, über weite Strecken polemisch, man könnte sagen, aphoristisch. Sie agieren wie irreguläre Truppen. Sie entbinden sich bewusst der Disziplin des regulären Heereskörpers, sie kämpfen unfair und sind sich des Umstandes bewusst, dass ebenso zurückgeschlagen wird. Was soll diese martialische Metaphorik? Sie soll darauf hinweisen, dass es noch Positionen gibt, die sich aneinander reiben und nicht bloß Geschmackssache sind, aus einer beliebigen Vielfalt am Diskursmarkt erstehbar. Die bruchstückhafte Art der Ausführungen ist mir Mittel, meinem Spott, den ich bis jetzt mäßig zu zügeln wusste, mehr und ungestümeren Auslauf zu gönnen. Der Spott ist Produkt der Wut, diese Wut Produkt einiger Dornen in meinen Augen, und der Dorn im Auge ist bekanntlich das beste Vergrößerungsglas. Und selbstverständlich – auch das sei zugegeben – hat diese Manier der Ausführungen den praktischen Nebeneffekt, einer durchgehenden und konsistenten textlichen Komposition aus dem Weg gehen zu dürfen. Dennoch hoffe ich, dass die Kontinuität der Argumentationslinien im Folgenden ersichtlich bleibt.

Ich könnte diesen Abschnitt auch als *Kritik des naiven Neo-Herderianertums* nennen (womit ich auf die nicht minder provokative Setzung eines *naiven KosmopolitInnentums* durch meine geschätzte Kollegin Barbara Herzog-Punzenberger rekurriere). Niemand würde sich in der fast bis zur Wahrheit übertriebenen Darstellung dieser Konstruktion wiederfinden bzw. eine positive Identität daraus ableiten; jeder würde wohl darauf pochen, in seinem Verständnis ethnischer Kultur und Tradition um einiges weiter und subtiler zu sein. Macht nichts. Wer die folgenden Ausführungen liest, im Speziellen darüber, was ich als angewandten Neo-Herderianismus bezeichnen möchte, kann – ganz nach Maßgabe einer möglicherweise vorhandenen Selbstkritik – auf einer selbst ersonnenen Nähe-Distanz-Skala die eigene Entfernung zu der von mir beschriebenen Gesinnungsart überprüfen.

*

Lob der Differenz. Die Ingenieure der kulturellen Differenz (ganz gleich, ob nun Literaten, Pädagogen, Philologen, Ethnologen etc.) haben ihre homogenisierten Stämme und Völker mit scharfer ideologischer Munition versorgt, auf dass auch die restlichen Bevölkerungen sich ihnen angleichen. Das Ganze hätte eine friedliche Militärparade werden sollen, jedes Völkchen seine Galauniformen, seinen Stolz vorführen sollen. Doch die Ingenieure der kulturellen Differenz hätten besser daran getan, vorher Rat bei der Rüstungsindustrie einzuholen. Deren Manager hätten ihnen das Geheimnis ihres Erfolgs verraten können, nämlich dass Munition dazu da ist, verschossen zu werden; sonst könnte man ja gleich den Laden dicht machen.

»Das Lob der Differenz steht immer an der Kippe zum Schrei nach Segregation und Hierarchisierung.« (Burger 1993: 111) Da half auch nicht das verzagt ins Megaphon gestammelte »Nur Salutschüsse bitte, meine Herren«. Denn bekanntlich kommt zuerst das Fressen und dann die Moral.

*

Über das wissenschaftliche Designing von Wir-Gruppen-Prozessen. Wer in den diversen Gestalten der Ethnizität Refugien autonomer, wenn schon nicht authentischer Lebensweltlichkeit sucht, die mit ihren selbstgestrickten Kaminfeuererzählungen der allmächtigen Union aggressiver logozentristischer *Meta-Erzählungen* wacker trotzen, der fällt nicht nur auf einen alten Trick der Moderne herein, welche die Fluchtwege aus sich selbst bereitstellt und besetzt, sondern gibt sich zudem der therapeutischen Illusion hin, jene »Kernbereiche der Ethnizität« (Herzog-Punzenberger) hätten sich an der allumfassenden Durchwissenschaftlichung und Durchmedialisierung der Welt vorbeischwindeln können. Das ethnische Ordnungsmodell, jenes völkische Paradigma, mag in weiten Teilen der Kulturwissenschaften explizit überwunden sein, doch im Alltagsbewusstsein und dem akademischen Unterbewusstsein spukt es nach wie vor herum, in den gedankenlosen Essenzialisierungen, die Menschen unter Vorschützung von Bequemlichkeit a priori Kulturen zuordnen, ohne Wenn und Aber, ohne bei ihren Verallgemeinerungen das Besondere, ohne bei ihren Etikettierungen das Inkohärente mitzudenken.

»Es ist unmöglich, dass demselben dasselbe in derselben Hinsicht zugleich zukomme und nicht zukomme«, lautet der berühmte aristotelische Satz vom Widerspruch, auf dem die meisten Anti-Rationalisten ihre Kritik eines angeblich binären Denkens gründen. Es sei unmöglich, zugleich Deutscher und Franzose zu sein, meint Fichte und nimmt damit die praktische Übertragung des Satzes vom Widerspruch in die Semantik des Nationalen vor, derzufolge ethnische und staatsbürgerliche Zugehörigkeit in eins fielen.

Was die völkische Anti-Moderne bis heute so modern macht, ist ihre rationalisierende Methodologie, mit der sie Stämme, Völker, Kulturen, Ethnien und Rassen als exklusive und homogene Wesenheiten postuliert.

Der moderne Mensch will von der Kälte der Verstandeslogik, ihren Vermessungen, ihren kategoriellen Vereinheitlichungen und begrifflichen Grenzziehungen sich in die Vorstellung wärmespendender traditionaler Kulturen beurlauben lassen, und ahnt nicht, wie sehr auch diese bereits Produkte ihrer Vermessung, Vereinheitlichung und begrifflichen Eingrenzung darstellen. Die Kultur- und Sozialwissenschaften waren stets schon Herrschaftspraxen in zweierlei Hinsicht: (1.) weil sie politische und ökonomische Herrschaft legitimierten, indem sie Bevölkerungen in Völker, Gesellschaften in ethnisch homogene Gemeinschaften transformierten, (2.) weil bereits ihr begriffliches Inventar die Wirklichkeit sich anglich und alles Inkohärente der Kohärenz ihrer begrifflichen Systeme unterwarf. Der Stamm, das Volk, die Gens, die Familie, die Sippe, die Nation, die Rasse, sind substanzielle Wesenheiten, substanzialisiert und mit künstlichen Grenzen versehen von einer taxonomiewütigen Bourgeoisie, welche, bevor sie daran ging, die Welt in qua Tauschwert kompatible Waren zu verwandeln, ihre Vermessungsingenieure in alle Himmelsrichtungen ausschickte, um das Inkohärente kohärent, das Unebene eben und das Ungerade gerade zu machen. Damit Kultur und Natur beherrschbar und verwertbar werden, müssen sie parzelliert und ins Grundbuch eingetragen sein. In Bezug auf diese Herrschaftspraxis teilen sich abendländische Mathematik und Kulturwissenschaften ihre funktionale Abkunft. Nicht zufällig erlangte der Terminus Ethnos seine wahrscheinlich erste festere Bestimmung als Bezeichnung verwaltungstechnischer Einheiten unter den Satrapen des Persischen Großreichs und den Diadochen Alexanders (vgl. Teil I, Kapitel 3). Diesen *ethnoi* wurden nicht nur bereits bestehende und beständige soziokulturelle Gemeinschaften eingepasst, sondern entlang ihrer Grenzen formierten sich erst solche, ähnlich wie in nationalstaatlichen Kontexten unserer Tage nicht nur Ethnien als Konfliktgruppen, sondern auch heterogene Konfliktgruppen als Ethnien auftreten.

Selbstverständlich existierten immer schon ethnieartige soziokulturelle Gebilde, doch deren strukturelle Vielgestaltigkeit wich nicht selten auch im Bewusstsein der Definierten – wie aus dem kolonialafrikanischen Kontext ersichtlich war – der Allmacht standartisierter Begriffswährungen, mit welchen rund um den Erdball bezahlt werden konnte.

Wie bereits ausgeführt, erlangt die Ethnizität von Menschen durch die Konstituierung moderner Nationalstaaten völlig neue Konnotationen; dies auch in Anbetracht der Tatsache, dass sie sich selten spontan artikuliert, sondern erst durch Intellektuelle, ethnische Führer mobilisiert werden muss. Dieses Charakteristikum teilt sie sich mit anderen *Wir-Gruppen-Prozessen* (vgl. Elwert 1989: 29ff.), seien es nun nationalistische, religiöse, nativistische – oder als Spezialfall – klassenspezifische. Was die definitorische Grenzziehung zwischen den diversen, stets die Gefahr wissenschaftlicher Substanzialisierungen nach sich ziehender Gruppen-Bildungen so erschwert, ist die Heterogenität der sie erzeugenden und verstärkenden Prozesse.

Der Verlust individueller Kollektividentitäten, der Wettbewerb um neue Ressourcen, zunehmende ökonomische und soziale Verunsicherung, kann sich in ganz unterschiedlichen Wir-Gruppen-Prozessen fokussieren. Dazu Georg Elwert (1989: 29/30):

»Gerade das Zusammenwirken verschiedener Prozesse macht die Stabilität von Wir-Gruppen-Prozessen und so auch von nationalistischen Bewegungen aus. Diejenigen z. B., die sich Märkte für ihre WIR-Gruppen reservieren wollen, und die, die eine neue festere Identität über ein Kollektiv suchen, finden sich in der gleichen Rhetorik, teilen die gleichen ›Feinde‹ (auch wenn ihre Klassenlage sehr unterschiedlich sein mag) und können auch aus den Bestrebungen der anders Motivierten in der gleichen Bewegung Nutzen ziehen. Die Bewegung insgesamt überdauert das Ausfallen des einen oder anderen mobilisierenden Prozesses.«

Trotz des immerhin beachtlichen Aufflammens eines marxistisch stimulierten Arbeiterinternationalismus ist Gellner[145] wohl darin recht zu geben, dass sich Klassen weit häufiger entlang ethnisch-nationaler Identifikationsachsen for-

---

145 Vgl. Gellner 1995: 140/1 und Wallerstein 1990b: 105/6

mierten, dass die objektive Vergemeinschaftung aufgrund objektiver Klasseninteressen, also Marx' *Klasse für sich*, stets ein eher kurzlebiges und minoritäres Phänomen war. Das hat meines Erachtens seine Ursachen darin, dass die Klasse als politisierte Handlungseinheit (1.) zu klar umrissene Ziele verfolgt und nur einer Motivation Ausdruck verleiht (im Gegensatz zur ethnisch-nationalen Vergemeinschaftung, die eine multimotivische Projektionsleinwand abgibt) und (2.) diese Motivation eine ökonomische ist. Gerade dort, wo die Akkumulation von Venalität und Warenökonomie in die informellen Bereiche sozialer Interaktion eindringt, erwächst das Verlangen nach interesseloser, nicht-ökonomischer Sozialität, deren Gewährleistung als Versprechen nationale und neo-ethnische Ideologien attraktiver macht. Diese Verdrängung der Allmacht des Ökonomischen mag das horizontale Machtgefälle innerhalb dieser vertikalen Bewegungen verschleiern. Darüber hinaus erfordert eine Identität, die sich auf der gemeinsamen Erfahrung gründet, ausgebeutet, geschunden, benachteiligt zu werden, einen gnadenlosen Realismus, der Menschen oft psychisch überfordern mag. Lieber als ein getretener Lumpenproletarier irischer Abkunft ist man doch ein von fremden Bossen unterdrückter Sohn von Königen und Feen, und lieber als ein geschundener schwarzer Kupferminenarbeiter ist man doch ein stolzer Bisa, Tonga, Mdembele, dessen kollektiver Sinn auch so weit reichen kann, den Bossen zu beweisen, dass die eigenen Leute die Kraft und die Ausdauer besitzen, mehr Erz pro Tag zu fördern als die Arbeiter der Nachbarethnie bzw. -mine (vgl. auch Ranger 1981: 21).

Sobald sich ein ethnisch begründeter aggressiver Nationalismus ausbreitete, wurde es für benachbarte Sozial- und Staatssysteme zunehmend schwieriger, sich der Anrufung[146] eines ethnischen Gegenkonstrukts zu erwehren. Selbst der dezidiert politische Nationalismus der Französischen Revolution ethnisierte sich zusehends. Das ethnische Ordnungsmodell erlangte überall dort diskursive Hegemonie, wo die Möglichkeit bestand, aufgrund sprachlicher und anderer kultureller Differenzen, ganz gleich, ob in den vornationalen Königreichen und Territorialstaaten kulturelle Bevormundung bestand oder diese erst nachträglich hervorgespielt werden musste, politische, ökonomische und territoriale Claims abzustecken. Und ganz gleich auch, ob protonationale Separatismen Eigenstaatlichkeit anstreben, ethnokulturelle Minoritäten und indigene Gruppen Staaten Minderheitenrechte abzuringen versuchen oder klientelistische Gruppen in multiethnischen Staatsgefügen um begehrte Ressourcen wetteifern, alle vermitteln sie ein statisches Bild von sich selbst, wie es erst der völkische Diskurs ermöglichte und von Kultur- und Sozialwissenschaften übernommen wurde.

---

146 Den Begriff *Anrufung* verwende ich hier im Sinne Althussers. Er bezeichnet das ideologische Verhältnis zwischen hegemonialen Definitionen von Menschen bzw. Gruppen und der Identifikation mit diesen Definitionen durch die Definierten. In *Ideologie und ideologische Staatsapparate* (1976) schreibt Althusser: »Die Anrufung der Individuen als Subjekte und ihr Selbstverständnis als solche sind nur Rädchen in dem überindividuellen Mechanismus der Reproduktion der Produktionsverhältnisse; die ist die Wirklichkeit, die in der Ideologie ›notwendig verkannt wird‹.« (p. 149; zit. nach Hauck 1992: 93) Aufmerksam wurde ich auf dieses Konzept bei Hakan Gürses (1994: 361ff.), der es auf das Verhältnis (u. a. ethnischer) Minoritäten und Majoritäten überträgt.

Nur die Naivsten können glauben, es bestünde heute noch die Möglichkeit, unbesetzte Forschungsfelder zu ermitteln. Bis in die abgelegensten Urwaldwinkel Amazoniens und Papua-Neuguineas liegen schichtenweise die Sedimente vergangener Diskurse brach. Neben der stets dringlichen Frage des Cui bono muss sich der Beobachter des Ethnic Revivals und ethnisch argumentierter Konflikte die Frage stellen, ob sich dabei nicht eventuell praktische Realisierungen wissenschaftlicher Diskurse vor ihm aufbäumen. Seitdem die Kayapo am oberen Xingú (vgl. Hannerz 1995: 74) und die Baruya in Papua-Neuguinea (vgl. Godelier 1991: 44) mit dem aus der Anthropologie entlehnten Neologismus der Kultur operieren, kommt es zur totalen Verschmelzung von Signifikant und Signifikat, und sind wir in die weltgeschichtlich einzigartige Phase eingetreten, in der keine kulturelle Äußerung mehr mit Sicherheit von sich beanspruchen kann, nicht transkulturell, wissenschaftlich, medial oder kulturindustriell vermittelt zu sein. Die satirische Vorstellung vom autochthonen Informanten, der seine Kultur als unvergleichlich *dionysisch* beschreibt oder dem fließend französisch sprechenden Bauernsohn aus der Kabylie, der verdutzten Ethnologen die Funktionsweise seines persönlichen *kulturellen Habitus* erklärt, hat längst sich in Realität gewandelt.

Die Agentenfunktion der Ethnologie für den Kolonialismus sowie die paternalistische Attitüde des Definierens veranlasste die Definierten, die sich die kulturwissenschaftlichen Definitionen und Beschreibungen von sich zu eigen machten, ihr ethnologisch mitkonstruiertes Selbstverständnis gegen den weiteren Zugriff der Ethnologen zu sichern; wie Roger M. Keesing (1994: 307) süffisant beschreibt:

»I have noticed [...] the ironies that emerge when a conception of culture, indirectly borrowed from anthropology, is used to denounce foreign researchers, with anthropologists as the quintessential villains. They, as outsiders (it is argued), can never penetrate Our essence, never really understand Us. Once ›a culture‹ has been reified and hypostatized as a symbol, the outside researcher can also be accused of appropriating ›it‹. ›It‹ can be commoditized as well, depicting as having been alienated by an anthropologist and sold for profit in the academic marketplace. I take it as the crowning irony that our own conceptual diseases should be deployed against us.«

*

Die Lehmtafeln der Vergangenheit. Analog zum psychosozialen Identitätsmodell, demzufolge die Durchsetzung individueller Identitäten, die immer zugleich kollektive Identitäten bedeuten, nur per Ratifizierung durch die soziale Umwelt gewährleistet sind, können auch Kollektive nur schwer sich den Anrufungen ihrer Umgebungen entziehen. Dort wo sich das ethnische Ordnungsmodell,

z. B. in seiner mächtigsten, nationalistischen Spielart, zu etablieren beginnt, *versklavt es seine Umgebung,* schafft es sich nach seinem Ebenbilde ebensolche ethnischen Gegenkonstruktionen. Dort wo ethnische Ideologien Deutungshegemonien erlangen und Individuen aufgrund ihrer Gruppenzugehörigkeit ethnisch anrufen, bleibt diesen im Verteilungskampf um soziales und ökonomisches Kapital oft kein anderer Ausweg, als diese Anrufungen anzunehmen.

Die einander bestätigenden Wir-Gruppen-Prozesse finden, selbst wenn diese gegenseitige Bestätigung sich auf gegenseitige Missachtung beschränkt, einen gemeinsamen Nenner im ideologischen Bezug auf kollektive Vergangenheit. Auch das ethnische (nationale) Ordnungsmodell selektiert aus einem komplizierten Geflecht tatsächlicher historischer Kontinuitätslinien die den politischen, wirtschaftlichen, sozialen und psychischen Erfordernissen und Bedürfnissen genehmsten. Will man aktuellen konfessionellen Identitäten historische Weihe verleihen, so werden unschwer Belege sich finden lassen für die bruchlose Kontinuität des Primats dieser Identitäten,. Mit großer Treffsicherheit (und ungewohnter Poesie) hat Immanuel Wallerstein (1990: 97) diese ideologische Instrumentalität von Vergangenheit beschrieben:

> »Die Vergangenheit gilt für gewöhnlich als etwas, das unwiderruflich ist; eine in Stein gemeißelte Schrift. Für die wirkliche Vergangenheit gilt das zweifellos. Die gesellschaftliche Vergangenheit aber, d. h. die Art und Weise, wie wir die wirkliche Vergangenheit verstehen, ist bestenfalls eine in Lehm gezeichnete Inschrift.«

*

Über das wissenschaftliche Designing von Ethnizität. Gehen wir davon aus, dass Menschen mit unterschiedlichen Gewichtungen und Rangfolgen eine Vielzahl von Identitäten als Produkte wechselseitiger Zuschreibung in sich vereinen und die Grenzen zwischen diesen, ja, das Postulat der Identität überhaupt, hypothetische Hilfskonstruktionen darstellen, so drängt sich die Frage auf, warum einige Identitätssegmente in bestimmten historischen Situationen und unter bestimmten strukturellen Bedingungen andere dominieren und in sich subsumieren. Weiters die Frage, inwiefern Kultur- und Sozialwissenschaften sowie wohlmeinende Kulturschützer an der Reifikation und Perpetuierung des Ethnischen mitbeteiligt waren und sind. Dazu der australische Soziologe Stephen Castles (1990: 44):

> »Die Sozialwissenschaften schaffen Wirklichkeiten im doppelten Sinn: Erstens schaffen und vermitteln sie Wissen, das das Bewußtsein des Menschen formt und beeinflußt, indem sie soziale Erscheinungen durch Lehre und Forschung interpretieren. Zweitens und unmittelbar wird unser Diskurs Bestandteil des

Prozesses der Erzeugung von Ideologien, politischen Strategien und Institutionen, weil die Sozialwissenschaften bewußt zur Reproduktion der bürgerlichen Gesellschaft eingesetzt werden.«

Warum erlangte Ethnizität jene marktschreierische Präponderanz? Haben sich ethnische Vergemeinschaftungsformen tatsächlich das Terrain zurückerobert? Oder haben bloß die Episteme, die Beschreibungsmodi sozialer Realität gewechselt? Beides! Das Wiedererstarken ethnischer Differenzierungen und Schließungen ist ohne dessen diskursive Aufputschung nicht zu denken, also nicht allein aus der langzeitigen Vernachlässigung des Ethnischen im sozialwissenschaftlichen Diskurs erklärbar. Soziale Wirklichkeit passiert nicht einfach. Sie wird gemacht. Und wer die Verfügungsmacht über die Signifikanten hat, bestimmt, was bedeutsam und wahr ist. Die deutschen Soziologen Frank-Olaf Radtke und Eckehard Dittrich (1990: 14):

»Die sozialwissenschaftlichen Wirklichkeitskonstruktionen dringen als Argumente auch in den alltäglichen Diskurs über die soziale Wirklichkeit ein, legen relevante Wirklichkeitsausschnitte fest und bestimmen deren Grenzen. Damit strukturieren sie die Handlungsräume von Institutionen und Individuen und selektieren ihre Handlungsalternativen. Die sozialwissenschaftlichen Beobachter der Gesellschaft haben es mit einer ›Versozialwissenschaftlichung des gesellschaftlichen Hintergrundkonsenses‹ zu tun, der die sozialen Prozesse beeinflußt und mitbestimmt. Auch wenn das sozialwissenschaftliche Wissen im Alltag trivialisiert und häufig bis zur Unkenntlichkeit verwandelt ist, darf die Wirksamkeit wissenschaftlicher Unterscheidungen nicht unterschätzt werden. Das gilt zumal für die großen erkenntnisleitenden Konzepte wie Rasse, Nation, Kultur, Klasse etc., die historische Zeiträume durch die Konstruktion von ganzen Weltbildern geprägt haben.«

Die Reconquista des Ethnischen hat nicht die medialen und akademischen Apparate der Meinungsbildung überfallen, um sie zu mehr Publicity zu zwingen, sondern besagte Apparate selbst haben unter Ausblendung zentraler sozialer Widersprüche ihr Scheinwerferlicht auf das Ethnische fokussiert; in der brütenden Wärme des Lichts gedieh das Ethnische selbstverständlich üppig. So üppig, dass es bald Ernten einbringen und die Startkredite ihrer diskursiven Förderer zurückerstatten konnte.

Soziale Realität tritt uns also nicht mehr in authentischer Unschuld entgegen, hat dies im Übrigen nie getan, sondern war seit jeher ein Produkt ihrer diskursiven Konstruktion. Das retrospektive Postulat der Authentizität kann dabei bestenfalls als relationale Größe verstanden werden, mit deren Hilfe ein hypothetischer Kontrast zu der seit 200 Jahren sprunghaft angestiegenen Durchwissenschaftlichung, Medialisierung und kulturindustriellen Vermittlung sozialer Realität hergestellt wird. Die zunehmende Vernetzung der Welt per Expansion einer aggressiven

Marktökonomie schuf neben der alle bis dahin gekannten Dimensionen sprengenden Vielfalt an Produkten eine riesige Palette an Diskursen und ideologischen Verdunkelungspraktiken.

Die Entdeckung der sozialen Konstitution des Wissens durch die Mannheim'sche Soziologie in den 1920er-Jahren leitete eine zunehmende Entzauberung der Wissenschaften ein. In den 1960er- und 1970er-Jahren, der Ära, die durch eine intellektuelle Präponderanz linker, marxistisch beeinflusster Diskurse und die Hegemonie eines gesellschaftsverändernden, destruktiven Paradigmas gegenüber einem konstruktiven und interpretativen gekennzeichnet war, formierte sich die Antithese eines weiteren, radikaleren Konstruktivismusschubes, der Wahrheitsansprüche im Allgemeinen als machtlegitimatorische Ausgrenzungspraktiken überführte und damit unter anderem auch auf eine antikapitalistische Ideologiekritik abzielte. Nach dieser intellektuellen Selbstentwaffnung formierte sich flugs eine neue epistemologische Weltordnung, die konträr zu den politischen und ökonomischen Strukturen, welche alles andere als demokratisch sind, eine Weltdemokratie der Diskurse einfordert, die – Diskurse ausnahmslos als Ideologien outend – ihre Energien einzig und allein darin verzehrt, aufzupassen, dass keiner dieser Diskurse ausschert und weniger ideologisch zu sein beansprucht als die anderen. Nachdem es nicht gelungen war, die Welt revolutionär zu verändern, begnügte man sich wieder damit, sie unterschiedlich zu interpretieren. Philosophie, weiß Adorno und alle, die gerne Adorno-Zitate aus dem Ärmel zaubern, hält sich am Leben, weil der Augenblick ihrer Verwirklichung versäumt wurde. Damit muss man eben leben. Außergewöhnlich war jedoch der Umstand, dass man sich den geordneten Rückzug aus der revolutionären Praxis als dialektischen Fortschritt akontieren ließ.

Wurden die Klassenantagonismen in der spätkapitalistischen Gesellschaft nicht objektiv überwunden, so zumindest deren subjektive Wahrnehmung (*Klasse für sich*) und folglich die darauf bezogene Solidarität. Infolge eines relativen Wohlstandswachstums in Ländern der sogenannten Ersten Welt und des hohen Versorgungsniveaus mit Konsum-, Bildungs- und Dienstleistungsgütern vollzieht sich gesellschaftliche Solidarität in Konkurrenz um Zugang zu diesen Gütern. Die von der Linken getragenen neomarxistischen Ansätze waren nicht denkbar ohne die Vorstellung einer revolutionären Pragmatik, die noch immer auf den Trumpf einer politisierten Arbeiterklasse setzte. Das Scheitern derartiger Konzepte ist mittlerweile Geschichte.

Frank-Olaf Radtke beschreibt in seinem Essay *Lob der Gleich-Gültigkeit* anschaulich, wie die Leerstelle, die durch den Verlust des revolutionären Hauptsubjekts gerissen wurde, durch die Solidarität mit Partikularinteressen wie Frauenbewegung, diversen Bürgerrechtsbewegungen und ethnischen Minoritäten gefüllt wurde. Kapitalismuskritik wich nicht selten einer moralischen Zivilisationskritik, flankiert von einer romantischen Identifikation mit »imaginierten Authentizitäten« (Radtke 1991: 84/5). Nachdem die Linke inner- und außerhalb des Campus ihre revolutionären Hörnchen sich abgestoßen hatte und in geläuterter Form zur wichtigen Zielgruppe und Trendsettern der Konsumgesellschaft konvertiert war, entzog man auch den ehemaligen Protegés die revolutionären Subventionen. Ging es einst um Inhalte, wie etwa die solidarische Durchsetzung der sozialen und politischen Gleichberechtigung innerhalb des modernen Rechtsstaates, so kam nun unter Einfluss des *Ethnic Revival* das primordiale Recht auf kulturelle Identität hinzu.

Eines progressiven Internationalismus und der kritischen Rationalität verlustig gegangen, auf die Imponderabilien bloßer Moralität zurückgeworfen, entäußert sich diese Linke aber ihrer wichtigsten Konstitutiva. Von einer intellektuell aufgerüsteten Neuen Rechten unterscheidet sie sich bezüglich kultureller Identitäten dann bloß mehr darin, dass sie das Loblied der kulturellen Differenz singt, um ihre Vorstellung einer multikulturellen Gesellschaft zu verwirklichen, während jene dasselbe Lied zur Umsetzung einer monokulturellen Gesellschaft grölt.

Nachdem das intellektuelle Joch des Hauptwiderspruchs, der mit seinem hegemonialen Anspruch die Nebenwidersprüche versklavt hatte, abgeschüttelt war (nicht indem man ihn praktisch überwand, sondern einfach den Diskurs über ihn abschaffte), verschwanden logischerweise auch die Nebenwidersprüche und stiegen aus der Glocke, in der sie mit dem Hauptwiderspruch assoziiert waren, wie bunte Luftballons ins Universum der Diskurse auf und schweben dort frei und monadisch herum, jeder auf sein eigenes Zentrum bezogen, jeder ein Hauptwiderspruch *sui generis*.

Aus reaktiven Widerstandsidentitäten wurden lebensweltliche Selbstpositionierungen. Somit bepflanzt jeder sein eigenes diskursives Vorstadtgärtlein und zieht sich auf sein Spezialgebiet, auf seine spezifische Partikularidentität, zurück.

Dass der Recht behält, der über die Machtmittel verfügt, seinen Wahrheiten Hegemonien und Legitimation zu verschaffen, war seit Marx und Gramsci ein Gemeinplatz der Ideologiekritik. Die Postmoderne erst gibt diesem Umstand ihren legitimatorischen Sanktus. Seines objektiven Wahrheitsanspruches verlustig gegangen, reduziert Wissenschaft sich zum Legitimationslieferanten für strategische Interessensgruppen. Eine weitere Funktion, auch als Resultat des postmodernen Diffundierens der Grenzen zwischen Hoch- und Popularkultur, findet Wissenschaft in der Produktion von Sinn. Kaum eine Phrase verdeutlicht die postmoderne Wende besser als die des *Sinn-Machens*. Früher einmal hatte etwas Sinn oder nicht. Nun macht etwas Sinn.

Als Sinnlieferanten verdingen sich jene akademischen Resterlverwerter, Zeitgeistkommentatoren, Kulturvermittler und *knowledge peddlers*, die Pierre Bourdieu[147] auch nicht besonders zu leiden scheint, und die »für eine weitaus raschere und umfänglichere Verbreitung gewisser Produkte und der entsprechenden Publizität bestimmter Produzenten sorgen als interne Instanzen, denen dies erst im Verlauf eines langwierigen Prozesses der Kanonisierung gelingt.« Als Vermittler zwischen dem Olymp der akademischen Diskurse, der bildungsbürgerlichen Halbwelt und der Unterwelt der Normalverbraucher, an die jedes

---

147 Vgl. Bourdieu (1988): Homo Academicus. Frankfurt, p. 200. Zit. nach. Lindner 1995: 33

Jahr zum Sommerschlussverkauf die verbliebenen Überreste der letzten Diskurse als Meinungsbildungs- und Identitätsstiftungsangebot verramscht werden, nehmen sie eine Schlüsselrolle ein und wetteifern um Deutungshegemonien. In enger Verschränkung mit diesen existiert die Rolle der Kulturindustrie als wohl mächtigste Produzentin von Wirklichkeit. Sie strukturiert unsere Weltbilder, unsere Stereotypen und Grenzziehungen, auch die Setzungen ethnischer, kultureller Stereotypen und Grenzen.

Baudrillard[148] spricht von *Simulatorik*, Frederic Jameson[149] von *Simulacra*, doch keiner von beiden reicht an die analytische Dichte heran, mit der Günther Anders[150] eine Generation vor den Postmodernen die simulatorischen Potenzen der kulturindustriellen Vermittlung durchleuchtete. In einer durch und durch verwalteten Welt erlangten die als kulturindustrielle Produkte erfahrenen Phänomene Phantomcharakter. Unsere Vorstellungswelt bezöge sich – so Anders – auf Imitate (Matrizen) der Realität, besser gesagt: auf Imitate der Imitate von Imitaten, und dieser Circulus vitiosus würde kein Ende nehmen, sondern sich in Anbetracht der atemberaubend schnellen Potenzierung von Reproduktionstechniken und Trends beschleunigen. Die Zombiehaftigkeit der Phänomene suggeriert die Präexistenz von Originalen, die den Imitaten verschiedener Ordnung als Vorlage dienten. Das epistemologische Original hat jedoch realiter nie existiert, sondern ist als relationale Größe, als hypothetische Folie zu verstehen, vor der die Simuliertheit der Objekte sich abhebt. Angesichts der Hypertrophierung der Imitate nimmt sich die vorindustrielle Welt mit ihren vergleichsweise bescheidenen Welterklärungs- und Deutungsansprüchen als verhältnismäßig original aus.

Die Kulturindustrie hat neue Zeichensysteme geschaffen, die mehr kulturelle Homogenität erzeugen, als staatliche Assimilierungspraxen je in der Lage wären. Die mittelständische Meta-Sprache amerikanischer *Soap-Operas* oder brasilianischer *Telenovelas* vermag überall dort, wo Fernsehantennen aus Häusern, Wellblech- oder Buschhütten wachsen, zu Tränen zu rühren und normative Systeme zu vermitteln, und somit Menschen – trotz aller synkretistischen und hybriden Differenzen – gleichzuschalten. Und wer einmal erlebt hat, wie meine Mutter aus der US-Serie *Reich und Schön* moralische Handlungsmaximen ableitet, bekommt eine unvergessliche Lektion erteilt, wie sehr Bewusstsein Sein zu determinieren vermag.

Die Persistenz der kulturellen Eigenverständnisse von indigenen und anderen ethnischen Minoritäten, selbst untrennbar mit deren politischer Situation innerhalb moderner Staatsgefüge verknüpft, wird letztendlich auch davon abhängen, wie sehr diese in der Lage sein werden, die Signifikanten der Kultur- und Popindustrie für sich zu nutzen, und besonders schnelle, surreale und zeitgeistige Jingles und Videos von sich und ihrer wohl oder übel reifizierten und simulierten Kultur auf den Markt zu werfen.

---

148 Vgl. Hauck 1992: 234
149 Vgl. Jameson 1993: 63. Vgl. auch Hauck 1992: 233 ff.
150 Anders 1992

Die Pottwale, deren Existenz und Navigationssystem bereits von den lauten Schiffsschrauben der Walfänger und der diese eskortierenden Greenpeace-Jachten ernsthaft bedroht wird, haben die Zeichen der Zeit erkannt und den Alternativmarkt mit rührseligen Unterwasser-Ökosymphonien überschwemmt. Wem diese Parallelisierung der Bedrohung von Tierarten und menschlichen Sozietäten zynisch erscheint, dem seien jene *Universum*-Naturfilme ans Herz gelegt, in welchen der Begriff Naturvölker allzu wörtlich genommen wird und imaginierte *Kulturotope* mit realen Ökotopen in Deckungsgleichheit gebracht werden. Auch hier offenbart sich eine nicht minder traurige Option indigener Gruppen als der Verlust ihrer traditionellen Kultur: als Nationalparkattraktionen, als Museumswärter der eigenen Kultur, als ewige Sklaven des ethnischen Dienstleistungssektors.

*

Zur Kritik des naiven Neo-Herderianismus. Bedingung für den Volksgeist, jenen *gefährlichsten Sprengstoff der Moderne*, als den ihn Ernest Renan einmal bezeichnet hat, war die Objektivation eines Volkes. Gemäßigte Primordialisten wie Geertz haben selber die Bombe entschärft, die Zündnadel herausgerissen, indem sie den historischen Kompromiss mit der ethnographischen Realität eingingen, dem Bezug zum kulturell Eigenen, zum Traditionalen eine gewisse Variabilität zuzusprechen. Die primordialen Bindungen, diese ominösen *spiritual* respektive *natural attachments* (Geertz), die Menschen von der Wiege bis zur Bahre wie Unterwäsche anhaften, die per Gelübde nicht gewechselt werden darf, dürften sich nach diesem Rückzug vom völkischen Paradigma nun je nachdem auf die Sprache, die Primärgruppe, die Herkunftsregion, auf den Dorffußballplatz, den Supermarkt der Jugendtage oder den Argot des Kindheitsgrätzls beziehen. Das Postulat der Primordialität solcher Beziehungen, die alles und jedes nun beinhalten, gesetzt es erweise sich als diffus traditional, ist seltsam schwammig. Es ist so, als ob vielen möglichen Formen kollektiver Identitäten post festum das Etikett ethnisch verpasst würde, weil sie sich in der einen oder anderen Form als in kulturelle Kontinuitäten eingebettet gerierten. Hinter der banalen Feststellung, dass in uns stets etwas Stärkeres, Ursprünglicheres wirke als die Bindekraft unserer individuellen Lebensentwürfe, tarnt sich das verzweifelte Desideratum, dass dem auch so sein solle, nur dürftig.

Dem humanistisch gemeinten Ruf nach der Erhaltung kultureller Differenzen muss, will er seine ideologische Stoßrichtung nicht zu offensichtlich werden lassen, eine mehr oder minder klare Vorstellung vorausgehen, was da in seiner Differenz erhaltungswürdig ist; die Mahner in der Wüste spätkapitalistischer Einheitskultur müssen ihre *cultural pets* definieren, deren Äußerungen kodifizieren können. Und überall dort, wo Menschen aus strategischem Kalkül oder aber Diskriminierung und Marginalisierung in ihrer Verzweiflung schützende Feuerringe um sich gezogen haben und enger zusammenrücken, sind die Neo-Herderianer mit ihren

Blasebälgen zur Stelle und füttern die Flammen mit Frischluft, auf dass sie wie Wände hoch emporlodern, und die mit Einschränkungen freiwillig Eingeschlossenen sich wohl oder übel auf das besinnen, was sie verbinden soll; und was soll sie in jener Situation eher verbinden als das, was sie von den anderen trennt?

Man verzeihe mir die Vulgärpsychologie, aber der Vergleich ist sehr aufdringlich: Was ist das Geheimnis einer langen, harmonischen Zweierbeziehung? Besonders in jenen Momenten, in denen man sich gegenseitig am meisten anödet und an der Freiwilligkeit des Aneinandergekettetseins zu zweifeln beginnt? Richtig, man verleiht solch einer Beziehung die Weihe eines höheren Sinns durch Suchen und Finden gemeinsamer Feindbilder, am besten im gemeinsamen Bekanntenkreis; Menschen, die einem in Mängeln und Fehlern dermaßen gleichen, dass sie sich als Opferlämmer für die moralische Selbstreinigung bestens eignen.

Sobald es Kulturen als Substanzen, Essenzen und statische Größen eingestandenerweise nicht gibt, sobald also die Wahrheit unterschiedlicher Intensitäten und individueller Ausformungen eines ethnischen Habitus auch von den Kulturschützern akzeptiert werden muss, drängt sich die Frage auf, ob jeder Habitus kreditwürdig sei, so er nur im Entferntesten das Odeur des Ethnischen verströmt. Ist dann die *turkishness* des urbanen türkischen Intellektuellen, der Religion und Hinterwäldlertum mit behaartem Herzen hasst, genauso subventionswürdig wie die des frommen ostanatolischen Pächters, gesetzt den Fall, jener verleugnet nicht die Primärsozialisation der schönen Jugendtage in den Slums von Istanbul? Durch die rosarote Brille des Ethnischen wird alles zum diffusen Ausdruck der kulturellen Herkunft. So darf auch James Joyce repatriiert werden, nachdem nationalistische Literaturwissenschaftler seinen antikatholischen Habitus als neopagan identifiziert und sein Werk in die große avantgardistische Tradition altirischer Schizophrenie eingereiht haben.

Es geht den aufgeklärten, dem völkischen Paradigma durchaus abholden Neo-Herderianern um die Aufrechterhaltung einer diffusen Qualität des Traditionalen; je zwingender diffus, desto mehr gebietet ihnen ihre moralische Redlichkeit, sich von den exklusiven Kulturvorstellungen der politischen Rechten zu distanzieren, was nicht immer so recht gelingen will.

Legen wir die Karten getrost auf den Tisch, verstecken wir unsere Absichten nicht länger hinter der seriösen Maske der Wissenschaftlichkeit, hinter dem selektiven Gebrauch von Expertise und Gegenexpertise, und der emischen Ebene, dem kognitiven Selbstverständnis der Betroffenen, das zumeist diffuser ist als unsere Vorstellung davon. Verlassen wir den ethnographischen Supermarkt; lassen wir unsere Artefakte wieder Menschen sein, die selber entscheiden, welche kulturellen Muster ihnen passen oder nicht, und geben wir unsere Ideologien preis. Ich nehme die Anrufung an, ich bekenne, ein naiver Kosmopolit zu sein!

Im Grunde haben sich die Konturen zweier widerstreitender Paradigmen bereits vor 200 Jahren verfestigt, in der Konfrontation zwischen einer universalistischen vernunftversessenen Aufklärung und einer kulturversessenen Anti-Moderne. Hinter neuen Masken, mit leichten Abänderungen und zeit- wie strukturbedingten

Neuadaptionen kehren die beiden Paradigmen stets aufs Neue wieder, und in jeder Metamorphose glauben sie von sich – wie das so üblich ist –, Pioniere zu sein.

Die koloniale und kapitalistische Unterwerfung der europäischen und nichteuropäischen Welt, der Vormachtanspruch einer westlichen Zivilisation, unter deren Namen der größte organisierte Raubzug der Weltgeschichte vom Stapel lief, veranlasste viele der mit den Unterworfenen Solidarischen die Kritik an ökonomischer Ausbeutung durch kulturelle Selbstkritik zu ergänzen. Letztendlich sollte es das westliche Denken per se sein, das nach dem Willen der kulturbezogenen Gerechtigkeitsfanatiker sich den verschiedenen mythologischen und anderen Formen nicht-westlicher Weltbilder in einer Art globaler *affirmative action* unterzuordnen hätte, ungeachtet seiner heterogenen Traditionen, ungeachtet der elaboriertesten Systeme westlicher Selbstkritik.

Wer dekonstruiert, sollte die Konstruktionspläne der Gebäude studiert haben, die da abgetragen oder korrigiert werden sollen, und darüber hinaus – um peinlichen Wiederholungen vorzubeugen – sicher gehen, ob dieses schwierige Unterfangen nicht schon zuvor in Angriff genommen wurde. So sehr es Mode geworden ist, die abendländische Rationalität als herrschaftstechnisches Ideologem zu entlarven, das sich auf der Angst vor dem Abgründigen, Polymorphen und Inkohärenten gründet, so wenig scheint sich herumgesprochen zu haben, dass dieser Ansatz nicht erst das Werk Zygmunt Baumans oder Stephen Toulmins ist, sondern bereits auf Nietzsche, den kritischen Rationalisten Freud und vor allem auf Max Horkheimer und Theodor Adorno zurückgeht, die in ihrer *Dialektik der Aufklärung* eine negative Genealogie der Vernunft präsentieren. Diesen zufolge würde der Mensch bereits im Mythos die Angst vor dem Chaos durch die Ordnung seiner Kategorien rationalisieren. Mit der Durchsetzung eines wissenschaftlichen Weltbildes, welche nicht zufällig mit dem beginnenden Siegeszug der kapitalistischen Produktionsweise zusammenfällt, intensiviere sich dieser Prozess. Und wie der Kapitalismus die kaleidoskopartige Vielheit der materiellen Welt in kompatible Waren transformiert, so bringt auch der logozentristische Rationalismus intellektuelle Tauschwerte in Umlauf, macht die Welt mit seinen kategoriellen Währungen identisch.

Eine dieser Währungen bestand auch im Stamm bzw. Volk bzw. der Nation. Dass diese konservativ gegen die Moderne aufgerüstet wurden, ändert nichts daran, dass sie integrale Bestandteile dieser Moderne waren. Doch wir haben gesehen, wie polymorph der Bereich des Ethnischen und Kulturellen sich in Zeit und Raum gestaltet; auf welch mannigfaltige Weise kulturelle Sphären sich verdichten und zerstreuen, einander überlappen und ausschließen; welche Variabilität individuelle Akteure in ihren Weltinterpretationen und Handlungen an den Tag legen, selbst in kulturellen Systemen, denen man in Kontrast zur Komplexität moderner Gesellschaften vergleichsweise interne Homogenität zuspricht.

Die Kultur oder das Volk, welches jene exekutiert (und nicht selten jene exekutieren lässt, die ihr nicht angehören bzw. weil sie ihr nicht angehören), hatten von Anfang an keine Chance, sich ihrer Kontingenz und ihres begrifflichen

Näherungswertes gewahr zu werden, da sie mit einer politisch-ideologischen Programmatik geladen waren, die ihre substanzialistische Verwendung forderte. Über die Verdichtungen kultureller, sozialer und politischer Gemeinschaften stürzte man die kategoriellen Glasglocken und gab sich der Illusion hin, die Grenzen der akademischen Signifikanten wären mit jenen der ethnographischen Signifikate kongruent. Diese Illusion wurde durch die Erfolgserlebnisse genährt, immer wieder auf Sozietäten zu stoßen, die diesen Modellen annähernd glichen und sich diesen auch zunehmend anglichen.

Als man begann, die Irrtümer der Vergangenheit zu revidieren, war es bereits zu spät. Die spezifisch europäischen Konstruktionen von Nation, Volk und Stamm hatten die Glasvitrinen der Museen mit ihren Tomahawks, Kalaschnikows, Hirtenstäben und Sturschädeln von innen eingeschlagen und waren ins Alltagsbewusstsein entkommen, wo sie sich als operationable Einheiten im kapitalistischen und postkolonialen Verteilungskampf verwirklichten.

Doch es bedeutet zu jeder Zeit, in jedem Kontext, für jede Person etwas anderes, Mitglied einer ethnischen Kategorie oder Gruppe zu sein, was nicht heißen soll, es gäbe keine objektiv analysierbaren kulturellen Gemeinsamkeiten oder Differenzen, keine traditionell gewachsenen handlungsbestimmenden und orientierungsstiftenden Weltbilder. Es läge mir nichts ferner, als einem Kulturrelativismus das Wort zu reden. Gerade diesem gelingt es nicht, dem Circulus vitiosus der eurozentristischen Perspektive zu entkommen, da er die universalistischen Allmachtsansprüche mit der eurozentristischen Projektion inkommensurabler Kulturen erwidert.

> »Es scheint also auch für die Parteigänger dieser Theorie ein, wie auch immer unbestimmtes, ›Unbehagen in der Kultur‹ als persönlicher Ausgangspunkt charakteristisch zu sein, der ihren Ansatz insgeheim bestimmt. Dann würde es sich aber auch beim Kulturrelativismus nur um eine weitere Spielart jener Form des *nicht-identifikatorischen Eurozentrismus* handeln, der den fremden Kulturen nur in dem Maß Wert beimißt, in dem sie sich von der eigenen unterscheiden.« (Kohl 1987: 140)

Die Adressaten ideeller Subventionen müssen als kollektive Akteure sich designen, auch wenn deren Kollektivität nur in der gröbsten Differenz zwischen dem Bild, das die Subventionsgeber von der fremden Kultur, und dem Bild, das sie von der eigenen haben, besteht. Wer je in seinem Leben einen Subventionsantrag gestellt hat, weiß um die Prozedur der dazu erforderlichen Selbststilisierung. Schaffe ich zum Beispiel Kunstwerke, so muss ich mich als Künstler drapieren, muss im Antrag Konturen meiner Person und meines Schaffens ziehen, einen flüchtigen Ausschnitt liefern, und es hängt ganz von meinen diplomatischen respektive hochstaplerischen Fähigkeiten ab, wie ich zur Erreichung meines Zieles den Stereotypen, Klischees und Präferenzen der Gewährenden meine Reverenz erweise.

Die meine kulturelle *Andersartigkeit* subventionieren wollen, erwarten von mir das Bekenntnis zu einem Kollektiv und einer damit korrespondierenden Kultur. Der ethnische Vokativ erwartet von mir die primäre Herausstreichung meiner ethnisch-kulturellen Identität, so unbedeutend und nebensächlich sie in meinem praktischen Leben auch gewesen sein mag. Und selbst wenn sie eine zentralere Rolle darin einnähme, so wäre sie mehr als unklar, würde aus verschiedenen, sich an verschiedenen Punkten überschneidenden Segmenten zusammensetzen. Ich bin Bewohner einer Stadt, bin in jenem Dorf geboren, gehöre dieser Familie, jenem Clan, jenem Club an, bin Sprecher mehrerer Sprachen und Dialekte, Angehöriger dieser Partei, teile mit vielen Menschen kulturelle Erfahrungen, mit anderen andere, und nicht wenige mit mir selbst ... Die Neuen Rechten sagen mir, sie finden diesen diffus ethnischen Aspekt meiner Person, von dem sie ein klareres Bild zu haben scheinen als ich selber, faszinierend, nur sollte ich diesen gefälligst in meinem Herkunftsland pflegen. Die Neuen Linken sagen mir, ich sollte mir das bloß nicht gefallen lassen und zu dem Bild, das andere von mir haben, stehen; sie jedenfalls stünden geschlossen hinter mir, versichern sie mir, und dass sie diesen Aspekt meiner Person um jeden Preis zu fördern gewillt seien. Und so empfehlen sie mir etwas liebenswürdiger und wohlmeinender als meine Lehrer damals, ich solle mich so verhalten, wie es die Nationalkultur meines Herkunftslandes von mir erwarte. Die Intelligenteren und Gebildeteren unter ihnen hingegen schreiben mir vor, ich solle mich den Sitten und Regeln meiner dialektalen, konfessionellen und lokalen Bezugsgruppen gemäß betragen. Wie soll ich es diesen guten Menschen bloß erklären, aber irgendwie bin ich trotz all der schönen Erinnerungen auch froh, dass ich den Orten meiner Primärsozialisation entwischt bin.

Schon in dem zeitgeistigen Geschwätz von dem Verhältnis zwischen Eigenem und Anderem, zwischen dem Eigenen und dem Fremden, das leider keinen popularisierten Diskurs über das Eigentumsrecht zum Inhalt hat, zeigt sich dieses Prinzip in seiner ganzen Dürftigkeit. Was als fremd und anders empfunden wird, ist im Idealfall zeit-, orts-, kontext- und personenabhängig. Doch um sich des Eigenen zu versichern, hat man die Imagination radikaler Andersheit in die Welt gesetzt. Auch der Ethnologe Roger Keesing hatte seine Schwierigkeiten, diese Andersheit irgendwo aufzuspüren, und er kam zu dem Schluss (1994: 301):

»If radical alterity did not exist, it would be anthropology's project to invent it. Radical alterity – a culturally constructed Other radically different from Us – fills a need in European social thought: what Trouillot calls ›the savage slot‹.«

Überall dort, wo Menschen und Gruppen wegen selektiver Merkmale ihrer Kultur benachteiligt und diskriminiert werden, stärkt sich unter Vernachlässigung der strukturellen Bedingungen dieser Marginalisierungen das Paradigma derjenigen, die das Recht auf kulturelle Differenz über das auf menschenwürdige Lebensbedingungen stellen. Kultur als das Ensemble habituell inkorporierter Denk-,

Handlungs- und Fühlmuster, die über Generationen hinweg tradiert werden, ist in deren Menschenbild so organisch mit dem Menschen verbunden, dass ihre Infragestellung traumatische Folgen für das Individuum zeitigen müsse (Kulturschock, Identitätsdiffusion etc.). Der kulturelle Habitus wird somit fetischisiert.

Dahinter verbirgt sich freilich der protoreligiöse Wunsch nach Sinn, Konsistenz, Gemeinschaft, Geborgenheit und Emotionalität; all die Qualitäten also, deren Bedrohung man seit dem 18. Jahrhundert dem kapitalistischen Krämergeist und seinem vermeintlichen Überbausekret, dem abendländischen Rationalismus anlastet.

Nachdem der Wahrheitsanspruch diverser intellektueller Systeme und Kosmologien aufgegeben bzw. massiv eingeschränkt wurde, d. h. die Kritische Theorie inetwa als eine von vielen schönen Erzählungen ihren Platz in der geistigen Weltordnung neben dem Dschainismus, der Kosmologie der Bororo, dem Neopositivismus und dem Mondphasenkalender zugewiesen bekam, dient einzig als Maßstab ihrer Beurteilung, wie sie in der Lage sind, Individuen mit Heimat, Identität und Geborgenheit zu versorgen, es im Kollektiv zu integrieren. Nicht Ideologie in ihrer Kritikwürdigkeit, sondern in ihrer Funktionalität wird zum Thema; in ihrer Funktion, Menschen in einer kalten Welt, anstatt diese ganz zu beheizen, der partikulären Wärme tausender kleiner Kollektive zu überlassen. Diese Kollektive müssen jedoch definiert werden, und wer sich weigert, *einem* anzugehören, ist an seinem Erfrierungstod selber schuld.

Doch zurück zum protoreligiösen Bewusstsein der Neo-Herderianer. Sie verallgemeinern den eigenen utopischen Wunsch, dass der Mensch an seiner Kultur hänge wie das Kind an der Mutter, sie um jeden Preis erhalten wolle, und ihr Verlust automatisch zu Desintegration und pathologischen Phänomenen führen würde, weil man ihr schließlich seine elementarsten und prägendsten Erfahrungen verdanke. Die Mutter-Metapher setzt den moralischen Imperativ voraus, dass man seine Mutter lieben müsse. Familiäre Dissidenz wird als Undankbarkeit, wenn nicht sogar als Verrat bewertet. Solchen kulturellen Dissidenten wird, misslang der Versuch, ihnen klarzumachen, dass der freiwillige Verzicht auf die ererbte Kultur nur der subtilen strukturellen Gewalt einer zumeist westlichen Hegemonialkultur geschuldet ist, von den mütterlichen Kulturschützern als strukturelle Gegengewalt die Liebe entzogen. Und Liebesentzug kann, wie die Verfechter einer voll integrierten personalen Identität wissen, zu schweren Identitätsdiffusionen, ja sogar zum Tod führen.

Hinter dieser kompensatorischen Gier nach kultureller Differenz braucht sich nicht einmal die gelangweilte Attitüde des *konsumfreudigen Citoyens* verbergen, der mittels kulturindustriell vermittelter Abziehbilder wandelloser Bodenständigkeit ein bisschen Abwechslung in seine ermattete Subjektivität bringen will. Nein, es kann sich auch bloß um die quasi-religiöse Ehrfurcht vor den sinnstiftenden Qualitäten von Kultur handeln, die diese ihren Schäfchen zuteil werden lässt. Alles was dem Menschen Identität gibt, sei an sich gut, auch wenn die darin besteht, dass die Bewohner des Nebentals Stotterer sind, weil man sie nicht versteht, oder, dass Frauen, die ehebrechen, die Ehre der Familie beflecken und daher zum Abschuss freigegeben werden dürfen. Alles besser als die *transzendentale Obdachlosigkeit* (Georg Lukács) des modernen Menschen, alles besser als der Individualismus, nicht nur in seiner ideologisch-liberalistischen Variante, sondern auch in der emanzipatorischen, die das von jeglicher Schicksalsgemeinschaft befreite Subjekt propagiert. Alles besser als die abendländische Vernunft, nicht bloß in ihrer instrumentellen, sondern auch in ihren kritischen Varianten, die die Funktionsweisen von Macht, Unterdrückung und struktureller Ungleichheit wohl besser zu erklären fähig sind als metaphysische Kosmologien, gleich ob europäischer oder nicht-europäischer Provenienz. Aber letztendlich geht es auch nicht um Gesellschaftskritik, sondern um die ontologische Innenausstattung des Individuums, um Gemeinschaftlichkeit jenseits des Tauschverhältnisses, um Moralität, Verantwortung und Liebe zu der Weisheit und Integrität altüberlieferter Werte; alles was das engagierte Jungchristenherz höher schlagen lässt.

Der gute alte Volksgeist ist einem ganzen Gruselkabinett disparater Geister gewichen, die ihre Gemeinsamkeit in einem angenommenen Widerstand gegen die weltkultürliche Vereinheitlichung finden. Nun ist es ein Familien-, Stammes-, Landstrich-, Provinz-, Gassen-, Grätzl-, Lieblingsfernsehserie-meiner-Jugend-Geist, dessen Recht auf lebensweltliche Persistenz bestritten wird. Und nicht zu vergessen der Sprachgeist, wobei wir wieder beim herderianischen Ausgangspunkt gelandet wären. Wer weiß, vielleicht fördert ein autochthoner linguistischer Strukturalismus ein slowenisches Weltbild zutage oder rekonstruiert ein kornisches.

Jede kognitive Welterfahrung besitze letztendlich den gleichen Wahrheitsanspruch, unter der Bedingung, dass die Menschen nicht böse zueinander seien. Ergo: Jeder Mensch hat gleich recht, in Negativbezug zur kalten Ratio und der homogenisierenden Potenz einer kapitalistischen Weltkultur, solange er nur verspricht, das Erbe, das ihm die Kulturschützer aus historischen Momentaufnahmen und subjektiven Einzelzeugnissen zurechtsubstanzialisiert haben, irgendwie weiter zu pflegen, und sei es nur in Form einer in ihrer Bedeutung überschätzten mystifizierten Muttersprache.

Es wird hier offensichtlich vorausgesetzt, dass das kulturelle Selbstverständnis der Akteure stets ein gewolltes ist, weil es auch ein von den Subventionsgebern gewolltes ist. Bringen jene ihrer allmählichen Verwestlichung bzw. der beschleunigten Transformation ihrer kulturellen Äußerungen zwar keine Begeisterung, aber zumindest beschämende Gleichgültigkeit entgegen, sind sie ad hoc Opfer struktureller Hegemonialgewalt. Die Liebe zu und der Stolz auf die eigene Kultur wird hier durch Zeit und Raum als anthropologisches Metaphysikum hypostasiert.

Was man heute in Hinblick auf den subtilen Assimilationsdruck als strukturelle Gewalt bezeichnet, war immer schon ein zentraler Motor kulturellen Wandels, immer schon gestalteten Machtstrukturen die kulturelle Differenzierung von Sozietäten mit. Kulturen, Ethnien und Weltbilder befanden sich stets im Fluss, ihre Grenzen verschoben sich wie Wanderdünen, und immer schon schrieben Gewalt, Ausbeutung, Unterdrückung, Krieg, Wettbewerb um Kapitalien und Macht die Inhalte, Intensitäten und konkreten Manifestationen des jeweils Kulturellen mit. Bewundern wir die diversen Manifestationen des Traditional-Kultürlichen, sollten wir die Machtbedingungen, die deren Herausbildung stimulierten, gebührend berücksichtigen. Und es ist Michel Foucault darin zuzustimmen, dass man aufhören solle, die Wirkungen der Macht immer nur negativ zu beschreiben, »als ob sie nur ›ausschließen‹, ›unterdrücken‹, ›verdrängen‹, ›zensieren‹, ›abstrahieren‹, ›maskieren‹, ›verschleiern‹ würde. In Wirklichkeit ist die Macht produktiv; und sie produziert Wirkliches.«[151]

Was wäre wohl das Geschäft der neoherderianischen Kulturartenschützer, bestünde für sie die Möglichkeit, vergangene Epochen per Zeitraumschiff zu bereisen? Unversehens die Kulturschützerstandarten aufzupflanzen und die willkürlichen ethnographischen und historischen Momentaufnahmen des Jahres, des Tages und der aktuellen Uhrzeit als Status quo festzuschreiben, mit der Einschränkung natürlich, dass historische Weiterentwicklung und Neuadaption fremder kultureller Elemente nicht nur geduldet, sondern sogar erwünscht sei, sofern sie kulturimmanent, d. h. in Übereinstimmung mit den habituell vorgegebenen Weltbildern erfolge. Kulturschützer würden während der Expansion des Islams nach Nordafrika die dort Ansässigen wohl anschnauzen, dass die Konversion aufgrund steuerlicher Vorteile einen Verrat am paganen oder christlichen Weltbild des Herkunftskollektivs bedeute, die Gallier des 2. Jahrhunderts, die wegen besserer Aufstiegschancen bereit sind, sich zu latinisieren, verzweifelt beschwören, dass das gallische Weltbild doch nicht minderwertiger sei als das römische. Schon etwas müde des ewigen Windmühlenattackierens würden sie dann den romanisierten Galliern des 5. Jahrhunderts ins Gewissen reden, sie sollten doch so nett sein, ihre faszinierende romanogallische Hybridkultur nicht gänzlich frankisieren zu lassen. Frustriert durch so viele Misserfolge, sucht man sich weniger mächtige Prügelknaben und findet sie auch zu Beginn des 19. Jahrhunderts in ein paar wehrlosen Verbänden Kiowa-Apachen, deren Wachposten das lautlose Heranrücken der Neo-Herderianer verschlafen zu haben scheinen. Dort lassen sie Dampf ab: Nur weil man die Subsistenzformen der umliegenden Kiowa angenommen hätte, sei das – zum Teufel noch einmal – noch lange kein Grund, sich auch ihren Sitten und Bräuchen zu assimilieren. Zurück ins Island des 10. Jahrhunderts, kurz vor der drohenden Christianisierung: »*Hey Wickies*, das Christentum ist eine tolle Sache, würde es nicht die überhebliche Angewohnheit haben, andere bekehren zu wollen. Also wir schlagen vor, ihr übernehmt das Brauchbarste von den Mönchen, behaltet aber eure tolle Kosmologie, eure tollen Sitten und die faszinierenden basisdemokratischen Gesellschaftsstrukturen. Weil wir aber links und emanzipatorisch sind, ohne – wohlgemerkt – die historisch gewachsenen Differenzen zu missachten, müsst ihr einigen unattraktiven Ballast abwerfen, um die Welt weiter mit einer distinkt isländisch-germanischen Kultur bereichern zu können. Wir meinen euer brutales Männlichkeitsgehabe, inklusive Blutrache und Verherrlichung des Totschlags als Konfliktlösung und

---

151 Foucault (1989): Überwachen und Strafen. Frankfurt, pp. 250. Zit. nach: Hauck 1992: 111

Konflikpräventionsmaßnahme, eure Frauen- und Homosexuellenfeindlichkeit, eure Raubzüge und Sklavenwirtschaft, eure ...« – »Das gilt nicht! Puh! Das ist gemein! Dann bleibt doch gar nichts Kulturelles mehr übrig von unserer uralten Kultur. Unsere wunderschönen kulturellen Sagas, die unsere geliebten Kulturmütter und -ammen in Momenten, wo die Bindung zu Mutter und Kultur am innigsten ist, nämlich in ihren Armen, vorsangen, und die unsere kulturelle Basisidentität erst so richtig kulturell macht, handeln ausschließlich von Blutrache, Totschlagen und Ganzer-Mordskerl-Sein. Mannweiber und Weibmänner achten, keine Sklaven und Raubzüge mehr? Da können wir ja gleich jüdische kosmopolitsche Intellektuelle der 1920er- und 1930er-Jahre des 20. Jahrhunderts werden.« – »Nein! Nur das nicht. Okay. Einverstanden. Blutrache mit Totschlagen ein Mal pro Monat, ein Raubzug pro Jahr, nicht mehr und nicht weniger ...« Neo-herderianische Basisarbeit im 2., 5., 7., 10. und 19. Jahrhundert ist kein Honiglecken. Doch hat man einmal so ein Zeitraumschiff zur Verfügung, müsste eigentlich auch der Weg in die Zukunft offenstehen. Anzunehmen, dass auch dort Unmengen von Aufgaben der neo-herderianischen Eingreifgruppen harren. So zum Beispiel der Schutz der genuin serbischen und der genuin kroatischen (und der muslimischen?) Sprachen voreinander, die nach gegenseitiger linguistischer Säuberung (ein Prozess, der unmittelbar nach dem Untergang des Titoismus einsetzte) ganz neue Basisidentitäten zeugen und Menschen unaufkündbar mit der tausendjährigen Geschichte ihrer freiwilligen Segregation verknüpfen werden.

*

Verantwortungen. Gehen wir an die Konkretion des vorangegangenen, vielleicht etwas kryptischen Kapitels. Barbara Herzog-Punzenberger (1995: 75) gibt uns eine delikate Kostprobe, wie sich die von ihr hochgeschätzten Kommunitaristen[152] (Taylor, Walzer, MacIntyre) den Idealfall der Kommunitarität im Zeitalter des Postfordismus vorstellen:

> »Da ein singuläres Leben außerhalb der Gesellschaft nicht möglich ist, lehnen sie die neuzeitliche Vertragstheorie, fußend auf Thomas Hobbes und John Locke, ab. In ihr habe nur der Einzelne gegen die Allgemeinheit Rechte, und erliege so einer systematischen Täuschung über die Bedingungen der menschlichen Existenz. Taylor stellt heraus, ›daß der Mensch außerhalb einer Sprachgemeinschaft und einer gemeinsamen Auseinandersetzung über Gut und Böse, gerecht und ungerecht nicht einmal ein moralisches Subjekt sein kann‹. Und MacIntyre begründet so auch, warum das Individuum, der Gemeinschaft, aus der es kommt,

---

152 Der Kommunitarismus boomt seit den 1980ern in den USA, seit Anfang der 1990er auch in Europa auf der politologischen Diskursbörse. Für nähere definitorische Bestimmung verweise ich auf die einschlägige Literatur. Man könnte ihn jedenfalls als konservative Weiterführung des Gramscianischen Zivilgesellschaftsmodells umschreiben. Georg Fülberth (1994: 37) konstatiert ihm, er sei »die Kunst, über den Individualismus herzuziehen und zugleich vom Kapitalismus zu schweigen.«

Solidarität schuldet, ebenso wie es Verpflichtungen und berechtigte Erwartungen aus der Vergangenheit seiner Familie, seiner Stadt, seiner ethnischen Gruppe, seiner Nation gegenüber anderen Kollektiven bzw. deren ›erbt‹.«

Nicht zu vergessen die Verpflichtungen und berechtigten Erwartungen aus der Vergangenheit seiner Kaste, Klasse, sozialen Schicht, seines Gefängnisblocks, seiner Slumkultur, und selbstverständlich der seines physischen Phänotyps. Welch ein Zufall, dass diese akademisch verordnete Rückbesinnung auf bewährte Formen gesellschaftlicher Vergemeinschaftung mit Konjunktureinbrüchen des Weltkapitalismus einhergeht; zu einer Zeit also formuliert werden, in der immer mehr Sozialstaaten den Hausschlüssel endgültig an die freie Marktwirtschaft abgeben und sich von ihrer verantwortungslosen und durch sozialstaatliche Bevormundung entmoralisierten Klientel mit Worten verabschieden wie: »Liebe Leute, es tut uns leid verkünden zu müssen, dass das Projekt des Sozialstaates gescheitert ist. Seht zu, dass ihr euch rechtzeitig ein paar kuschelige Kollektive findet, die eure Versorgung übernehmen. Wir machen den Laden dicht. Die nächsten Hauseigentümer werden weniger gnädig mit euch umgehen. Organisiert euch quasiverwandtschaftlich und haltet uns in guter Erinnerung.«

An der vermeintlichen kulturellen Geschlossenheit strukturell benachteiligter Minoritäten, vor allem an den ethnischen Netzwerken von Arbeitsmigranten, die sich und ihresgleichen in Situationen, in denen sie als Menschen zweiter Klasse eingestuft werden, mit Dienstleistungen und Identität versorgen, soll Maß genommen werden für eine Zukunft, in der man selber einer starken Kollektividentität bedürfen wird, wenn man sich im gesellschaftlichen Spektrum und am Arbeitsmarkt als Mensch zweiter Klasse wiederfindet.

Zurück zu Alasdair MacIntyre. Was ist, wenn »die Verpflichtungen und berechtigten Erwartungen aus der Vergangenheit seiner Familie, seiner Stadt, seiner ethnischen Gruppe, seiner Nation gegenüber anderen Kollektiven« einander widersprechen, was doch meistens der Fall ist? Macht nichts. Hauptsache, im habituellen Ahnenpass ist kulturelle Kontinuität über, sagen wir, drei Generationen, also kein Verrat am Habitus ersichtlich.

*

Der Mensch in Ketten. »Der Mensch wird frei geboren, und überall ist er in Ketten«, lautet der berühmte Anfang des ersten Kapitels von Jean-Jacques Rousseaus *Contrat social*. Welche Ironie, dass Barbara Herzog-Punzenberger (1995: 41/2) gerade dieses Zitat bemüht, um die angeborene Freiheit des Menschen in Zweifel zu ziehen; dem die Bindung an das Kollektiv, in das das Schicksal ihn warf, dessen »Schulden, berechtigte Erwartungen und Verpflichtungen« (1995: 42) er erbt, entgegenzuhalten. Zwar könne sich das Individuum ein gewisses Maß an Wahlfreiheit ausbedingen, doch werde schon in den ersten Lebensjahren eine unwiderrufliche kulturelle Basispersönlichkeit kreiert, die es auf Gedeih und Verderb mit den Geschicken und der Kultur des Herkunftskollektivs verbinde. Der Mensch wird frei geboren? Von wegen. Das hätte Rousseau wohl gerne. Eigensinnige Individualisten, die sich anmaßen, vor der Verantwortung fürs Kollektiv, das ihnen soviel Wärme und Identität geschenkt hat, drücken zu können, die glauben, alles frei wählen zu können!

Was schließen wir also daraus? Dass der Mensch bereits in Ketten geboren wird. Bevor er sich wehren kann, bevor ihm Zähne wachsen, um zurückzubeißen, werden ihm Normen und Werte seiner unmittelbaren Umgebung eingeflößt. »Ketten« werden hier auch als unsichtbare Bande gedacht, als moralischer Imperativ, der die Individuen daran gemahnen soll, ihre ethnische Kontinuität nicht ins Altersheim zu stecken, sondern zuhause durchzufüttern. Zu voreingenommen wird jede noch so marginale kulturelle Differenz als quasi naturgewachsenes Protestpotenzial gegen die materialistische Verkommenheit der eigenen Einheitskultur uminterpretiert, alles was nach Ethnizität riecht maternalistisch vereinnahmt, dass die zentralere Bedeutung von Ketten als Mittel der Freiheitsberaubung unter den Tisch fällt: die Enge, Borniertheit, Repression, das Zurückgeworfensein auf die Mythen, Normen und Werte der Schicksalsgemeinschaft, die sich hinter der Karnevalsseite dieser Ethnizität verbergen mögen. Was sich im interkulturellen Vergleich als faszinierend und hochinteressant ausnimmt, kann für die betroffenen Individuen ganz anders aussehen.

Völlig vergessen zu sein scheint, dass Individualismus einmal als emanzipatorische Kategorie konzipiert war. Berechtigt ist die Kritik an einem Individualismus, der vermeint, sich historischer und politischer Kontinuitäten zu entheben. »Der Amerikaner, der sagt: ›Ich habe nie Sklaven besessen‹, und deshalb jede Verantwortung für die Folgen der Sklaverei in seinem Land ablehnt, der Engländer, der erklärt, er habe nie ein Unrecht gegen Irland begangen, oder der junge Deutsche, der sich für die Judenverfolgung nicht mitverantwortlich fühlt«, so beschreibt uns MacIntyre[153] diese Spießgesellen. Vergessen hat er dabei jene Zeitgenossen, die nicht nur jede Verantwortung für die katastrophalen Folgen des völkischen Paradigmas von sich weisen, sondern dieses mit bestem fortschrittlichen Gewissen wiederaufbereiten.

MacIntyre dürfte das der moralische Appell sein, über Aufarbeiten der historischen Schandtaten der eigenen ethnischen und nationalen Kategorie zu dieser zurückzufinden. Im Klartext hieße das dann: Anstatt als mieselsüchtiger Kosmopolit wegen der gegen die Juden begangenen Verbrechen aus der deutschen Volksgemeinschaft auszusteigen, hätte man die gottverdammte Pflicht, seine Mitschuld innerhalb dieser abzuarbeiten, und somit die neokonservative Hoffnung zu erfüllen, am je eigenen Stammeswesen moralisch zu genesen. Auschwitz als moralische Besserungsanstalt, um – wenn schon nicht ein besserer Mensch – so zumindest ein besserer Deutscher zu werden.

---

153 A. MacIntyre (1987): Der Verlust der Tugend. Zur moralischen Krise der Gegenwart. Frankfurt, p. 294. Zit. nach Herzog-Punzenberger 1995: 42

Der Verantwortungsnationalismus protegiert aber nolens volens auch eine Gesinnung, durch die junge Deutsche (und Österreicher) sich sogar mit Stolz für die Judenvernichtung mitverantwortlich fühlen, und aus Liebe zu ihrer Heimat auch gerne Kurden, Türken, Vietnamesen und Afrikaner anzünden oder Roma in die Luft sprengen. Das Bedenkliche am Nationalismus beginnt – frei nach Karl Kraus – nicht etwa erst beim Hass gegen die anderen Nationen, sondern bereits bei der Liebe zur eigenen.

*

Stereotypen. Gegenseitige Stereotypisierungen seien notwendig, um kollektive Identitäten zu regulieren, meinen Ethnologen, die hierin Fredrik Barth zu folgen geneigt scheinen. Ethnische Klischees und Stereotypen dienten des Weiteren dazu, in oft scherzhafter, nicht selten pejorativer Manier Verhalten und Denken der anderen idealtypisch zu antizipieren. Stereotypen als ethnische Anrufungen pochen auf das vermeintlich Typische im Anderen und schreiben es somit fest. Durch ihre normative Macht drängen sie alles Untypische zurück ins Gatter ihrer Projektionen. Gehen wir davon aus, dass Individuen schon allein zum Erhalt einer halbwegs funktionalen Ich-Stabilität nicht die Energien aufbringen, an allen Fronten gegen stereotype Anrufungen zu rebellieren, so scheint es naheliegend, dass sie die Vokative, die sie kulturellen Kollektiven zuordnen, identifikatorisch annehmen werden, oder aber Gegenentwürfe konzipieren, die nur schwerlich in der Lage sein werden, die eingefahrene Semantik des Ethnischen zu verlassen.

So dumm, borniert und reduktionistisch sich Stereotypen auch gebärden mögen, vielen Ethnologen bzw. Menschen, die das Projekt *Artenvielfalt der Kulturen* in Angriff nehmen, sind sie bunte Beweise der Lebendigkeit ihres Sujets; Beweise auch objektiver Differenzen, um deren Häufung sich zwar keine scharf gezeichneten Trennlinien mehr ziehen lassen, deren Existenz man sich aber nicht mehr so einfach vom Tisch wischen lasse.

Ethnologen erheben ehrfurchtgebietend den Moralfinger, sobald Stereotypen gefährlich und diskriminierend werden. Solange sie bloß dumm sind, scheinen sie als unverwechselbare Emanationen des traditionell Gewucherten tolerierbar. Nur zu gerne übersehen sie dabei, dass diese Grenze nicht nur fließend ist, sondern zwischen Gefährlichkeit und Dummheit stets ein Kausalzusammenhang besteht, der so subtil, verdeckt nicht ist, als dass man sich hernach darauf ausreden könnte, ihn übersehen zu haben. Das herablassende, unwissenschaftliche und menschenverachtende Verdikt der Dummheit verbietet sich der Ethnologe, weil es von einem Rationalitätsideal sich herleitet, das die Kritik von außereuropäischen Dummheiten als eurozentristisch, die europäischer Dummheiten als elitär, logozentristisch oder sonstwas ausweist.

Die kulturellen Artenschützer spielen gerne die harmlos-neckische Jahrmarktsseite der ethnischen Stereotypisierung hervor, versinnbildlicht im ethnischen

Witz, im spielerisch-folkloristischen »*Es war ja nicht so gemeint*«. Innerlich mögen sie frohlocken, weil sie ihnen das unbändige Überleben des Totgesagten belegt. Stereotypen schaffen kollektive Identitäten und halten die Grenzen, denen biblisches Alter zugesprochen wird, jung und frisch wie Lausbubenhaut.

Doch die verharmloste Lausbüberei des Stereotypisierens kichert sich nicht verschämt ins Fäustchen, sondern erschallt laut durch Megaphone, entlädt sich durch Maschinenpistolen, wandelt von der sanftmütigen Verarschung schnell sich zum Pogromaufruf, wenn Instabilität und Krise den ängstlichen und unzufriedenen Massen dank beharrlichen Stereotypisierens abgrenzbar gebliebene Kollektive zum Abschuss freigeben. Wenn's um die Wurst geht, freut man sich nicht nur, dass es die integrative Wärme der *imagined community* gibt, sondern auch Gegengruppen, die einem in ihrer faszinierenden Differenz im Wege stehen. Ist der Friede die Fortsetzung des Krieges mit anderen Mitteln, so sind ethnische Stereotypisierungen die Heeresübungen, die in Friedenszeiten die Konturen der potenziellen Zielscheiben vorm Verschwimmen bewahren.

Viele Ethnologen, die durch die Propagierung traditionell gewachsener Kontinuitäten gegenüber dem gnadenlosen Reisbesen der Moderne Wirklichkeit nicht nur beschreiben, sondern mitgestalten, sollten sich mehr der traditionell gewachsenen Kontinuitäten ihrer eigenen Disziplin gewahr werden. Das Spannungsverhältnis zwischen der Idee einer aufklärerischen Moderne und jener ersten Postmoderne, die ihren radikalsten Ausdruck in der völkischen Romantik fand, ist mit veränderten Vorzeichen auch heute noch virulent. So sehr wir die Äußerungen eines Ernst Moritz Arndt[154] auch historisch kontextualisieren, so schwer können wir uns von ihrer Erblast befreien:

> »Was tut es dem Franzosen, wenn der Teutsche ihn Windbeutel, Narr, Luftspringer nennt, wenn er ihn für eitel, geckisch und untreu hält? Was tut es dem Teutschen, wenn der Franzose ihn teutsches Rindvieh, Trunkenbold, Pedant nennt, wenn er ihn für plump, grob, steif, gefühllos und geschmacklos hält? Laß das stehen als eine wohltätige Scheidewand, ja führe diese Scheidewand noch höher auf, welche die beiden Völker als Völker voneinander trennt; sie werden sich beide wohl dabei befinden [...] Wir müssen dreifache und vierfache Bollwerke und Schanzen um uns aufführen, damit wir nicht zuletzt matte Bilder werden, welche Allem und Nichts ähnlich sehen [...]«

*

Ethnizität als Sehnsuchtsparole und Verlustanzeige (Rudolf Burger). Vor einigen Jahren besuchten meine Freundin und ich in Lochinver, einem verschlafenen Nest an der schottischen Nordwestküste, einen Heimatabend. Der signifikanteste Unterschied zwischen derartigen Ereignissen bei uns und dort liegt wohl in

---

154 Zit. nach Kaschuba 1995: 29

der Ironie, mit der man dort der eigenen Heimatbezogenheit begegnet. Finlay MacNeill, so hieß der Conferencier, seines Zeichens begnadeter Sänger gälischer Lieder und Dudelsackspieler, streute zwischendurch zur Auflockerung eine Anekdote ein: Ein *Skyeman*, also ein Einwohner der Hebrideninsel Skye, die sich nicht nur durch ihre besondere landschaftliche Schönheit kennzeichnet, sondern auch durch Arbeitslosigkeit, Armut und Trostlosigkeit der dortigen Lebensbedingungen, kommt – wie die meisten arbeitsfähigen Bewohner der Insel – zur Arbeitssuche nach Glasgow. Als Abkömmling eines Volkes der Dichter und Sänger trägt er beim abendlichen Besäufnis im Pub natürlich dick auf und schwört mit dem verzweifelten Pathos des in seiner Identität verunsicherten Exilanten, ein Skyeman zu sein, schon immer einer gewesen zu sein, und – so wahr ihm Gott helfe – auch immer einer zu bleiben. Darauf ein zuhörender Glaswegian (i. e. Einwohner von Glasgow): »*Don't you have any other ambitions?*« Diese kleine Parabel über reaktive Ethnizität ersetzt ganze Bände.

*

Multikulturalität und interkulturelle Pädagogik. Wie ein linker wie rechter Neo-Herderianismus in multikulturelle Praxis übertragbar ist, das sei an dieser Stelle vom australischen Soziologen Stephen Castles dargestellt (1990: 59):

> »Nach Auffassung dieses kulturalistischen Ansatzes setzt sich Gesellschaft aus gleichgestellten ethnischen Gruppen mit kohärenten, homogenen, intakten Kulturen zusammen. Kultur wird dabei nicht als dynamischer Prozeß von Gruppeninteraktionen mit der Gesellschaft gesehen, sondern wird auf statische Formen wie Folklore, Tradition, Tracht und Küche reduziert und trivialisiert. Für die Aufrechterhaltung der Identität wird die Sprache als vorrangig angesehen, ihre soziale Bedeutung in der einzelnen Gesellschaft wird jedoch meist übersehen. Die Existenz von regionalen Verschiedenheiten sowie von Klassen- und Geschlechtsunterschieden wird selbst bei der Majoritätsgruppe weitgehend ignoriert. Wenn diese Unterschiede jedoch in Betracht gezogen werden, dann weniger mit dem Ziel, die Klassen- und Machtverhältnisse innerhalb des Migrationsprozesses zu verstehen, als vielmehr um das Kulturkonzept noch weiter zu trivialisieren, indem es auf eine unendliche Galaxie von kleinen ›subkulturellen‹ Gruppen reduziert wird.«

Die kulturpolitische und sozialtechnische Betonung kultureller Identität kann, wie Hartwig Berger (1990: 132) ausführt, sehr unterschiedliche gesellschaftliche Interessen reflektieren:

> »Wie finden offen rassistische Positionen, die kulturelles Eigenleben von ›Ausländern‹ als Gefahr der Überfremdung sehen; verdeckten Rassismus, der mit einer ›Achtung‹ kultureller Identität die Rückkehr oder Abschiebung der Menschen

befördern will; aufgeklärte Herrschaftstechniken, die Strukturen und Abhängigkeiten der Minderheitengesellschaften für wirksame soziale und politische Kontrolle einsetzen wollen; aber auch Bestrebungen zur Selbstorganisation von Minderheiten, die sich auf besondere kulturelle Traditionen und Fähigkeiten von Arbeitseinwanderern besinnen.«

Die akademische Hetze gegen den Klassen- und Ökonomiereduktionismus einer marxistisch inspirierten Sozialwissenschaft, die die Bedeutung des Symbolischen und Kulturellen schlicht bagatellisierte, verkennt, dass sie auf eine Leiche eintritt; so übermenschlich scheint die Wut auf die intellektuellen Hegemonien der 1970er-Jahre und ihre Denkzwänge gewesen zu sein, dass man gar nicht mehr so recht sehen will, dass längst die Verallgemeinerung des Kulturellen den Ton angibt. Das ist der logische Reflex einer Gesinnung, die sich mit der Welt als einer kapitalistischen abgefunden hat, diese als solche vielleicht gar nicht mehr empfinden mag, weil die Antithese dazu unter Denkverbot steht; und mit dem selbstgerechten Gestus des Realitätssinns auf Schadenbegrenzung durch Identitätspflege sich verschrieben hat. Weil die sozialen Gegensätze nicht lösbar scheinen, transformieren wir sie in kulturelle; diese scheinen lösbar, indem wir a priori Kulturkonflikte postulieren, für die wir sogleich Lösungsvorschläge aus dem Ärmel zaubern. Gelingt es uns schon nicht zu verhindern, dass *Ausländer* eine nachweislich geringere Lebenserwartung aufweisen als *Inländer*, setzen wir zumindest alles Mögliche daran, sie in importierter Heimaterde zu bestatten.

Besonders die interkulturelle Pädagogik, früher etwas deutlicher Ausländerpädagogik genannt, der es mitunter auch darum gehen kann, unter dem Vorwand des Lobes kultureller Differenz dafür zu sorgen, dass Kinder Ausländer bleiben, trägt nicht selten zur stereotypen Festlegung auf kulturelle Klischees bei. Fritz Hamburger (1990: 315/6) bringt in seinem aufschlussreichen Artikel *Kulturkonflikt und Pädagogik* die damit verbundene Problematik auf den Punkt:

»Interkulturelle Erziehung muß, um die fremde Kultur zum Zwecke der Verständnisweckung vermitteln zu können, vom individuellen Handeln eines Kindes absehen und Kultur als konsistentes System, das objektiv existiert, rekonstruieren. Kulturen werden dabei von außen analysiert, das heißt, die Aufmerksamkeit richtet sich auf Besonderheiten, die wegen der Normalitätsvorstellungen des Betrachters als solche erscheinen. Gleichzeitig identifiziert die Analyse die ausgewählten Objektivationen der fremden Kultur mit dieser selbst. Viele Autoren sehen heute dieses Problem und reklamieren *einen Kulturbegriff, der diese als flüssiges, historisch sich wandelndes Gesamtsystem von Symbolen, Handlungs- und Deutungsmustern* begreift. [...] Die Unterrichtskonzepte transportieren z. B. nicht nur das Türkeibild der Deutschen, sondern auch das Menschenbild des Koran. Es bedarf dann wiederum der wissenschaftlichen Detailanalysen, um diese Bilder, die sich die Deutschen von ihren Gästen gemacht haben, (bisweilen durch erneute Verfremdung) zu revidieren. Die Reduzierung der sozialen und kulturellen Mannigfaltigkeit auf ein dichotomes Weltbild und die Verdinglichung von Kultur fördern, weil sie als soziale Definitionsmittel Wirklichkeit schaffen, eine Segmentierung von Wirklichkeit.«

Was die nationalistische Pädagogik des Herkunftslandes nur bedingt zu leisten fähig war, das vollenden die netten Lehrer und Lehrerinnen im Gastland: »Und bis morgen lernen wir aus Respekt vor unseren elf türkischen Mitschülern alle die türkische Nationalhymne, nur unser Mehmet darf, weil er Kurde ist, ein kurdisches Volkslied vorsingen, und Süreya, die halb Kurdin und halb Türkin ist, singt abwechselnd eine Strophe der türkischen Nationalhymne und eine des kurdischen Volksliedes ...« – Süreya: »Ich will aber lieber *Zombie* von den *Cranberries* singen!« – Lehrerin (schluckt schwer, greift zum Handy und wählt hastig eine Nummer): »Herr Direktor, kommen sie schnell! Es ist sehr ernst: STRUKTURELLE GEWALT!«

*

Das Trauma des Kulturverlusts. Sobald die kulturelle Identität dem Menschen wie ein Organ implantiert wird, nimmt sich jeder Verlust dieser wie eine Amputation aus. Ohne die traumatische psychische Desintegration bagatellisieren zu wollen, die Angehörige ethnischer Kollektive erfahren können, deren Weltbilder jäh an Exklusivität einbüßen, sollten wir die ideologischen Implikationen eines a priori angenommenen Kulturschocks nicht außer Acht lassen.

Berühmt ist das Beispiel der australischen Aranda, deren Weltbild jäh erschüttert wurde, als sie das erste Mal Düsenflugzeuge über sich hinwegfliegen sahen. Weniger Gedanken macht man sich über den Schock, den Bauern Europas erlitten, als erstmals kohlespuckende, qualmende Lokomotiven durch ihre Wälder und Wiesen tuckerten; und, aus naheliegenden Gründen, noch weniger über den Schreck österreichischer Landwirte, als sie zum ersten Mal mit dunkelhäutigen Menschen am Bildschirm konfrontiert wurden.

Überall dort, wo autochthone Kulturen zerstört wurden, wird die Katapultierung ihrer Träger in die untersten Strata der jeweiligen Hegemonialgesellschaften mitsamt ihren anomischen Begleiterscheinungen wie Alkoholismus, Kriminalität und psychischen Krankheiten, automatisch – und das nicht nur in popularen Diskursen – als logisches Resultat des Verlustes der kulturellen Identität interpretiert. Kein materielles Elend sei so schlimm wie der Verlust der Heimat, wussten bürgerliche Dichter der Anti-Moderne bereits vor 200 Jahren dem einfachen Volk in den Mund zu legen. Sozialreportagen über Aboriginals in den Slums von Melbourne werden automatisch mit dem dröhnenden Ostinato von Didgeridoos unterstrichen, um dem gebildeten weißen Kulturkonsumenten mit dem Wiedererkennungseffekt von *dreamtime* und *walkabout* zu bedienen, deren Verlust sich hauptverantwortlich zeigt, dass es den Slumbewohnern so dreckig geht. Und Native Americans landen im Gefängnis, weil Weißer Mann

Rotem Mann Identität genommen hat. Die bildungsbürgerliche Phantasie der weißen Identitätsgourmants und -makler stellt sich dann in ihren Einzelzellen im Denver City Jail meditierende, sich mit Rauch salbende Indianer vor, deren Kehlen sich spontan heilige Gesänge entringen, die ihr Bewusstsein mit den neuesten Standards der Naturfilmtechnik aus der Perspektive eines mythischen Falken, in atemberaubender Schnelligkeit aus dem Miasma der Großstadt über monokulturelle, *entfremdete* Kornfelder, zu den satten Weiden und Wäldern des Yellowstone Nationalparks heimkehren lässt.

Wir haben – man verzeihe mir den Dogmatismus – keine sicheren Beweise für dieses Primat der kulturellen Identität. Ich für meinen Teil ließe mich erst überzeugen, wenn sichergestellt ist, dass der verzweifelte Ruf nach der verlorenen Kultur genauso laut und markerschütternd erschallt, wenn all denen, deren einigermaßen traditionelle Kulturen vom Sog der Moderne erfasst wurden, unmittelbar nach deren Zerstörung Ausbildungskurse, Aufsichtsratsposten bei amerikanischen oder japanischen Konzernen, eine ausreichende Anzahl an Aktienkapital, Villen, Autos, Zweitautos und Drittautos, Filmverträge, jährliche Kuraufenthalte, und als symbolischen Digestif: allensamt die goldene Nadel der Französischen Ehrenlegion gewährt würde.

Fielen heute die Mongolen in Österreich ein, und errichteten ein Regime, das *die soziale Utopie* verwirklicht, oder eher als je ein Regime an diese herankommt, ich für meinen Teil würde diesen *Kulturbringern* zu Ehren alles, was irgendwie an meine österreichische kulturelle Abkunft erinnert, schmerzlos und unhinterfragt der Klospülung überantworten, Mongolisch zu meiner Muttersprache machen, freudig das Spiel der Rosshaargeige erlernen, und auf meinem Steppenpferd den ganzen lieben Tag jagend und träumend durchs Marchfeld preschen, als hätte ich, wie meine Ahnen zuvor, und deren Ahnen und Ahnesahnen, nie etwas anderes gemacht.

Wie so oft ist die Sehnsucht nach der verlorenen Kultur aus anderen Quellen gespeist, als Identitätsfetischisten von vornehrein zu unterstellen geneigt sind. In der Regel – so unterstelle ich – stehen Menschen der allmählichen Transformation ihrer Kulturen, die auch nie ganz traditioneller Distinktionskriterien verlustig gehen werden, eher agnostisch gegenüber, gesetzt den Fall, es ist keine soziale und politische Verschlechterung damit verknüpft. Die britische Anthropologin Marylin Strathern (1994: 216) konstatiert den Melanesiern ein diesbezüglich mangelndes Problembewusstsein:

>»Contrary to understand wisdom, Melanesians have never needed salvage ethnography. For their vision of the world had no problem with how parts fit together. There were no bits and pieces that had to be put back again, for the sake of culture to restore, a society to conceptualise. I doubt that nostalgia for either culture or society figures in their present cosmopolitarism.«

Das-es-soll-hier-nicht-der-Eindruck-entstehen-Kapitel. Es soll hier nicht der Eindruck entstehen, ich würde einem kulturellen Assimilationismus das Wort reden. Die Solidarität mit ethnischen Minoritäten dort, wo sie strukturell benachteiligt werden, das Recht auf öffentliche Repräsentanz der Muttersprache darf auch nicht aufgekündigt werden, wenn minoritäre Defensividentitäten in völkisches Fahrwasser abgleiten. Die Muttersprache verbindet Menschen als Symbol einer im weitesten Sinne gemeinsamen Geschichte, ohne zwingend reale Gemeinschaften zu stiften. Diese stellen sich zumeist erst in Hinblick auf exogene Faktoren wie Diskriminierung ein. Die an den kollektiven Widerstand und dessen symbolische Inhalte Sprache und Kultur geknüpften Identitäten können die verschiedensten motivischen Färbungen annehmen, von mystifizierend-affektiv bis situational-defensorisch. Um Verallgemeinerungen vorzubeugen, ist es daher durchaus legitim, wie die schwedisch-finnische Minderheitenforscherin Tove Skutnabb-Kangas, zwischen *reaktionären* und *progressiven* Formen der ethnokulturellen Identifikation zu unterscheiden (1990: 344):

> »In einer revolutionären Phase werden alle mobilisierenden Faktoren (Sprache, Religion oder politische Zugehörigkeit) Teil moralischen Lernens. Der Kampf für bestimmte Rechte macht das jeweilige Thema zu einem mobilisierenden Faktor, errichtet eine Scheidelinie zwischen Mit-dem-Kampf-Identifizieren und -Nichtidentifizieren. Das gleiche Thema kann in einer anderen historischen Phase eine geringere Priorität haben. Aber es kann mit völlig anderer Motivation in der Prioritätsliste auch wieder aufsteigen. Deshalb scheint es angebracht, auch in Europa zwischen jenen Gruppen zu unterscheiden, die sich aus historischen Gründen in einer reaktionären Phase befinden und deren Emphase einer starken Identifikation mit der Sprache reaktionäre, nationalistische Charakteristika aufweist, und jenen Gruppen, die für das Menschenrecht auf ihre Muttersprache eintreten als Teil eines umfassenderen Kampfes für Gleichheit und Gerechtigkeit, und für die Muttersprache ein definierendes Symbol darstellt, weil seine Unterdrückung durch die Mehrheit offenkundig ist.«

Ein häufig zu beobachtender Irrtum, der sich gerne dort einschleicht, wo die nüchterne Distanz zum Objekt aufgekündigt und die emotiv-expressive Dimension minoritärer Ethnizität nicht nur verallgemeinert, sondern exzessiv gefördert wird, liegt in der heilsamen Annahme, diese Dimension würde als gleichbleibende Qualität das Verhältnis der Menschen zu ihrem Kollektiv bestimmen. Infolge einer gewissen Vergötzung der Primärsozialisation und der sinnstiftenden Funktion ethnischer Kultur wird ein konstantes emotives Substrat suggeriert, das Menschen ihre Kultur als die beste der Welt erscheinen lassen müsse. Nimmt man Menschen ihre mütterliche Kultur, würden sie moralisch und ontologisch verwaisen, käme es zu fürchterlichen Desintegrationserscheinungen. Ich verweise hier auf die haltlosen Annahmen der subjektivistischen Protagonisten der ethnischen Basispersönlichkeit und Eriksens Identitätspsychologie.

Der Künstler, Philosoph und Chefredakteur des Minderheitenmagazins »*Stimme – Zeitschrift der Initiative Minderheiten*« Hakan Gürses weist ausdrücklich darauf hin,

> »daß Diskriminierung die gemeinsame Erfahrung aller Minderheiten und zugleich eine Quelle ihrer Gruppenidentität ist, welche sich erst dann in ein positives, d. h. nicht mehr als Protest oder Selbstschutz geäußertes Selbstverständnis umwandelt. Unterdrücktsein liegt am Anfang des Zusammenhalts. Die österreichischen Volksgruppen oder andere ethnische Gruppen Europas (Bretonen, Katalanen, Basken etc.) können sich zwar auf Jahrhunderte alte Geschichte und ihre autochthone Identität berufen, das neuere Beispiel der TürkInnen in Europa zeigt aber, daß es nicht das ›mitgebrachte‹ Selbstverständnis, sondern die Diskriminierung ist, die sie zur Annahme einer radikal-islamistischen Identität zwingt.« (Gürses 1994: 358)

Diese defensorische Reduktion ethnischer Identitäten reicht den Kulturschützern nicht. Wenn wir die Roma und Sinti als Volksgruppe anerkennen, dann haben sie sich auch gefälligst wie solche zu benehmen. Sie sind uns ein Lebensgefühl schuldig, das wir aus Termingründen verloren haben.

Was man mit der gut gemeinten Reduktion von Individuen auf essenzialisierte Gruppenidentitäten anrichten kann, das bekam der stets um multikulturelle Wertschätzung bemühte norwegische Staat vor einigen Jahren zu spüren, als ihn ein junger Rom klagte, mit der Begründung, an seinem Analphabetismus die Mitschuld zu tragen (vgl. Eriksen 1993: 87).

Die Anerkennung der österreichischen Roma und Sinti als Volksgruppe war ein ungemein wichtiger und unumgänglicher Schritt, diesen eine politische Artikulationsbasis zu verschaffen. Dass ihre verspätete rechtliche Akzeptanz als distinkte Volksgruppe nicht ohne die obligaten Klischees und Folklorisierungen, die das bunte Bild eines homogenen Kollektivs vermitteln, erfolgen würde, war vorauszusehen und ist auch so übel nicht, tragen doch auch diese fürs Erste dazu bei, ihnen eine größere öffentliche Aufmerksamkeit zuteilwerden zu lassen. Doch sollten wir in all dem Karnevalsgetaumel nicht die Stimme des wütenden jungen Rom überhören, der in einer Reportage des Ausländermagazins *Heimat, fremde Heimat* über die soziale Situation der österreichischen Roma und Sinti meinte, es sei ihm herzlich egal, ob er als Angehöriger eines Volkes anerkannt werde, er würde lieber als Mensch anerkannt werden.

*

Mutterliebe. »Meine Mutter ist die beste Mutter«, behaupten alle Menschen analog zu ihren Kulturen. Dies behauptete der Philosoph Franz Wimmer anlässlich einer Veranstaltung seines Arbeitskreises »Theorie und Praxis der Interkulturalität« im Institut für Wissenschaft und Kunst.

Worauf die Relativisten mit logischen Monströsitäten antworten würden wie: »Jede Mutter ist die beste Mutter (auf der Welt).« Jedenfalls stimmt das nicht. Am unschuldigsten, weil am wenigsten gelogen, lässt sich dieser klassische Muttertagsspruch dann aufsagen, wenn andere Mütter zum Vergleich fehlen. Man sagt viel, wenn man sich Vorteile daraus verspricht; doch die Mutter von vis-à-vis ist lustiger, und die aus dem 3. Stock hat schönere Beine, und am liebsten würde man ja zu anderen Müttern durchbrennen, solche, die mehr Taschengeld rausrücken (strukturelle Gewalt?) oder es überhaupt mal ohne Mutter versuchen. Dabei besteht jedoch die Gefahr, dass man eingefangen wird und eine Erziehungsanstaltsaufseherin die neue Mutter wird. Nein, danke, bleibt man doch lieber bei der eigenen, und sagt ihr besser nichts über die Verrats- und Mutterwechselphantasien. Hand aufs Herz, schließlich verdankt man ihr auch eine Menge. Sollte trotz alledem wer kommen und meine Mutter oder mich, weil ich der Sohn oder die Tochter meiner Mutter bin, angreifen, werde ich sie verteidigen, als die beste Mutter, die es je gab.

*

Defensiv- und Inneneinrichtungs-Identitäten. Unter bestimmten Bedingungen der gesellschaftlichen Diskriminierung pflegen bestimmte Identitätssegmente als Defensivstrategien in den Vordergrund zu treten, das Leben ihrer Träger primär zu bestimmen, weil gerade sie es sind, die den Gegenstand der Diskriminierung abgeben. In solchen Situationen bedeutet Bretone sein, schwul sein, oder als Sonderfall, revolutionärer Sozialist sein, nicht das narzisstische Hervorspielen von persönlichen Nebensächlichkeiten, sondern den politischen Akt der identifikatorischen Annahme zugeschriebener Negatividentitäten.

Sobald aber Bretone zu sein keine strukturelle Benachteiligung mehr mit sich führt, sobald Schwule ihre absolute Gleichberechtigung durchgesetzt haben und sobald es revolutionären Sozialisten gelungen ist, ihre Vorstellung einer klassenlosen und antikapitalistischen Gesellschaft in die Tat umzusetzen, können die daran geknüpften Kampfidentitäten ihren Harnisch ablegen und wieder zur Tagesordnung zurückkehren. Der Bretone wird Bürger mit gleichen Rechten und Pflichten gegenüber dem Staat, egal ob dieser Staat nun ein französischer oder bretonischer ist, homosexuell lieben eine stinknormale Möglichkeit unter vielen und somit als Differenz marginal, und die sozialistische Identität löst sich nach dem Untergang des Kapitalismus idealtypisch von selbst auf.

Ein Gräuel für all diejenigen, denen diese Identitäten mehr waren: Mystifikationen, Persönlichkeitsdesign und lebensphilosophische Orientierung. Ein

Bevor die Völker wussten, dass sie welche sind

Schwimmreifen weniger, wenn nach vollzogener Emanzipation die respektheischende Tautologie, ein Sohn von *Gwerz* (bretonischer Name für die Bretagne) zu sein mit einem mitleidigen »*Très intéressant. Mais vous ne avez pas d'autres ambitions?*« quittiert wird, wenn der Anblick schmusender schwuler Pärchen im Park heterosexuellen Pensionisten ein seufzendes »*Ach, noch einmal verliebt sein*« entlockt, und wenn der Sozialist seine kapitalistenfressende *Lebe-wild-und-gefährlich*-Attitüde nach siegreichem Kampf gegen eine biedere, aber umso gemütlichere Rosenzüchter-Attitüde eintauschen darf.

Während die Beschränkung auf eine pragmatische Defensividentität die programmatische Überwindung ihrer eigenen Präponderanz anstrebt, brauchen die *Inneneinrichtungs-Identitäten*, der ethnische *sense of difference*, die prickelnde *queerness* und der antibürgerliche Widerstandsmythos als sinnspendende Lebensentwürfe ihre jeweiligen Antipoden wie die Luft zum Atmen.

*

Identität zur ersten. Um mir selbst dutzende Seiten über die kulturelle bzw. ethnische Identität zu ersparen, erlaube ich mir aus einem kurzen Text des in Wien lebenden adigischen, türkischen, deutschen und österreichischen Schriftstellers Hikmet Kayahan zu zitieren (1995: 10):

> »Auf die Serviette vor mir kritzle ich die wenigen adigischen Wörter, die ich kann, denke, daß mir das ständige Gerede über Identität fürchterlich auf die Nerven geht. Diese ständige Frage: ›Als was fühlst du dich eigentlich?‹ Nun, ich bin ein Adige, der in der Türkei geboren wurde, in Deutschland aufgewachsen ist und jetzt in Österreich lebt. Punkt. Mehr gibt es dazu nicht zu sagen. Kulturelle Identität? Was soll's, ich höre türkische Volksmusik, Mozart, Bach; tanze dann und wann einen adigischen Tanz, aber eher wiege ich meinen Körper zu Technoklängen in einer Wiener oder Münchner Disco; ich lese, was mir gefällt, ohne zu schauen, woher der Autor kommt; ich esse mit meinen Freunden Schnitzel, Pizza oder Frühlingsrolle. Ich bin ein Mensch. Bürger dieser einen Welt. Eine andere haben wir ja nicht. Und im Haus meines Vaters, in meinem Zimmer, steht mein Kleiderschrank. Er ist groß, denn ich habe viel Gewand. Das deutsche ziehe ich an, wenn ich vernünftig sein will, das türkische, wenn ich mein Herz ganz weit öffne, das österreichische, wenn ich im Café Jelinek sitze und meinen Topfenstrudel essen will. Das adigische ist schon etwas verstaubt, ich trage es nur, wenn ich mich etwas verloren fühle auf dieser großen Welt, wenn der Sommer und mit ihm das Haus meines Vaters noch weit ist, ich mir einbilde, ich hätte keine Heimat. Aber das ist selten, denn ich weiß, daß nur ich mir Heimat sein kann. Was soll das ganze Gerede von Identität und so! Ich bin von allen ein bißchen, ein bißchen Adige, ein bißchen Türke, ein bißchen Deutscher und ein bißchen Österreicher. Ich bin also ein Atdö und Mensch. Nicht mehr und nicht weniger.«

Teil III: Das Designing von Ethnizität und Kultur

*

Identität zur zweiten. Mit der kulturellen Identität ist es wie mit dem *Opel Corsa.* Die Werbung verkündet, man müsse einen haben. Und mit der Identität verhält es sich wie mit dem Auto. Dass sie zur unumgänglichen Equipage des menschlichen Wesens gehört, das entspricht ungefähr der Selbstverständlichkeit, ein Auto zu besitzen. Die Omnipräsenz dieses Fahrzeugs naturalisiert es gleichsam für das ahistorische Alltagsbewusstsein, erhebt es zum organischen Fortsatz des Menschen. Der noch unübersehbaren Menge derer, die sich des Nicht-Besitzes eines Autos unglücklich schätzen, haftet daher auch etwas Amputiertes, Defektes an. Und wie in der Semantik der Wissenschaft verschmilzt auch bei der Werbung Deskription und interessegeleitete Programmatik, sie gleicht die Welt ihren Imperativen an. Dass es ratsamer sei, ein Auto zu besitzen, merkt man zum Beispiel. Dann, wenn man als jenes defizitäre Wesen, als Fußgänger, beim Überqueren von Kreuzungen über den Haufen gefahren wird. Je mehr Individuen – ähnlich leibhaftig überzeugt – hinter die andere Seite der Kühlerhaube wechseln, desto eher nimmt die Annahme, dass der Mensch ein Autofahrer sei, anthropologische Gewissheit an.

Die Rede von der Identität und ihren popularen Sedimenten gehört zu den größten Unsinnigkeiten, die aus den wissenschaftlichen Laboratorien des 20. Jahrhunderts entwischen konnten. Dass ich die ganze Arbeit hindurch mit diesem zweifelhaften Begriff operiert habe, beweist nur, wie aufdringlich er ist, so aufdringlich, dass man ihn gnädigerweise an seinem Tischchen mitspeisen lässt und als Dank für diese Großzügigkeit gleich gar nicht mehr loskriegt. Man kann das Rad der Zeit nicht zurückdrehen, in eine Zeit also, als die Leute noch gar nicht wussten, dass sie Identitäten hatten, und trotzdem genauso unglücklich waren wie heute. Man braucht sich der Identität allerdings auch nicht widerstandslos ergeben. Hier einige Überlegungen zu dem Thema.

Bereits die Begriffswahl ist ein Fehlgriff, denn die Identität entstammt der Logik und bedeutet nicht mehr und nicht weniger, dass eine Sache mit sich identisch sei. Sie ist, wie Hegel in seiner *Phänomenologie* klarstellt »Ausdruck der leeren Tautologie«. Nur in der »Identität mit der Nicht-Identität«, also in der Verschiedenheit liege Wahrheit begründet. Tatsächlich lässt sich schwer ein Seiendes finden, dass irgendwo im Universum etwas mit sich Identisches aufstöbern könnte.

Man sollte sich nicht naserümpfend von einem durch Massengebrauch inflationierten Identitätsbegriff abwenden. Gerade das populäre Geschwafel von der persönlichen Identität legt die Dürftigkeit seines wissenschaftlichen Vorbildes bloß. Es kommt dem postmodernen Bedürfnis entgegen, sich in den Verhältnissen häuslich einzurichten, eine sinnentleerte Welt mit synthetischem Sinn vollzupumpen, in einer entsubjektivierten Welt »Ich« sagen zu dürfen. Sehr schön verdeutlicht sich das in gnadenlosen Phrasen wie »Ich habe mich gefunden« alias »Ich habe meine Identität als Japaner, Ainu, Toskanaurlauber, Frau, Ethnologe, Proktologe, Aquarellmaler, Fassadenausmaler, lebende Litfasssäule etc. gefunden«,

195

als hätte die schon immer darauf gewartet, von einem gefunden zu werden. Solch eine Vorstellung von Identität suggeriert erstens substanzartige Qualitäten, ein individuelles Basisprofil, das dem Menschen von Anfang an inhärent sei und nur freigeschaufelt werden müsse, um persönliche Integrität zu erlangen; *der Mensch also nicht als lebenslange Baustelle, sondern als verschütteter Orakeltempel*; zweitens die objektive Existenz konsistenter Egos; drittens die freie und selbstbestimmte Wahl dieser Identitäten samt ihrer sinnspendenden Innenausstattung.

Niemand hat sich seinen Namen, seine Familie, sein Geschlecht, zumeist auch nicht seine soziale Klasse und die – wie auch immer geartete – Ethnizität ausgesucht, und die Verhältnisse machen es einem auch nicht leicht, Namen, Klasse, Ethnizität, Familie und Geschlecht zu wechseln. Einigen gelingt es unter bestimmten Opfern und Anstrengungen, den meisten nicht, und einige gebildete Menschen mit Faible fürs Mysterium der frühkindlichen Sozialisation bejubeln diese gesellschaftlichen Zwangsverhältnisse auch noch, weil sie ihnen lebensweltliche Vielfalt garantieren. Sie verwechseln dabei nur zu oft die ontologische Gemütlichkeit ihrer Salons mit den Käfigen der anderen. Frustriert über die zwanghafte Freiheit, die ererbten Möbel zum Sperrmüll zu werfen und pro Saison das Wohnungsdesign zu wechseln, beneiden sie jene, die sich mit den Erbstücken bescheiden müssen. Wie schön, eine Kultur zu haben, die man sich nicht aussuchen musste.

Der positive Bezug auf das kulturell Eigene mag noch so viel Freiwilligkeit für sich reklamieren, aber frei wäre die Entscheidung erst dann zu nennen, wenn das Individuum zwischen mehreren Möglichkeiten auswählen könnte.

Seit der sozialpsychologischen Verwendung des Identitätsbegriffes gibt es immer wieder die löblichen Anstalten seiner Dynamisierung, um einer komplexeren empirischen Wirklichkeit Genüge zu tun, als sie sich die Propheten der konsistenten Persönlichkeit vorstellen mögen. Bereits die Sozialpsychologie der Mead'schen Schule hat Identität als etwas Vielschichtiges, Dynamisches und Prozessuales ausgewiesen. Einsichtigere Geister sprechen von *polyvalenten* oder *multiplen* Identitäten, mir kam auch schon das Begriffsmonstrum *Multitäten* zu Ohren. Doch alle Versuche, ein einmal abgefeuertes Begriffstorpedo durch nett gemeinte Adjektiva vom Kurs abzubringen, entschärfen es noch nicht. Man kann es drehen und wenden wie man will, Identität beschreibt immer einen Zustand und keinen Prozess. Lässt sich nur noch das Argument der Gewohnheit ins Spiel bringen: Was sollen die etymologischen Haarspaltereien, der Begriff habe sich eben eingebürgert (und seine ideologische Brauchbarkeit verkürzte das Einbürgerungsverfahren immens) und würde ohnehin kaum statisch gemeint. Meinetwegen. Und als Nächstes lassen wir plebiszitär darüber abstimmen, ob *Beschleunigung* nicht künftig *Tempolimit* heißen soll, oder ob man statt »*Ich gehe nach Mekka*«, nicht besser »*Ich stehe nach Mekka*« sagen sollte. Und was drückt das Gerede von der Identität anderes aus als das individuelle Stehenbleiben auf virtuellen Subjektrepräsentanzen. Kurzum: Wir können Froschschenkel durch galvanische Drähte auch noch so lustig herumhüpfen lassen, das macht sie um nichts lebendiger. Im strikt philosophischen Sinn lässt sich absolute Identität erst durch den Tod herstellen. Metaphorisch kehrt dieses *Tot-Sein* im Beharren auf gesellschaftlich vorgeformte Subjekt-Ideale wieder, in der erlösenden Illusion des Gleichbleibenden innerhalb des Wandels.

Kein Totschlagargument – denn das Pochen auf die eigene Identität ist stets tautologisch, und daher nicht argumentativ –, sondern der Totschlag des Arguments ist der Verweis auf die Identität. Wie viele haben schon, durch Argumente an die Wand gedrückt, rechtzeitig noch ihre Identität gezückt, und siehe da, wackere Mitstreiter gingen ehrfürchtig auf die Knie wie Tafelrundler, die soeben den Heiligen Gral, wie Zöllner, die einen Diplomatenkoffer erblicken. Niemand würde sich an der affektiven Identität vergreifen, alle scheinen an so etwas wie eine inoffizielle *Habeas-Identitas-Akte* gebunden zu sein. Weil wir aus Tagen der Selbsterfahrungsseminare noch genau wissen, was für Strapazen, aber auch Glückserlebnis es bedeutete, seine Identität als Mann, Bienenzüchter, unabhängiger Christ oder kosmische Närrin zu finden, unterstützen wir auch diejenigen Brüder und Schwestern, die sich daran machen, ihre deutsche, padanische oder kroatische Identität wiederzuerlangen.

Im Gegensatz zu dem modischen Wahn, sich selbst zu finden, handelten, wie Michael Scharang in einem brillanten Essay ausführt, die großen Bildungsromane der Weltliteratur davon, wie ihre Helden sich kontinuierlich verlören. Der Weg der Erkenntnis, schreibt Nietzsche, wäre nicht so reizvoll, würde dabei nicht so viel Scham überwunden werden. Diese zu überwindende Scham, das sind die Identitäten, in denen man sich in Zeiten psychischer und intellektueller Überforderung provisorisch einrichtet.

Gleich der schamanistischen Persönlichkeitsdekomposition, bei welcher der Schamanenanwärter von Dämonen und Geistern in tausend Stücke gerissen, verzehrt und zu einer neuen, stabileren und flexibleren Person zusammengesetzt wird, ist eine konstitutive Ich-Spaltung, die kontrollierte Identitätsdiffusion, sowie als Draufgabe ein spezifisch ideologiekritischer Zweifel an jeglicher Substanzialität der denkbar beste Motor für den persönlichen Erkenntnisgewinn.

Es wäre natürlich vermessen, eine bestimmte Variante kritischer Intellektualität der Menschheit als Königsweg zu empfehlen. Dennoch stellt die aufklärerische Tradition der bestimmten Negation die realitätskompatiblere Alternative zu einer Parzellierung in Identitäten dar, deren vordringlichste Aufgabe es ist, mittels konstruierter Selbst-Gewissheiten lebensweltliche Paravents vor unerträgliche Wirklichkeiten zu stellen.

Kulturelle Identität in ihrer affektiven Bedeutung ist die Zweigstelle substanzialisierter Kulturvorstellungen auf der Mikroebene des Subjekts. Überall wo Kulturen und die dazugehörigen Hypotheken im Individuum, die kulturellen Identitäten, essenzialisiert werden, muss es zwangsläufig zu Störungen kommen, wenn diese Identitäten kollidieren, durch neue Situationen in Frage gestellt werden. Identitätsdiffusion wird als pathologische Folge unvermeidbar. Diffundieren kulturelle Identitäten, wie das bei Akkulturierung und kultureller

Hybridisierung nur üblich ist, ein oft schmerzhafter, zumeist aber fruchtbarer Prozess, wird der Kulturschock diagnostiziert und evoziert im konkreten Falle eingewanderter *Ausländer* multikulturellen Handlungsbedarf. Doch deren »Teilnahme am Arbeitsmarkt, am Wohnungsmarkt, am Konsumgütermarkt scheitert nicht daran, daß sie die dort gültigen Normen und Regeln nicht beherrschen, sondern ist Ergebnis der Durchsetzung von Interessen unter Ausnutzung struktureller, formeller und informeller, Diskriminierungsmöglichkeiten seitens der Mehrheit.« (Dittrich & Radtke 1990: 31)

Setzen wir ruhig voraus, dass Menschen in der Regel kompliziertere, verworrenere Wesen sind, als das die Idee geschlossener, aus separaten Identitätslegosteinen zusammengesetzter Persönlichkeitssysteme suggeriert. Und meistens sind sie nur zu dankbar, mit konsistenten Identitätsentwürfen beliefert zu werden, um ins Chaos, an dem sie mit ihrer Ich-Struktur und ihrer Begehrlichkeit teilhaben, Schneisen der Selbstverständlichkeit zu schlagen. Dittrich & Radtke verweisen löblicherweise auf die Alternative einer dynamischen, progressiven Identität und reproduzieren dabei einen begrifflichen Widerspruch. Nichtsdestoweniger favorisiert ihr Identitätsmodell den nicht abgeschlossenen Lernprozess, das aktive und passive Vermögen, »das, was als Neues, Unverständliches, ja Sinnloses, als Angst und Unsicherheit Auslösendes auftritt und das Gleichgewicht des Subjekts gefährdet, in eigenes, in neue Denk- und Handlungsmuster umzuschmelzen.« (1990: 30)

Menschen, die – ob sie es wollen oder nicht – in den Zuständigkeitsbereich der Ethnizitätsdiskurse fallen, also Migranten, Mitglieder ethnischer und indigener Minderheiten, Nachkommen der Studienobjekte von Ethnologie, Ethologie und Physischer Anthropologie, haben, so strukturelle Ungleichheit keinen Regress auf homogene Identitäten erfordert und kein Bekenntniszwang besteht, zumeist weniger Probleme mit der Multiplität von Identifikationen und Zugehörigkeiten, als jene westlichen Identitätsschützer, die den Selbstverwirklichungsjargon auf die kulturelle Identitätspflege übertrugen.

Ein positiver Bezug auf kulturelle Kontinuitäten ist auch jenseits der prätentiösen und exklusiven Zuschreibungen und Reklamationen der Identität möglich. Der Begriff selbst ist eine Komplexitätsreduktion, die alles Nicht-Identische gnadenloser Identität unterwirft. Ich plädiere für die konsequente Entpathetisierung dieser Identitäten, um all denen, die meinen, schon dort zu sein, wo sie hinwollen, die anthropologische Prämisse Jura Soyfers entgegenzuhalten, nämlich dass »der Mensch das schlecht entworfene Skizzenbild des Menschen« sei, »den es erst zu zeichnen gilt«. Ein erster Schritt dazu wäre die subversive Identitätsverweigerung. Hakan Gürses (1995: 5) hat den vielleicht pathetischsten und zugleich schönsten Aufruf zur Entpathetisierung und Verweigerung der Identitäten formuliert:

> »Gibt es keine Möglichkeit, außerhalb des Spiels der Identitäten zu stehen – wo bleibt dann die Freiheit, die uns seit Jahrhunderten verheißen wird, wenn unseren Handlungen sowieso keine freien Entscheidungen zugrundeliegen? Als

einzige – und wie ich zugeben muß, theoretische – Option zur Identität fällt mir das Individuum ein: *Individuum* nicht als bereits Existierendes, sondern als ein Ideal, ein Ziel, vielleicht auch als Utopie. Dennoch, oder gerade deswegen schlage ich das Individuum vor, als ein freieres und deshalb vielleicht friedlicheres Post-Subjekt. Ich schlage das listige Spiel von Odysseus vor, um den Identitätszwang zu unterbrechen: Schaffen wir eine leere Identität, um die Anrufung der kyklopischen Gesellschaft in die Irre zu Führen, und geben wir auf die Frage, wer oder was wir denn sind, als Antwort: ›*Ich bin Niemand!*‹ Dies wäre vielleicht ein Anfang, um uns aus einer statistischen Zahl zu einem ›Jemand‹ zu entwickeln.«

*

Situationale Ethnizität und interkultureller Sex. Alle paar Jahre mal schreibt die Multi-Kulti-Szene neue Modeethnien aus. Sehr lange hielten sich die Palästinenser. Dann waren es die Kurden, bis deren Führer ankündigte, dass er auch nicht davor zurückschrecken werde, eine kurdisch essende und beim Kurden einkaufende Zivilgesellschaft zu zerbomben. Im Augenblick steht südamerikanisches Lebensgefühl wieder hoch im Kurs.

Ein guter Bekannter von mir ist türkisierter Kurde. Seine Ethnizität ist alles andere als eindeutig und variiert nach Interaktions- und Sexualpartnern. Von seiner *kurdischen Basisidentität* ist nicht mehr allzu viel zu spüren, er ist Türke unter Türken, im Umgang mit Österreichern und vor allem Österreicherinnen kehrt er jedoch den Kurden hervor. Besonders bei der Akkumulierung sexuellen Kapitals kommt ihm eine synthetische kurdische Identität sehr gelegen, die eher einem geschickten Hantieren mit gängigen Kurdenklischees zu entwachsen scheint als der realen Kontinuität seines persönlichen, sehr verschütteten Kurdentums. Er versucht dann, ein bisschen *Peshmerga*-Romantik zu verstrahlen, mit ein bisschen Sippenreziprozität, einem Hauch von Blutrache und Flucht über die Berge, und natürlich dem obligatorischen *Mein-Herz-wird-nicht-aufhören-zu-bluten-ehe-mein-Volk-frei-ist* aufzutrumpfen. Nicht ohne Erfolg, wie er mir versichert, von der Chefsekretärin bis zur abgehärmtesten Magistra könnten sich nur wenige dieser gekonnten Melange aus Appell an den Mutterinstinkt und orientalischem Verführer-Habitus (mit weißem Schimmel und stets entführungsbereit, seit Rudolfo Valentino ein vielgeträumter Frauentraum) entziehen.

Nicht alle als different Stigmatisierten können und wollen sich mit den kulturalistischen Reduktionen, die sie tagtäglich erfahren, so hedonistisch abfinden wie mein Bekannter. Der Berliner Essayist Eike Geisel (1992: 20/1), selbst ein scharfsinniger Chronist der linksalternativen Anbiederung an alles, was nach jüdischem Volksgeist riecht, beschreibt:

»In einer Mitte der 80er Jahre erschienenen Sammlung von Gesprächsprotokollen mit jungen Juden berichtete eine Journalistin über sich als Objekt einer obskuren Begierde, die man als vergangenheitsbewältigende Rassenschande bezeichnen könnte: ›Für den Intellektuellen ist eine Jüdin so etwas wie für den einfachen Arbeiter eine Frau aus Thailand. Das prickelnde Gefühl, mit einer im Bett zu liegen, wofür man vor 40 Jahren verhaftet worden wäre. Die waren dann oft so gütig, so verständnisvoll, als hätten sie es mit einer Behinderten zu tun.‹«

*

Der ethnographische Blick. Es muss so drei, vier Jahre her sein, dass ein Studienkollege, dessen Wohnungstür mittlerweile ein kupfernes Magisterschild ziert, im Schatten der Votivkirche meinen Weg zur ÖH-Jobbörse am Rooseveltplatz kreuzte. Er schien über die Maßen gut gelaunt. Auf die Frage nach dem Grund seines Überschwangs tat er mir kund, dass im Afro-Asiatischen Institut zwei neue Afrikaner eingetroffen seien (sein Spezialgebiet war Afrika, afrikanische Kultur oder Afrikaner, genau weiß ich das nicht mehr, wohl aber entsinne ich mich einer der Namen der beiden ethnographischen Glücksbringer, Jerome). Nicht unähnlich muss die Euphorie der Einwohner von Gmunden gewesen sein, als sie einen kenianischen Freund von mir (einen Kikuyu, für die, welche das interessiert), den es dorthin verschlagen hatte, überaus freundlich, ja begeistert, aber eben mit der Begeisterung von Kolonialwarenkonsumenten mit Worten wie *frisch aus Afrika* quittierten.

Zu Studienbeginn scherzten wir, dass jeder erstsemestrige Soziologiestudent sich einen Sandler reservierte, währenddessen sich gleichrangige Ethnologen Menschen aufrissen (*verhafteten*), die nur irgendwie nach Außereuropa aussahen. Mit einem zugekniffenen Auge könnte man einwenden, dass dieser Gestus projektiver Vereinnahmung noch immer freundlicher und harmloser als Rassismus und Fremdenfeindlichkeit sei, es zynisch wäre, diese beiden unterschiedlichen Modi der Fremderfahrung überhaupt in einem Atemzug zu nennen.

Wie lange aber wird Jerome gebraucht haben, um – nach einer Phase des verständlichen Sich-Suhlens in der sozialen Bestätigung durch Nachwuchsethnologen und Exotisten – dahinterzukommen, dass er letztendlich ein mehr oder minder austauschbares Kulturobjekt darstellte, dass er als lebende Projektionsfläche für Stereotypen und Klischees herhalten musste. Das kulturalistische Hofieren des *Fremden* macht ihn in mehrerlei Hinsicht zum Objekt. Es macht ihn a priori zum Repräsentanten vorgestellter kollektiver Kultur, seine Subjektivität wird vor allem in Hinblick auf eine zugeschriebene Kultur wahrgenommen; er wird zum Objekt eines therapeutischen Selbstfindungsaktes, mittels dessen die Hofierer durch die Konstruktion des Fremden eine eigene konstruktivistische

Standortbestimmung durchführen; er muss als Objekt den Narzissmus derer befriedigen, die den archetypischen Pfarrern, Lehrern und Eltern in ihren nach wie vor von provinziellen Stadtmauern begrenzten Hirnen beweisen müssen, was für tolle *Kara ben Nemsis*, Reggae-DJs, Nervös-auf-dem-Kamelhocker-Herumwetzer, was für extraordinäre Grenzgänger zwischen Dschungel und Campus, zwischen Betel und Schampus sie doch nicht sind. Schließlich als Objekt für die moralische Gewissensarbeit weißer Mittelstandskinder, an dem sie sich nicht nur ihre Mitverantwortung an Imperialismus und Kulturchauvinismus abarbeiten, sondern ihre Objekte gleich auch noch dazu *verhaften*, die besseren Menschen sein zu müssen, damit sich auch lohnt, wofür man sich einsetzt. Wehe diese fleischgewordenen Versprechungen einer gemeinschaftlicheren, gefühls-, körper-, natur- und weiß-Gott-noch-was-orientierteren Menschheit wider Willen lösen diese Utopie nicht ein, und erweisen sich als ebensolche Arschlöcher, wie man sie von daheim gewohnt ist, als Menschen also; allzu schnell kann das emotionelle Startkapital dann wieder zurückgefordert werden. Schnell kippen irrationale Idealisierungen in ihr Gegenteil, wird dem Edlen Wilden sein Prädikat wieder aberkannt; nur zu schnell verwandeln sich dann die Wunschprojektionen des Animalischen, des Körperbetont-Ungenierten in chauvinistische Schweine.

*

Perser in Ethnologistan. Zurück zu den Ethnologen. Nach fast einem Jahrzehnt wachsamer Feldforschung beim Stamm der Ethnologen, und eingedenk der Heterogenität ihrer einzelnen Identitäten, komme ich zu dem erschütternden Ergebnis, dass neben den Teutonen vielleicht keine humorlosere Ethnie existiert. Kein Wunder in Anbetracht der ihnen habituell eingeschriebenen Fetischisierung des Kulturell-Traditionalen und Kulturell-Differenten. Das wissen vor allem die zu berichten, die aus den Zielterritorien des ethnologischen Forschungsinteresses in die europäischen Kerngebiete des Stammes vorgedrungen sind und sich trotz der geradezu erpresserischen Schmeicheleien einen gewissen Sinn für Kritik und Ironie bewahren konnten.

Die Ethnologen, berichten mir diese Informanten, hätten zwar nicht mehr ihren Gesichtsschädelindex errechnet, dafür aber ihren Kulturquotienten. Dieser Stamm hätte weiters die Angewohnheit, alles an einem – bis zur Verrichtung der Notdurft – auf seine Ethnizität hin zu überprüfen. Einer dieser Ethnologen hätte einen meiner Informanten, einen sehr indianisch aussehenden Peruaner, bei einem Salsa-Abend sogar gebeten, nach dem Wasserlassen nicht die Spülung zu betätigen. Nachher hätte sich der Ethnologe ins WC geschlichen und seinen Kulturteststreifen ins Ketschua-Urin getunkt!

Und trägt man in ausgelassener Stunde einmal ein bisschen dicker mit der eigenen Ethnizität, mit dem *sense of difference* auf, wirft man ein paar unbedeutende Happen wie etwa Redewendungen aus der alten Heimat unter die Leute, wer stürzt sich wie hungrige Slumkinder darauf und beginnt hysterisch daran herumzunagen: die Ethnologen.

Das Ethnische sei ihnen heilig. Sie verbäten sich jeden Scherz darüber, weil sie einer Religion angehörten, die die ganze Geschichte, alle möglichen Konflikte in Hinblick auf die Unterdrückung des Ethnischen betrachteten. Das Ethnische sei immer das Opfer.

Am besten stelle man es sich mit ihnen, wenn man ihnen das erzähle, was sie hören wollten. Zum Beispiel dass die Art und Weise, wie man soeben der Kellnerin nachgepfiffen oder in der Nase herumgebohrt habe, ein Survival sei, ursprünglich rituelle Bedeutung gehabt hätte und irgendwie mit der Landnahme der Conquistadores in Zusammenhang stünde (sich nie ganz sicher sein, damit für sie noch etwas zum Spekulieren übrigbleibt, dann mögen sie einen). Am besten allerdings, man besorge sich die einschlägige Literatur und erzähle ihnen, was sie ohnehin wüssten. Das fänden sie dann am interessantesten. Im Großen und Ganzen seien sie aber ganz nett, die Ethnologen.

Ich weise meine Informanten stets auf ihre sicherlich kulturspezifischen Verallgemeinerungen hin, muss zumeist aber eingestehen, dass an ihrer Ethnologenwahrnehmung Einiges dran sei.

*

Ethnologische Sinnsprüche:

Wer den Tiroler nicht ehrt, ist den Irokesen nicht wert.

Häufigste Zärtlichkeit im Verhältnis Ethnologe-Objekt: Sei doch ein bisschen ethnisch zu mir!

*

Tabula rasa. Man kann ohne Weiteres statt links und rechts *lechts* und *rinks* sagen, das ändert wenig an jahrhundertealten intellektuellen Antagonismen, die in beträchtlichem Maße auch von spezifisch kapitalistischen gesellschaftlichen Bedingungen mitdiktiert wurden. Die antikapitalistische Mobilisierung des Traditionellen, Ländlichen, Gemeinschaftlichen und Emotionalen war seit der deutschen Romantik eine Domäne der Rechten (sieht man vom Nationalismus und dem Anti-Modernismus des Stalinismus ab), und dort ist sie auch am besten aufgehoben.

Sollen die verschiedenen linken Traditionsstränge der Negation von Althergebrachtem, der Kritik von Religion, Familie, Ethnizität, der bürgerlichen Moral – selbst wenn diese Kritik bloß in individualanarchistischer Attitüde bestand – etwa vor den postmodernen Epigonen einer ethnisch designten Gemeinschaftsphilosophie als spätpubertärer Lausbubenstreich der Geschichte Buße tun, um wie ein reumütiger Jimmy Dean von einem die »ererbten Ideen« verkörpernden *Pa* wieder ins Herz geschlossen zu werden? Oder sollen sie sich als eurozentristische Chauvinisten mit gläubigen Muslimen, Sikhs, Shintoisten, Amish-People, Mapuche-Schamaninnen und Vertretern des Trachtenvereins Bad Kleinkirchheim in die Entnüchterungszelle sperren lassen, um sich von dem Überlegenheitsanspruch eines bloß kulturspezifischen *Wissens* über jegliche Form des *Glaubens* zu kurieren?

Man besiegt die Rechte nicht, indem man ihr die Ideen klaut und sie als neue Paradigmen verkauft. Ethnologen tun sich damit besonders schwer. Wenn sie jung und ungestüm sind, stürzen sie sich oft ohne ausreichende Kenntnisse okzidentaler Geschichte und Ideengeschichte auf den Orient. Die Anfangsmotive sind hinlänglich bekannt: Zivilisationsüberdruss, allerhand Projektionen, die Suche nach alternativen Lebensweltlichkeiten, nach dem Schlaraffenland, wo man mit dem Bauch denkt und dem Kopf verdaut, die Gemeinschaft, die einem gibt, was Mama und Papa zu geben versäumt haben. Als selbsternannte Anwälte der *Verdammten dieser Erde* und mit einem Selbstverständnis, das man sich allein deshalb als fortschrittlich anrechnet, weil man sich auf der Seite des Fremden, der Kolonialisierten wähnt, weil man den eigenen Ethnozentrismus transzendiert, trifft man auf Menschen, die womöglich stärker an Traditionen, ans Kollektiv oder Glaubenssysteme gebunden sind als man selbst – und beginnt die kollektive Mitschuld am abendländischen *Herrenmenschentum* durch gezielte Traditionspflege abzuarbeiten. Mit der Parteinahme für verschiedene Formen der Traditionalität wird aber zugleich eine bestimmte Tradition des In-Frage-Stellens in Frage gestellt. Zuhause im Abendland gibt man dann mit besten Gewissen Statements von sich, die auf den Widerspruch igno- wie arroganter, logo- und daher eurozentristischer Linksintellektueller stoßen. (Ja, wir kennen sie alle, diese überhebliche Type von Besserwissern, die sich ihre Erkenntnissicherheit nur durch Ignoranz erhalten kann, nie in ethnologischen Ländern Urlaub macht, weil sie sich vorm *Anderen* fürchtet, nie ihren Elfenbeinturm verlässt, also nicht die geringste Ahnung davon hat, was es bedeutet, am oberen Urubamba Frauen zu stehlen.) Die werfen einem vor, man höre sich wie spiritistische Media an, aus denen die nicht zu Ruhe gekommenen Geister Herders, Fichtes, Arndts und Heideggers rufen. Und nachdem man sich die Wut über so viel Missverstandenwerden aus dem Leib geschimpft hat (am besten im sicheren Rudel Gleichgesinnter), wird man – hoffentlich ein wenig neugierig geworden – in den Schriften der genannten Herren blättern und tatsächlich die eine oder andere beunruhigende Parallele zum eigenen Denken entdecken. Man wird sich vielleicht auch zu der intellektuellen Redlichkeit durchringen, in der nationalsozialistischen Verherrlichung des Gemüts und der Heimatverbundenheit gegenüber der kalten Ratio eines entwurzelten jüdischen Kosmopolitentums einen unsympathischen Vorgänger der eigenen Vernunftkritik zu erkennen. Man hätte ja den nationalsozialistischen Antisemitismus immer in Zusammenhang mit der typisch modernen Abwehr bedrohlicher (in Wahrheit bedrohter) Fremdheit gesehen. Dass diese Fremdheit auch in einer bestimmten urbanen Variante kritischer Vernunft bestehen könnte und nicht nur in der Fremdheit ostjüdischer Dorfkultur, das habe man aufgrund eigener weltanschaulicher Präferenzen ein bisschen ignoriert. Verwirrt, aber auch sensibilisiert verfolgt man die Spuren rechten Denkens in die Gegenwart, wo man unweigerlich in den Salons der *Nouvelle Droite* landet. Dort tritt man vor einen Zerrspiegel, aus dem das eigene Spiegelbild mit der Stimme des Chefideologen der Neuen Rechten, Alain de Benoist[155], fragt: »Was ist heute die Hauptbedrohung? Es ist das fortschreitende Verschwinden der Vielgestaltigkeit der Welt. Die Nivellierung des Menschen, die Reduktion aller Kulturen auf eine ›Weltzivilisation‹ baut auf dem auf, was am allgemeinsten und gewöhnlichsten ist.« Schockschwerenot! Nichts wie weg von hier. An was soll man noch glauben? Fiebrig und dem Wahnsinn nahe findet man sich an den Toren des Vatikans wieder. Nie hätte man gedacht, dass man einmal so tief sinken werde. Zuerst die Schweizer Garden, dann ein priesterlicher Majordomus geleiten einen durch kilometerlange Hallen und Gänge in die Privatgemächer des Pontifex Maximus. Seine Heiligkeit begrüßt einen mit väterlicher Stimme:

> »Man kann den Menschen nicht einseitig von der Wirtschaft her begreifen und auch nicht auf Grund der bloßen Zugehörigkeit zu einer Klasse. Der Mensch wird am umfassendsten dann erfaßt, wenn er im Kontext seiner Kultur gesehen wird, das heißt, wie er sich durch die Sprache, die eigene Geschichte und durch die Grundhaltungen in den entscheidenden Ereignissen des Lebens, in der Geburt, in der Liebe, im Tod, darstellt. Im Mittelpunkt jeder Kultur steht die Haltung, die der Mensch dem größten Geheimnis gegenüber einnimmt: dem Geheimnis Gottes. Die Kulturen der einzelnen Nationen sind im Grunde nur verschiedene Weisen, sich der Frage nach dem Sinn der eigenen Existenz zu stellen; wird diese Frage ausgeklammert, entarten die Kulturen und die Moral der Völker. Deshalb hat sich der Kampf für die Verteidigung der Rechte der Arbeit spontan mit dem Kampf für die Kultur und die Rechte der Nation verbunden.«[156]

*

Le juif conceptuel. Für den österreichischen Intellektuellen und Auschwitz-Überlebenden Jean Améry war bis zu den Nürnberger Rassegesetzen im Jahr 1935 der Umstand, Jude zu sein, von verhältnismäßig geringer Bedeu-

---

155 Zit. nach Kowalsky 1991: 201
156 In: Enzyklika Centesimus Annus, »gegeben zu Rom, bei St. Peter, am 1. Mai – Gedächtnis des hl. Josef des Arbeiters – 1991, im dreizehnten Jahr meines Pontifikats«. Zit. nach Fülberth 1993: 41/2

tung. Über die Unmöglichkeit, den ethnischen Vokativ einer antisemitischen Gesellschaft nicht anzunehmen, handelt einer seiner bedeutendsten Aufsätze. Hier ein Auszug:[157]

»Als ich 1935 die Nürnberger Gesetze las und mir bewußt wurde, nicht nur, daß sie auf mich zutrafen, sondern daß sie der juridisch-textlich zusammengefaßte Ausdruck waren des schon vorher von der deutschen Gesellschaft durch ihr ›Verrecke‹ gefällten Urteilsspruches, hätte ich geistig die Flucht ergreifen [...] können [...] ich hätte [...] selbst unter Verzicht auf die Illusion eines deutschen pays réel als auch einer gegen die deutsche Geistesstörung immunen Welt, mir zusprechen können: Was immer man von mir auch sage, es ist nicht wahr. War bin ich nur, als der ich mich selber im Innenraum sehe und verstehe; ich bin, der ich für mich und in mir bin, nichts anderes. Ich will nicht sagen, daß ich nicht bisweilen solcher Versuchung unterlag. Ich kann nur bezeugen, daß ich ihr schließlich widerstehen lernte. [...] Langsamerhand kam ich in den zwei Jahrzehnten, die seit meiner Befreiung hingingen, zur Erkenntnis, daß es nicht ankommt auf positive Bestimmbarkeit einer Existenz. Daß Jude ist, wer von anderen als Jude angesehen wird, hat einst schon Sartre gesagt, und hat später Max Frisch in ›Andorra‹ dramatisch dargestellt. Es ist nicht korrekturbedürftig, doch darf man es vielleicht ergänzen. Selbst dann nämlich, wenn mich die anderen nicht als Juden bestimmen, wie sie es mit dem armen Teufel in ›Andorra‹ taten, der gerne Tischler geworden wäre und den sie nur Kaufmann sein lassen wollten, bin ich doch Jude durch die bloße Tatsache, daß die Umwelt mich nicht ausdrücklich als Nicht-Juden fixiert. Etwas sein kann bedeuten, daß man etwas anderes **nicht** ist. Als Nicht-Nicht-Jude bin ich Jude, muß es sein und muß es sein wollen. Ich habe es anzunehmen und in meiner täglichen Existenz zu bekräftigen [...]. Da Jude sein aber nicht nur meint, daß ich eine gestern geschehene und für morgen nicht ausschließbare Katastrophe in mir trage, ist es jenseits der Aufgabe auch **Furcht**. Täglich morgens kann ich beim Aufstehen von meinem Unterarm die Auschwitznummer ablesen; das rührt an die letzten Wurzelverschlingungen meiner Existenz, ja ich bin nicht einmal sicher, ob es nicht meine ganze Existenz ist. Dabei geschieht es mir annähernd wie einst, als ich den ersten Schlag der Polizeifaust zu spüren bekam. Ich verliere jeden Tag von neuem das Weltvertrauen. Der Jude ohne positive Bestimmbarkeit, der Katastrophenjude, wie wir ihn getrost nennen wollen, muß sich einrichten ohne Weltvertrauen.«

*

Le juif peu sûr. Die Judenemanzipation seit Ende des 18. Jahrhunderts hatte eine Situation geschaffen, in der ein religiöser und kultureller Antisemitismus seiner traditionellen Distinktionskriterien verlustig zu gehen drohte. Der katho-

---

157 J. Améry: Über Zwang und Unmöglichkeit, Jude zu sein. Zit. nach Reemtsma 1993: 53

lische Antisemit Éduoard Drumont brachte diese Angst in den 80er-Jahren des 19. Jahrhunderts auf den Punkt: »Ein Herr Kohn, der zur Synagoge geht und die mosaischen Gesetze beachtet, ist ein Wesen, das man respektieren kann; ich habe nichts gegen ihn. Ich habe etwas gegen den unzuverlässigen Juden.« Die angewandte Rassenbiologie der Nazis löste das Problem, indem sie »zuverlässige« und »unzuverlässige« Juden wieder unter eine Kategorie des Schicksals zwang. »Indem der Rassegedanke den Unterschied zwischen Juden und Nicht-Juden in das Blut verlagert, macht er jeden Ausgleich unmöglich, verewigt die Scheidung und legitimiert sie als gottgewollt.« (Klemperer 1993: 189)

Wer beim nationalsozialistischen Antisemitismus das Ressentiment gegen das Fremde, das kulturell Differente überbewertet, der neigt dazu, die antimodernistische und antiintellektualistische Stoßrichtung dieses Antisemitismus zu übersehen; dass sich der Hass in erster Linie gegen den modernen, kulturell indifferenten Juden fokussierte. Und selbst der Sippengeist, die dörflich-bäuerlichen Gemeinschaften, sowie die religiös-konservativen Wertvorstellungen der osteuropäischen Juden mögen trotz all der kulturellen Differenz dem deutschen Kleinbürger seltsam vertraut angemutet haben. Der orthodoxe »orientalische« Jude versinnlichte ihm auch die eigene (vorgestellte) Vergangenheit, die verbindliche Wärme der Tradition, aus der die Moderne brutal ihn gerissen hatte. Auf der anderen Seite stand der mit Individualismus, Kapitalismus (und Kommunismus) identifizierte säkularisierte Jude als Inbegriff dieser verhassten Moderne, die ihre Versprechungen nicht einlösen konnte. Der ideologische Kunstgriff der Nazis bestand zuletzt darin, dem Kleinbürger als Rache für zwei versperrte Wege, den in die Vergangenheit und den in die Zukunft, einen Sündenbock präsentiert zu haben.

Die Zwangsetikettierung und Vernichtung der Etikettierten ließ das Konstrukt zur Wahrheit werden. Und nur in diesem Sinn erlangt die positive Identifikation mit der ethnischen Kategorie Jude durch Menschen, deren kulturelles Erbe für ihr Leben kaum mehr relevant war, Berechtigung. Nur in Anbetracht des Holocausts wird es einigermaßen verständlich, wenn sich Bloch, Freud, Talmudexegesen und jiddische Kochrezepte den Büchertisch teilen müssen. Etwas anders sieht es aus, wenn sich die Multi-Kulti-Schickeria in ihrem unermüdlichen Kampf um Kultivierung kultureller Differenzen dieser nationalsozialistischen Zwangskategorie bedient und sich Roma und Juden als homogene Gruppen vorstellt, nicht weil Diskriminierung und Ausgrenzung sie dazu machen, sondern weil das kulturalistische Denken sich den Wunschtraum von der essenzialistischen Gesellschaft innerhalb einer ahistorischen Welt erfüllen will. Infolgedessen braucht der unzuverlässige Jude nicht mehr gefürchtet zu werden; denn seitdem die Nazis uns gelehrt haben, dass der intellektuelle Jude und mit ihm die Konzeption der kritischen Vernunft schlechthin, jenes zersetzerische Resultat heimatlosen Getriebenseins, den reinsten Ausdruck jüdischer Rassenseele verkörpert, hat der *juif peu sûr* aufgehört zu existieren. Er ist zuverlässig geworden. Diskussionen jüdischer Exilanten in New Yorker Cafés, die Bauhaus-Architektur, Woody Allens Komödien und Mendelsohn-

Bartholdys romantische Symphonien verstrahlen dann in gleichem Maße das faszinierende Odeur des essenziell Jüdischen. Bereits als man begann, das Wirken jüdischer Intellektueller im Exil als eigene Kultur zu begreifen, zeichnete sich der nächste Schritt ab: sie der jüdischen Folklore zu inkorporieren. Nachdem alles unterschiedslos zur Kultur erklärt worden ist und sich Samuel Beckett und Tiroler Brunftschreie die Kultursubventionen teilen mussten (wobei letztere zunehmend höher dotiert wurden), begann man diesen inflationären Kulturbegriff wieder auf ein völkisches Fundament zu setzen. Samuel Beckett und James Joyce war es zu Lebzeiten gelungen, sich der ihnen verhassten irischen Nationalkultur zu entziehen. Die Rache dieser war von teuflischer Perfidie. Sie kidnappte die Autoren aus der Weltliteratur und erniedrigte sie post mortem, indem sie die beiden sich einverleibte und zu nationalen Repräsentanten der angeblich widersprüchlichen irischen Volksseele degradierte.

*

Conclusio. 1991 gerierten sich fünfunddreißig von siebenunddreißig bewaffneten Konflikten in der Welt als staatsinterne Konflikte, und ein Großteil dieser kann – so Thomas H. Eriksen (vgl. 1993: 2) – als ethnisch bezeichnet werden.[158] Ethnizität als Politikum tritt nicht nur in der bemutterungswürdigen Pose des minoritären Kulturell-Unterdrücktseins entgegen. Ihrer Instrumentalität scheinen keine Grenzen gesetzt zu sein. In besonderen Hinblick auf die Migrantensituation in westlichen Ländern fokussieren Dittrich & Radtke die Problematik einer Überbewertung der Ethnizität (1990: 35/6):

> »Die theoretisch-politische Geburt des Konzepts ethnischer Identifikation aus der Idee des Nationalstaates als Antwort auf die Auflösung der traditionalen Ordnung trug von dem Moment an das Mal der Verwechselbarkeit von Reaktion und Emanzipation, als die Unterdrückten die Prinzipien und Prämissen der Unterdrücker übernahmen, um zu überleben. Ethnizität, die, von außen zugeschrieben, als Fixierung und Unterdrückung wirkt, wird nicht schon dadurch, daß eine Gruppe sich die Zuschreibung identifikatorisch zu eigen macht, zur Voraussetzung von Emanzipation. Dieser Ambivalenz ist mit gutem Willen und ›richtigem Bewußtsein‹ nicht zu entkommen.
> Die heute anstehenden globalen Probleme werden nicht durch eine Re-Ethnisierung, sondern bestenfalls durch eine Ent-Ethnisierung und Ent-Nationalisierung der Politik zu bewältigen sein. Es kommt darauf an, die Fremden als Individuen zu behandeln. Hinderlich auf dem Weg der Ent-Ethnisierung sind die Formierung ethnisch homogener Gruppen oder das Vorhandensein ethnisch homogener Parteien, die Konfliktlinien schon aus Bestandssicherungsinteressen festschreiben und künstlich verstärken müssen. Hinderlich ist

---

158 Vgl. auch Stanley Tambiah 1994

auch ein etabliertes Proporzdenken, das nicht nur dem Minderheitenschutz dient, sondern immer wieder neu ethnische Grenzen aufrichtet, Konfliktlinien quer zu den sozialen Antagonismen anlegt und einer die ethnischen Gruppen übergreifenden Solidarität im Wege steht. Hinderlich ist der mit der Ethnisierung verbundene ethnische Bekenntniszwang, der täglich neu die ethnische Selbstdefinition von Bevölkerungsgruppen im politisch öffentlichen Bereich aktualisiert. Hinderlich sind getrennte Schul- und Kulturbereiche, die diesen Bekenntniszwang Kindern bereits zu einem Zeitpunkt aufbürden, da sie die Tragweite der ihnen abverlangten Entscheidungen nicht begreifen können. Hinderlich ist auch die Dauerthematisierung ethnischer Differenzen in einer ›interkulturellen Erziehung‹, die den Kindern stellvertretend die Lösung eines sozialstrukturellen Problems aufbürdet.«

Ein kritischer Ethnizitätsdiskurs muss sich – eingedenk seines wirklichkeitserzeugenden Einflusses auf das Alltagsbewusstsein – seiner missbräuchlichen Instrumentalisierung nicht nur entwinden, er muss öffentliches Veto einlegen. Der Ethnizitätsdiskurs hat die Aufgabe, Geschichte, Ursachen, Genese und Gestalt ethnischer Identifikationen und Gruppenbildungen so kritisch und leidenschaftslos wie möglich zu analysieren. Keinesfalls darf er diesen aus falsch verstandenem Gerechtigkeitssinn legitimatorische Schützenhilfe leisten, sie stimulieren und mitdesignen. Das tut er bereits mit scheinbar unschuldigen und nüchternen Feststellungen wie: »Dieser Mensch ist Mitglied jener ethnischen Gruppe.« Ohne Ergänzungen und Einschränkungen, ohne Wenn und Aber, ist das ein problematischer Satz, denn er sagt nichts über die Relationalität und Intentionalität dieser Mitgliedschaft aus.

Der Ethnizitätsdiskurs muss all die reduktionistischen (und zuweilen reaktionären) Selbstverständlichkeiten mit der Heterogenität und Komplexität der tatsächlichen ethnographischen Erfahrung konfrontieren. Das ist fürs Erste das Herzstück seiner Aufklärungsarbeit. Viel ist bereits gewonnen, wenn – anstatt das Ethnische per se zu verdammen oder aber uneingeschränkt zu begrüßen – die strukturellen Bedingungen für die lebensweltliche Wichtigkeit bzw. Unwichtigkeit von ethnischer Identifikation herausgearbeitet werden. Nehmen wir also Ethnizität nicht als substanzhafte Gewissheit, sondern seien wir uns stets ihres epistemologischen Näherungswertes bewusst, thematisieren wir sie nur in sicherer Eskorte von Wenns und Abers. Entwickeln wir die denkbar größte seismographische Sensibilität für die feinsten Veränderungen innerhalb der symbolischen Strukturen, prüfen wir das Typische stets am Atypischen, jede positive Bestimmung des Ethnisch-Kollektiven an dessen Abweichungen und Grenzbereichen. Es geht nicht darum, kulturelle Differenzen einzustampfen, sondern deren Vermählung mit politischen Grenzen zu bekämpfen.

Wie ich in Zusammenhang mit Evans-Pritchard, Max Gluckman und den Formalisten in vorangegangenen Kapiteln bereits zeigte, sind es sich überlappende und konfligierende Loyalitäten, die interethnische Systeme bzw. Systeme, die durch ein Aufeinandertreffen mehrerer Wir-Gruppen gekennzeichnet sind, nicht nur konfliktbeständig machen, sondern durch das Lüften der Gruppengrenzen auch gemeinsame (nicht-ethnische) Interessen zu favorisieren vermögen. Sandra Wallman hat in ihrer berühmten vergleichenden Studie[159] über die beiden Londoner Arbeiterbezirke Battersea und Bow beispielhaft aufgezeigt, wie in sozialen Systemen sich überlappender und widersprechender Identitäten die Zentrierung der Identitäten um die ethnische Achse, also die soziale Schließung aufgrund ethnokultureller Merkmale, erschwert wird. Der Vorteil diesbezüglich heterogener Systeme liegt zweifellos darin, dass Konfliktlinien nicht (wie etwa in Ex-Jugoslawien) so leicht sich nach den symbolischen Partituren ethnischer Kultur organisieren, dafür aber eher transethnische Organisation auf der Basis gemeinsamer Bürgerinteressen oder klassenspezifischer Interessen möglich wird.

Die Kultur als geschlossenes System existiert nicht, sie ist eine diskursive Kopfgeburt. Sätze wie:»Wir müssen ihre Kultur respektieren«, die eigentlich gut gemeint sind, weil sie sagen wollen: »Wir dürfen ihre Kultur nicht in Schutt und Asche legen«, liegen in ihrer unbedachten Legerheit einem organizistischen Kulturverständnis auf und bekunden zudem, dass deren Sager ihr kritisches Denken bei der Garderobe des Kulturtheaters abgegeben haben. Ethnologen, viele von ihnen zumindest, sollten ihre Neigung zur Fetischisierung kultureller Symbolwelten und ethnischer Differenzen auskurieren, um ihre Forschungsobjekte wieder fließen zu lassen. Denn die Reifizierung und Fetischisierung kulturellen Andersseins schafft kulturelles Anderssein. Kulturelle Grenzen, in der Regel auf vielen Ebenen sich überschneidend, erlangen dort Befestigungscharakter, wo sie diskursiv munizipiert werden. Roger M. Keesing fordert überhaupt den Verzicht der substantivischen Setzung Kultur. Die adjektivische Verwendung trägt der Fluidität kultureller Äußerungen eher Rechnung als jene begrifflichen Aquariumsbehälter, die aus Flüssen schöpfen, um den Fluss darzustellen, und doch nur stilles und zunehmend fauliges Wasser fassen. Mit der antiessenzialistischen Analyse des Ethnischen muss wohl oder übel auch eine entsprechende Sicht des Kulturellen einhergehen. Roger Keesings Forderung dessen, was eine moderne Kulturtheorie zu leisten habe, ist viel zu konzise und prägnant, als dass ich es mir verkneifen konnte, sie hier nicht wiederzugeben:

> »Let me try to be quiet clear about what I am saying, and not saying. I am not arguing that we should adopt a concept of culture that takes paintings to be more cultural than cookbooks or umbrellas or pollution taboos, and try to force our comparative data into such compartments. I am saying that what anthropologists and other social theorists need is a concept of the cultural that adequately characterizes both complex modern ways of life and those of small-scale communities, past and present:

---

159 S. Wallman (1986): Ethnicity and the boundary process in context. In: D. Mason & J.Rex (eds): *Theories of Race and Ethnic Relations*. Cambridge, pp. 226-235. Vgl. hierzu Eriksen 1993: 133 ff.

1. Such a view of the cultural (I avoid ›culture‹ deliberately here, to avoid reification as best I can) would take the production and reproduction of cultural forms as problematic; that is, it would examine the way symbolic production is linked to power and interest (in terms of class, hierarchy, gender, etc.) and would hence probe what I have alsewhere called the ›political economy of knowledge‹ [...].
2. Such a conception would assume that (many elements of) cultural traditions carry ideological force – again, not in a crude Marxist sense of distorting reality or creating false consciousness, but in Stuart Hall's [...] reformulation of a Gramscian conception: that ideologies define the world in terms of idealized subject positions: ›a brave warrior‹, ›a virtuous woman‹, ›a loyal subject‹, ›a dutiful son‹.
3. Further, a critical conception of the cultural would begin with an assumption that in any ›community‹ / ›society‹, there will be multiple subdominant and partially submerged cultural traditions (again, in relation to power, rank, class, gender, age, etc.), as well as a hegemonic force of the dominant tradition. In these respects, feminist theory and post-Marxist theory in particular have opened to view and critically examined precisely what anthropological theory has been at pains to hide or deny.
4. Finally, a more critical cultural theory would make no assumptions about closed boundaries within which cultural meanings hold sway: ›a culture‹ as bounded unit would give way to more complex conceptions of interpenetration, superimposition, and pastiche.
Revisiting theories of culture, then, I think in this realm we now have more to learn than to teach.« (Keesing 1994: 309/10)

Sehen wir Menschen, gleich ob Ethnologen, ethnische Ideologen oder andere, mit leeren Aquariumsbehältern zum Fluss gehen, so entreißen wir sie ihnen und zerschmettern sie am Boden. Jahrzehnte-, jahrhundertelang haben Wissenschaftler, darunter Ethnologen, gesellschaftliche Wirklichkeit mitkonstruiert, indem sie ihre Emphase auf das Kohärente, Identische, Typische, auf das in sich Geschlossene und Homogene ihrer Wirklichkeitssegmente legten. Es ist an der Zeit, eine neue Art der *affirmative action* in Angriff zu nehmen: Schaffen wir also – deskriptiv oder parteilich – dem Inkohärenten, Nicht-Identischen, Atypischen, dem Unabgeschlossenen und Heterogenen Gehör und öffentliche Repräsentanz. Erkämpfen wir eine *affirmative action* für all jene, deren Persönlichkeit ohne den Identitäts- und Bekenntniszwang ihr Auslangen findet, deren «Identitäten» prächtig, psychisch gesund und flexibel zwischen den konstruierten Identitätsstühlen zurechtkämen, würde die Definitionsmacht der sich zunehmend homogenisierenden Identitätsblöcke sie nicht gnadenlos zu Bekenntnissen zwingen; und würden diese Homogenisierungen und Zwänge nicht in weiterer Kausalität durch materielle Verhältnisse stimuliert werden, deren Überwindung erst die individuelle Wahl zwischen kultureller Persistenz, Grenzgängertum, Assimilation und Situativität, die Andre Gingrich[160] fordert, zu einer *freien* werden ließe. Fokussieren wir un-

---

160 Vgl. Herzog-Punzenberger 1995: 111

sere Scheinwerfer auf all jene, die nach den Gesetzen einiger Sozialpsychologen schizophren sein müssten und es nach den bislang ungeschriebenen Gesetzen der Realität erstaunlicherweise noch immer nicht sind. Unterstützen wir den modernen Menschen, der nicht kosmopolitisch im Sinne von traditionslos zu sein braucht, sondern der im Spannungsfeld von verschiedenen Weltbildern und Traditionssträngen Neues schafft, sich kulturell hybridisiert, *kreolisiert* – die rechten Apologeten der kulturellen Reinheit würden sagen: *bastardisiert*.

BIBLIOGRAPHIE

Adorno, Theodor W.
1986   Minima Moralia

Adorno, Theodor W. / Horkheimer, Max
1988   Dialektik der Aufklärung. Frankfurt

Anders, Günther
1992   Die Antiquiertheit des Menschen. Bd.1. München (1956)

Anderson, Benedict
1988   Die Erfindung der Nation. Zur Karriere eines folgenreichen Konzepts. Frankfurt (1983)

Arens, William
1978   Changing Patterns of Ethnic Identity and Prestige in East Africa. In: Regina E. Holloman & Serghei A. Arutiunov (eds.): *Perspectives on Ethnicity*. The Hague + Paris, pp. 211-220

Augé, Marc
1995   Krise der Identität oder Krise des Andersseins? Die Beziehung zum Anderen in Europa. In: W. Kaschuba (Hg.): *Kulturen - Identitäten - Diskurse*. Berlin, pp. 85-100

Banks, Marcus
1996   Ethnicity. Anthropological Constructions. London + New York.

Balibar, Étienne
1990a   Gibt es einen »Neo-Rassismus«? In: É. Balibar & I. Wallerstein (Hg.): *Rasse Klasse Nation. Ambivalente Identitäten*. Hamburg + Berlin, pp. 23-39
1990c   Die Nation-Form: Geschichte und Ideologie. In: É. Balibar & I. Wallerstein (Hg.): *Rasse Klasse Nation. Ambivalente Identitäten*. Hamburg + Berlin, pp. 107-131

Barth, Fredrik
1969a   Introduction. In: F. Barth (ed.): *Ethnic Groups and Boundaries*. Bergen + Oslo, pp. 9-38
1969b   Pathan Identity and ist Maintenance. In: F. Barth (ed.): *Ethnic Groups and Boundaries*. Bergen + Oslo, pp. 117-134

Bauman, Zygmunt
1992   Moderne und Ambivalenz. In: Uli Bielefeld (Hg.): Das Eigene und das Fremde. Hamburg, pp. 23-50

Beham, Mira
1986   Kriegstrommeln. Medien, Krieg und Politik. München

Berger, Hartwig
1990   Vom Klassenkampf zum Kulturkonflikt - Wandlungen und Wendungen der westdeutschen Migrationsforschung. In: Dittrich & Radtke (Hg.): *Ethnizität*. Opladen, pp. 119-138

Bielefeld, Uli
1992   Das Konzept des Fremden und die Wirklichkeit des Imaginären. In: U. Bielefeld (Hg.): Das Eigene und das Fremde. Hamburg

Bonacich, Edna
1972   A Theory of Ethnic Antagonism: The Split Labor Market. In: *American Sociological Review* 37: 547-559
1973   A Theory of Middleman Minorities. In: *American Sociological Review* 38: 583-594

Borofsky, Robert
1994   Rethinking the Cultural. In: R. Borofsky (ed.): *Assessing Cultural Anthropology*. New York, pp. 243-250

Bourdieu, Pierre
1979   Entwurf einer Theorie der Praxis. Frankfurt

Bottomley, Gill, De Lepervanche, Marie & Martin, Jeannie
1991   Intersexions. Gender/Class/Culture/Ethnicity. Sidney

Brumlik, Micha
1990   Die Entwicklung der Begriffe »Rasse«, »Kultur« und »Ethnizität« im sozialwissenschaftlichen Diskurs. In: Frank-Olaf Radtke/Eckhart J. Dittrich (Hg.): Ethnizität - Wissenschaft und Minderheiten. Opladen

Burger, Rudolf
1993   Patriotismus und Nation. In: R. Burger: Überfälle. Wien
1993   Die falsche Wärme der Kultur. In: R. Burger: Überfälle. Wien

Castles, Stephen
1990 Sozialwissenschaften und ethnische Minderheiten in Australien. In: Radtke/Dittrich. Opladen

Chapman, Malcolm
1993 Social and Biological Aspects of Ethnicity. Oxford

Cinar, Dilek
1994 Immigration, politische Partizipation und die Politik der Einbürgerung. In: *SWS-Rundschau* 4: 369-383

Cohen, Abner
1974 The Lesson of Ethnicity. In: A. Cohen (ed.): *Urban Ethnicity*. London + New York, pp. IX-XXIV

Cohen, Ronald
1978 Ethnicity: Problem and Focus in Anthropology. In: *Annual Review of Anthropology* 7: 379-403

Colson, Elizabeth
1989 Overview. In: *Annual Review of Anthropology* 18: 1-16

Despres, Leo A.
1975a Ethnicity and Resource Competition in Guyanese Society. In: L. A. Despres (ed.): *Ethnicity and Resource Competition in Plural Societies*. The Hague + Paris, pp. 87-117
1974b Toward a Theory of Ethnic Phenomena. In: L. A. Despres (ed.): *Ethnicity and Resource Competition in Plural Societies*. The Hague + Paris, pp. 187-207

De Vos, George
1982 Ethnic Pluralism: Conflict and Accomodation. In: G. De Vos & L. Romanucci-Ross (eds.): *Ethnic Identity*. Chicago, pp. 5-41 (1975)

De Vos, George & Romanucci-Ross, Lola
1982a Introduction. In: De Vos & Romanucci-Ross (eds.): *Ethnic Identity*. Chicago, pp. IX-XVII (1975)
1982b Ethnicity: Vessel of Meaning and Emblem of Contrast. In: De Vos & Romanucci-Ross (eds.): *Ethnic Identity*. Chicago, pp. 363-390 (1975)

Eagleton, Terry
1993 Ideologie. Eine Einführung. Stuttgart

Edler, Sonja
1994 Das Konzept des »Ethnopluralismus« im rechtsextremen Diskurs Beispiele aus Ösrerreich. In: *Weg und Ziel*. Wien, pp. 2-8

Elias, Norbert
1976 Über den Prozeß der Zivilisation. Soziogenetische und psychogenetische Untersuchungen. Erster Band. Frankfurt

Elsässer, Jürgen
1993 Aufmarsch der Faschisten. In: *Konkret*. Heft 1, pp. 40-42

Elwert, Georg
1989 Nationalismus, Ethnizität und Nativismus - Über die Bildung von Wir-Gruppen. In: Peter Waldmann & Georg Elwert (Hg.): *Ethnizität im Wandel*. Saarbrücken, pp. 21-60

Esser, Hartmut
1990 Ethnische Differenzierung und moderne Gesellschaft. In: Hartmut Esser & Jürgen Friedrichs (Hg.): Generation und Identität. Theoretische und empirische Beiträge zur Migrationssoziologie. Opladen, pp. 281-305

Eriksen, Thomas H.
1993 Ethnicity and Nationalism. London

Evans-Pritchard, E.E.
1940 The Nuer. Oxford

Feagin, Joe R.
1990 Theorien der rassischen und ethnischen Beziehungen in den Vereinigten Staaten: Eine kritische und vergleichende Analyse. In: Radtke & Dittrich. Opladen, pp. 85-118

Finkenstedt, Uli
1993 Der Volksgeist als gefährlichster Sprengstoff der Moderne. Dipl., Universität Innsbruck

Finkielkraut, Alain
1990 Die Niederlage des Denkens. Reinbek bei Hamburg (1989)

Fischer, Hans
1988   Ethnographie. In: Walter Hirschberg (Hg.): *Neues* Wörterbuch der Völkerkunde. Berlin, pp. 129

Fülberth, Georg
1993   Ein bißchen Tugend. In: *Konkret*. Heft 9, pp. 38–42
1994   Gemeinsinn und Feindbild. In: *Konkret*. Heft 6, pp. 36–40

Geertz, Clifford
1963   The Integrative Revolution. Primordial Sentiments and Civil Polities in the New States. In: C.Geertz (ed.): *Old Societies and New States*. New York, pp. 105-157
1994   The Uses of Diversity. In: Robert Borofsky (ed.): *Assessing Cultural Anthropology*, pp. 454–466

Geisel, Eike
1992   Deutsche Seelenwanderungen. Rückblick auf eine zehnjährige deutsch-jüdische Verwechslungskomödie. In: E.Geisel: *Die Banalität der Guten*. Berlin, pp. 9–35

Gellner, Ernest
1991   Nationalismus und Moderne. Hamburg

Godelier, Maurice
1988   Wird der Westen das universelle Modell der Menschheit? Wien

Gould, Stephen Jay
1988   Der falsch vermessene Mensch. Frankfurt

Gronemeyer, Reimer
1991   Vom weißen Kreuzzug gegen den schwarzen Müßiggang. In: R. Gronemeyer (Hg.): *Der faule Neger*. Reinbek bei Hamburg, pp. 15–79

Gürses, Hakan
1994   Wechselspiel der Identitäten. Bemerkungen zum Minderheitenbegriff. In: *SWS-Rundschau* 4, pp.353–369
1995   Namen und Identitäten. In: *Stimme von und für Minderheiten*. 16/III, p 4/5

Hall, Stuart
1989b   Antonio Gramscis Erneuerung des Marxismus und ihre Bedeutung

für die Erforschung von »Rasse« und Ethnizität. In: St. Hall: *Ausgewählte Schriften*. Hamburg + Berlin
1989c Die Konstruktion von »Rasse« in den Medien. In: St.Hall: *Ausgewählte Schriften*. Hamburg + Berlin

Hamburger, Fritz
1990 Der Kulturkonflikt und seine pädagogische Kompensation. In: Dittrich & Radtke (Hg): *Ethnizität*. Opladen, pp. 311-325

Hannerz, Ulf
1974 Ethnicity and Opportunity in Urban America. In: Abner Cohen (ed.): *Urban Ethnicity*. London, pp.37-76
1995 »Kultur« in einer vernetzten Welt. Zur Revision eines ethnologischen Begriffes. In: W.Kaschuba (Hg.): *Kulturen* - Identitäten - Diskurse. Berlin, pp. 64-85

Hauck, Gerhard
1992 Einführung in die Ideologiekritik. Hamburg + Berlin

Heckmann, Friedrich
1991 Ethnos, Demos und Nation, oder: Woher stammt die Intoleranz des Nationalstaates gegenüber ethnischen Minderheiten. In: U. Bielefeld (Hg.): Das Eigene und das Fremde. Hamburg
1992 Ethnische Minderheiten, Volk und Nation. Soziologie inter-ethnischer Beziehungen. Stuttgart

Heinz, Marco
1993 Ethnizität und ethnische Identität. Eine Begriffsgeschichte. Bonn

Herder, Johann Gottfried
1989 Herder für unsere Zeit. Ein Lesebuch (Auswahl: Günther Mieth & Ingeborg Schmidt). Berlin + Weimar

Herzog-Punzenberger, Barbara
1995 Ethnizitätsdiskurse – zwischen naivem Kosmopolitismus und kommunitaristischer Wertschätzung. Dipl., Universität Wien

Hinnenkamp, Volker
1990 »Gastarbeiterlinguistik« und die Ethnisierung der Gastarbeiter. In: Dittrich & Radtke (Hg.): *Ethnizität*. Opladen, pp. 277-299

Hobsbawm, Eric J.
1983a   Introduction: Inventing Traditions. In: Hobsbawm & Ranger (eds.): *The Invention of Tradition*. Cambridge pp. 1-15
1983b   Mass Producing Traditions: Europe, 1870-1914. In Hobsbawm & Ranger (eds.): *The Invention of Tradition*. Cambridge, pp. 263-309
1991   Nationen und Nationalismus. Mythos und Realität seit 1780. Frankfurt/New York

Jameson, Frederic
1993   Postmoderne – Zur Logik der Kultur im Spätkapitalismus. In: Andreas Huyssen & Klaus R. Scherpe (Hg.): *Postmoderne. Zeichen eines kulturellen Wandels*. Reinbek bei Hamburg, pp. 45-103 (1986)

Kaschuba, Wolfgang
1995   Kulturalismus: Vom Verschwinden des Sozialen im gesellschaftlichen Diskurs. In: W.Kaschuba (Hg.): *Kulturen - Identitäten - Diskurse* Berlin, pp. 11-31

Kayahan, Hikmet
1995   Ich, der Adtö. In: *Stimme von und für Minderheiten*. 16/III, p. 10

Keesing, Roger M.
1994   Theories of Culture Revisited. In: R. Borofsky (ed.): *Assessing Cultural Anthropology*. New York, pp. 301-310

Klemperer, Victor
1995   LTI – Notizbuch eines Philologen. Berlin

Kummer, Werner
1990   Sprache und kulturelle Identität. In: Dittrich & Radtke (Hg.): *Ethnizität*. Opladen, pp. 265-277

Köstlin, Konrad
1994   Das ethnographische Paradigma und die Jahrhundertwenden. In: *Ethnologia Europaea* 24, pp.5-20

Kowalsky, Wolfgang
1991   Kulturrevolution? Die Neue Rechte im neuen Frankreich und ihre Vorläufer. Opladen

Leach, Edmund
1983   Über politische Systeme im Hochland von Burma (Auszug). In: Fritz

Kramer & Christian Sigrist (Hg.): *Gesellschaften ohne Staat. Gleichheit und Gegenseitigkeit*. Frankfurt/Main, pp. 237-250

Lenhardt, Gero
1990   Ethnische Identität und sozialwissenschaftlicher Instrumentalismus. In: Dittrich & Radtke (Hg.): *Ethnizität*. Opladen, pp. 191-213

Lentz, Astrid
1995   Ethnizität und Macht. Ethnische Differenzierung als Struktur und Prozeß sozialer Schließung im Kapitalismus. Köln

Lindner, Rolf
1995   Kulturtransfer. Zum Verhältnis von Alltags-, Medien- und Wissenschaftskultur. In: W.Kaschuba (Hg.): *Kulturen - Identitäten - Diskurse*. Berlin, pp. 31-45

Moerman, Michael
1965   Ethnic Identification in a Complex Civilization: Who are the Lue? In: *American Anthropologist* 67: pp. 1215-1230

Mosse, George L.
1990   Die Geschichte des Rassismus in Europa. Frankfurt/Main

Parnreiter, Christof
1994   Migration und Weltwirtschaft. Eine Abhandlung aus der Sicht der politischen Ökonomie. In: *Demontage*. Heft 4, pp. 25-30
1994   Migration und Arbeitsteilung. AusländerInnenbeschäftigung in der Weltwirtschaftskrise. Wien

Poliakov, Leon
1994   Der arische Mythos. Hamburg

Ranger, Terence
1981   Kolonialismus in Ost- und Zentralafrika. Von der traditionellen zur traditionalen Gesellschaft - Einsprüche und Widersprüche. In: Jan-Heeren Grevemeyer (Hg.): *Traditionelle Gesellschaften und europäischer Kolonialismus*. Frankfurt, pp. 16-45
1983   The Invention of Tradition in Colonial Africa. In: Hobsbawm & Ranger: *The Invention of Tradition*. Cambridge, pp. 211-263

Reemtsma, Jan Philipp
1993	172364. Gedanken über den Gebrauch der ersten Person Singular bei Jean Amery. In: *Konkret*. Heft 1, p. 52/3

Schneider, Günther
1994	So bleibt alles recht echt. Zur Tagung über Brauchtum im Nationalsozialismus in Salzburg. *Salzburger Nachrichten* (vom 21. 11.), p. 3

Sahlins, Marshall
1994	Goodbye to Tristes Tropes: Ethnography in the Context of Modern World History. In: R. Borofsky (ed.): *Assessing Cultural Anthropology*. New York, pp. 377-396

Schwingel, Markus
1995	Bourdieu zur Einführung. Hamburg

Skutnabb-Kangas, Tove
1990	Wer entscheidet, ob meine Sprache wichtig für mich ist? Minderheitenforschung zwischen Sozialtechnologie und Selbstbestimmung. In: Dittrich & Radtke (Hg.): *Ethnizität*. Opladen, pp. 329-353

Sontag, Susan
1993	Godot in Sarajewo. Eine Theaterinszenierung unter dem Belagerungszustand. In: *Lettre International*, pp. 4-9

Stolcke, Verena
1993	Talking Culture. New Boundaries. New Rhetorics of Exclusion in Europe. In: *Current Anthropology*. Vol. 36, Number 1, pp. 1-24

Steiner-Khamsi, Gita
1992	Multikulturelle Bildungspolitik in der Postmoderne. Opladen

Strathern, Marilyn
1994	Parts and Wholes: Refiguring Relationships. In: R. Borofsky (ed.): *Assessing Cultural Anthropology*. New York, pp. 204-218

Tambiah, Stanley J.
1994	The Politics of Ethnicity. In: R. Borofsky (ed.): *Assessing Cultural Anthropology*. New York, pp. 430-441

Vajda, Andrew P.
1994	Actions, Variations, and Change. The Emerging Anti-Essentialist

View in Anthropology. In: R. Borofsky (ed.): *Assessing Cultural Anthropology.* New York, pp. 320-331

Verbunt, Gilles
1990 Minderheiten und Sozialwissenschaften in Frankreich. In: Dittrich & Radtke (Hg.): *Ethnizität.* Opladen, pp. 73-83

Wallerstein, Immanuel
1990b Die Konstruktion von Völkern: Rassismus, Nationalismus, Ethnizität. In: E. Balibar & I. Wallerstein (Hg.): *Rasse Klasse Nation. Ambivalente Identitäten.* Hamburg + Berlin, pp. 87-107
1990g Soziale Konflikte in den unabhängigen Staaten Schwarzafrikas. In: E.Balibar & I. Wallerstein (Hg.): *Rasse Klasse Nation. Ambivalente Identitäten.* Hamburg + Berlin, pp. 227-247

Wernhart, Karl R.
1986 »Ethnosnotiz«. Bemerkungen und Überlegungen zu einem Zentralbegriff der anthropologischen Disziplinen. In: Wernhart (Hg.): *Ethnohistorie und Kulturgeschichte.* Wien + Köln, pp. 117-129

Wernhart, Karl, Werner Zips (Hg.)
2014 Ethnohistorie. Rekonstruktion, Kulturkritik und Repräsentation. Eine Einführung. 4. überarbeitete Auflage. Wien

Wolf, Eric R.
1986 Die Völker ohne Geschichte. Europa und die andere Welt seit 1400. Frankfurt (1982)

»*Ethnohistorie, wie sie in Wien betrieben wird, befaßt sich mit dem sozialen Handeln und der kulturellen Identität von Menschen im Laufe der Geschichte.*«
Die Presse

Karl R. Wernhart/Werner Zips (Hg.)
Ethnohistorie
Rekonstruktion, Kulturkritik und Repräsentation.
Eine Einführung

ISBN 978-3-85371-373-0, br., 240 Seiten, 19,90 €

Hermann Mückler/Gerald Faschingeder (Hg.)

Tradition und Traditionalismus

Zur Instrumentalisierung eines Identitätskonzepts

ISBN 978-3-85371-343-3, br., 248 Seiten, 24,90 €